世界文化シリーズ 2

France

フランス文化55のキーワード

朝比奈美知子
横山安由美 編著

ミネルヴァ書房

まえがき

フランス文化と言われたら、何を思い浮かべるだろう？　ヴェルサイユの華やかな宮廷文化、パリのノートル＝ダムやシャルトルの壮麗な大聖堂、美しい響きの詩や読みごたえのある小説、ルーヴルやオルセー美術館に集められた美術作品――実にさまざまなものが浮かんでくる。あるいはまた、美食の伝統や香り高いワイン、世界中の人々が憧れるフランスのモードやブランドを挙げる人もいるだろう。実際、建築や文学・芸術作品ばかりでなく、生活に密着したものの中にもたしかに文化は息づいている。本書は、そうした多様な風貌を持つフランス文化を、55のキーワードを手がかりに読み解こうとするものである。目次をご覧いただければ、そのキーワードが「恋愛」「城と庭園」「印象派」「住宅事情」「動物」などときわめて多岐にわたっていることがわかるだろう。まずは、一つひとつの項目を楽しみながらお読みいただきたい。

本書は、キーワードを通して「フランス文化」の全体像を浮かび上がらせるべく、「歴史」「フランス的精神」「芸術」「生活」「現代社会」「パリ」「さまざまな地方」という七つの章により構成されている。この章立ては、フランスの彩り豊かな魅力を紹介しながら、文化というものが持つ多様な側面を読者とともに考えていきたいという思いを反映したものである。個々の項目を楽しみ、時に全体を見渡しながら、フランスという文化のありようやそれがたどった歴史を、批判的な意識を持って読んでいただければ幸いである。各項目には、文学作品や歴史資料の引用や、多数の図版が盛り込まれている。興味ある分野があれば、引用作品を一冊丸ごと読んでみるのもよいだろう。

本書に集められた一つひとつの項目は、実は深いところで互いにつながりを持っている。たとえば、フランス文化のルーツとは何か、フランスの学生街はなぜカルチエ・ラタンと呼ばれるのか、ルーヴル美術館はどのようにして生まれたか、エッフェル塔はいつどのようにしてできたのか——そんな疑問を手がかりにいくつかの項目を読んでいくと、フランスがたどってきた歴史が見えてくる。あるいは、パリから南仏のコート・ダジュールに向かうとどのような気候の違いがあり、料理はどう違うか、フランスの名だたるワインはどのような地域で作られているのか、といった問いかけからは、フランスという文化を支える豊かな大地の姿が浮かび上がり、それぞれの地方の文化がその土地の風土と深い関係にあることがわかるだろう。また、フランス人はいったい年間にどれだけ働くのか、フランスの大統領はどのような権限を持っているか、といった問いかけからは、日本とフランスの社会や政治のあり方の比較の視点が生まれてくるだろう。さらに、あらためて初めから本書を読んでみれば、現在のフランスの政治・社会体制が、連綿と続く歴史と決して無縁ではないことがわかってくるはずだ。

本書のキーワードを一つひとつ読み進むことは、いわば、豊かな歴史と風土を持つフランスという文化を読み解く知的な旅に譬《たと》えることができるだろう。この小さな書物を通して、ひとりでも多くの読者にフランス文化の旅を楽しんでいただければ幸いである。

＊　＊　＊

最後になったが、本書の企画から刊行にいたるまで多大な御協力をいただいたミネルヴァ書房の河野菜穂氏にこの場を借りて心より感謝の意を表したい。

編　者

目次

イギリス
オランダ
ベルギー
ドイツ
ルクセンブルク
リール
アミアン
ル・アーヴル
ルーアン
ランス
パリ
ストラスブール
ブレスト
モン・サン＝ミシェル
シャルトル
ナンシー
レンヌ
オルレアン
ナント
トゥール
ディジョン
ブザンソン
スイス
ポワチエ
クレルモン＝
フェラン
リヨン
グルノーブル
イタリア
ボルドー
アヴィニョン
ニース
トゥルーズ
モンペリエ
アルル
マルセイユ
コルス
(コルシカ島)
スペイン

フランスの地図

第1章

フランスがたどった歴史

ダヴィッド「アルプス越えのナポレオン」

諸民族の十字路

こんな冗談がある。さまざまな国の人が乗った客船が沈没しそうになったとき、客を海に飛び込ませるにはこう言えばよい、と。イタリア人には「美女が泳いでいますよ」。ドイツ人には「規則なので飛び込んでください」。アメリカ人には「飛び込んだあなたはヒーローですよ」。日本人には「みなさん飛び込んでますよ」。――それではフランス人にはどう言えばいいのか。二種類の答えがある。一つめは「飛び込んでください」とフランス語で伝える、というもの。二つめは「飛び込まないでください」というもの。そのどちらもフランス人の気質をよく表している。一つめは何よりも自分たちの国や言葉を愛する気持ち。二つめは自由や反骨を尊ぶ精神。そんな精神性は長い歴史の中でどのように培われてきたのだろうか。

といっても、フランスは特定の民族や文化によって成り立っている国ではない。実際に旅行をしてみても、北欧風の金髪に青い目の人はほんの一部で、ラテン系、東欧系、アフリカ系、アジア系と外見はさまざまだ。つまり「フランス人」と「外国人」を区別する固有の外見はなく、あるとすればカメラをぶらさげた「観光客」であるか否かだけなのだ。だからこそ、多少の訛りやたどたどしさがあったとしてもフランス語さえ話していれば普通の住民と見なされる。国籍は関係ない。初対面の人に話しかける時も「国籍は何ですか」(Quelle est votre nationalité?)ではなくて「どこから来ましたか」(D'où venez-vous?)と聞く方が自然だ。特定の民族や人種や宗教に偏った物の言い方をすると、しばしば「差別主義者だ」(Vous êtes raciste!)といった批判が飛んでくる。

野牛や馬が描かれたラスコーの壁画などを見る限り、最初期の住民(クロマニョン人)は狩猟民族であり、人々が定着して農耕・牧畜を始めたのは比較的後だったと考えられる。ヨーロッパ大陸の中西部は地続きであるだけに、太古の昔からさまざまな民族が往来し、ときに征服し合い、ときに平和に融合していった。つまり二〇世紀の移民国家になるはるか以前から、諸民族の混和や同化があった。よそ者の侵略や隣国との戦争は歴史を通して続き、国境線もめまぐるしく変わり続け、いわば常態となったこの緊張感から、独自の精神性が生まれていった。異質なる他者とどのように共存するかという「生きる知恵」のようなものである。ときには侵略や植民地主義に行きつくこともあっただろうが、逆にその自覚から啓蒙思想や民主主義思想が涵養されることもあった。フランス文化はワインと同様、フランスの「国土」から生まれたものなのだ。

さまざまな地域、さまざまな政体

最初に「フランス」の語を認めることができるのは一一世紀の『ロランの歌』の「うまし国フランス」(Douce France)であり、ゲルマン系のフランク族の名から来ている。中世の封建制度は臣下が君主に軍役で仕える代わりに、君主から封土をもらうという双務的な主従関係を中核とした。広大な領地を所有して領主権をふるい、独自の裁判権や徴税権を行使する教会もあった。これらの王侯や教会の支配下にあった農奴が食糧生産を支える。やがて農業生産性が向上するとともに商工業も発展する。北仏の諸都市は、職人や商人による市民団が自治権を獲得した自治都市(commune)を母体として発展した。各都市が個性的に工業や商業を牽引しつつ、近代の中央主権の趨勢の中で互いに緊密なネットワークによって結びついてゆく。いっぽう南仏では、主従関係は比較的緩く、ときに異民族やイスラム勢力の侵入を受けて権力関係は入り乱れたが、貿易や戦争の拠点として各国との接触の中から豊かな文化を開花させていった。このように、地域によって都市や文化形成の様態も異なり、さらに国境を接する国々や文化圏の影響をダイナミックに受けつつも、政治的・精神的に「唯一にして不可分のフランス」として在るのが今日のフランス共和国なのである。

おおまかな時代区分を挙げておこう。ギリシア・ローマ時代は古典古代、西ローマ帝国の滅亡した五世紀から一五世紀までが中世、一六世紀はルネサンス、一七世紀は絶対王政、一八世紀は啓蒙とフランス革命の時代、一九世紀は産業革命が進行し、近代市民社会が成立した時代、二〇世紀は二つの大戦の時代。

政治体制別に見ると、一八世紀までは王政が続く(メロヴィング朝、カロリング朝、カペー朝、ヴァロワ朝、ブルボン朝)。フランス革命で王政が廃止された一七九二年に第一共和政、ナポレオンの皇帝即位にともなって一八〇四年に第一帝政。王政復古を経て三〇年に立憲君主制の七月王政、四八年に第二共和政、ナポレオン三世の皇帝即位にともなって五二年に第二帝政、七〇年に第三共和政。第二次大戦中の一九四〇年のヴィシー政府、四四年のド・ゴールによる臨時政府、そして四六年の第四共和政。アルジェリア動乱と新憲法承認の五八年に第五共和政が発足して大統領権限が強化され、現在に至る。つまりフランスは、王政、帝政、共和政というすべての政治体制を試した珍しい国なのである。

(横山安由美)

1

ケルトの残照・ローマの光芒——石と木の文明

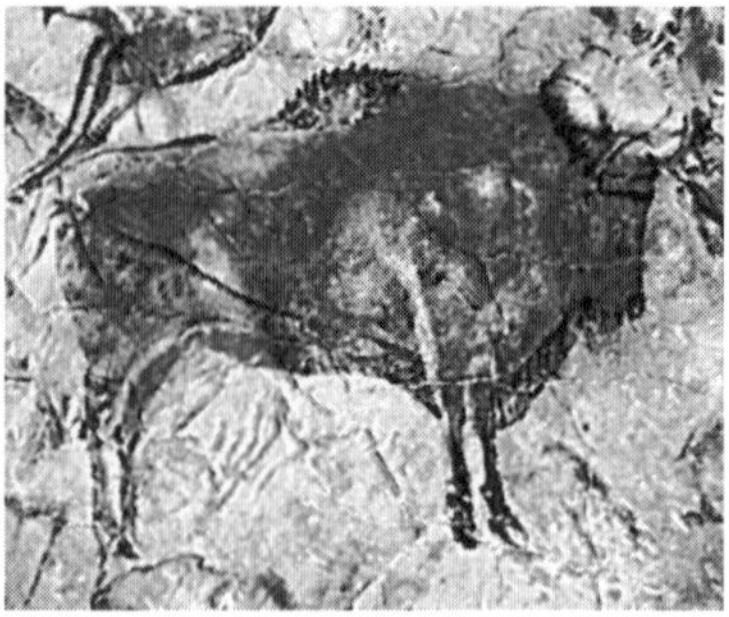

図1　アルタミラの壁画（B.C.12000年）

図2　ブルターニュの海辺の環石

海に沈んだカテドラル

ブルターニュの沖で漁師が釣りをしていると、舟の錨が何かにひっかかった。潜ってみたところ海底には大聖堂があって、中で大勢の人がミサの祈りを捧げていた。だが不思議と神父の言葉に答唱を返す者がいない。こわくなった漁師は水上へ戻ってしまう——それは神の怒りにふれて海底に沈んだイスの町で、そのとき漁師が正しく答唱を返していたら再び海上に浮かび上がることができたのだった。今でも晴れた日に海底に耳を澄ますと鐘の音が聞こえるという。

ドビュッシーの神秘的なピアノ曲『沈める寺』はこの伝説を音楽化したものだ。海や川、すなわち私たちのすぐ身近に「異界」があって、それは語りかけられるのを待ち続けている。それがケルトの世界観だった。

ヨーロッパ大陸の中西部はかつてガリア（Gallia）と呼ばれ、紀元前五世紀頃からケルト系の民族が居住していた。鉄製武器、戦車、縄目文様の装飾品などをもち、高度な農耕技術を発達させるとともに、ドルイドと呼ばれる神官がいて自然を崇拝する森の民でもあった。八〇を quatre-vingts（四×二〇）と言うなど、一部に二〇進法を用いるフランス独特の数字の数え方はケルトの伝統によるといわれる。ローマ帝国の拡大にともなって人々は辺境へと追いやられ、その宗教もキリスト教と融合してゆくのだが、今でもブルターニュには固有の文化や言語（ブルトン語）が残

図３　アーサー王の円卓と聖杯

図４　『アステリクス』

っている。カルナックには一キロ以上続く不思議な石の列が見られる。巨石建造物も古のケルトの祭祀の名残だという説があり、ドルメン（dolmen, 卓石）、メンヒル（menhir, 立石）といった語はブルトン語から来ている。ブルターニュからブリテン島南部にかけてを舞台とするアーサー王物語はケルト風の魔法や神秘のモチーフに満ちている。「聖杯」はケルトの豊饒の釜とキリストの聖血の容器という重層的な意味づけをまとい、円卓の騎士たちの至高の探索の対象となってゆく。

子ども向け絵本の『アステリクス』では自由闊達なガリア精神が表現されている。周辺の村々がローマに屈する中、体は小さいが機知に富んだ主人公アステリクスだけは、ときに相手を揶揄しながら、屈強なローマ兵たちと戦い続ける。誇り高く、食べること、愛すること、話すこと、そんな自分の生を何よりも大切にしている。「今日の日を楽しみ、先を思い煩うな」（Carpe diem quam minimum credula postero）（ホラティウス）、この精神がフランスの基層を作っているのだ。

すべての道はローマに通じる

イタリア半島から興ったローマ帝国は軍事技術にすぐれ、次々と領土を拡大した。二世紀のトラヤヌス帝の治世には領土は最大規模となり、帝国はヨーロッパ、アフリカ、アジアの三大陸にまたがることとなる。広大な地域を効率的に統治し、領内の経済活動を円滑にするために法や度量衡が定められ、道路、上下水道、娯楽施設などといったインフラストラクチャーが整備された。カエサルの『ガリア戦記』が語るとおり、ガリアの地域も長きにわたる戦闘の末に帝国の一部となり、イタリア

その翌日ウェルキンゲトリクスは人々を集め，こう言って慰め励ました。敗北で落ち込んだり不安にならないように。ローマ軍が勝ったのは武勇や戦陣のためではなくて，ガリア人の知らない攻囲の技や知識のためである。[……]　もっと大きな勝利によって埋め合わせをしよう。これまでガリアと距離を置いていた部族もこぞって参加させよう。そしてこの協力の前には全世界ですら立ち向かえないような，全ガリアの結束を生み出そうではないか。あとほんの一歩だ。　（カエサル『ガリア戦記』）

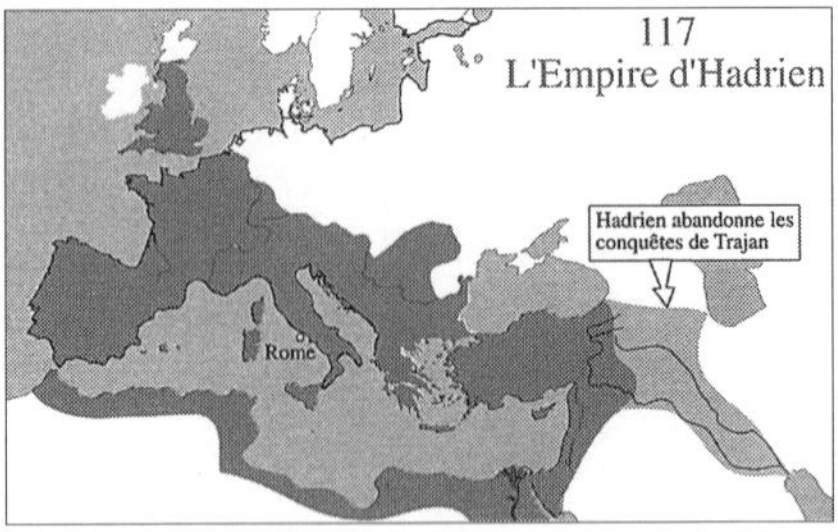

図５　ローマ帝国の最大領土

から北や西に抜けるための軍事・経済上の枢要な拠点として発展してゆく。パリのクリュニー美術館はかつてのローマの公共浴場の跡地であるし、南仏には水道橋や闘技場などのローマの史跡が多く残っている。こうしてガリアはローマの合理的精神や実際的な姿勢を受け継いだのだった。

広大な地域が一つの共同体に属するという虚構を実効化してゆくには、たとえ民族や習俗の異なる人々の間であってもみなに共通する「公なるもの」（res publica）を措定する必要がある。そうした概念に拠って立つ「公共体」こそが、今日多くの国が名乗る「共和国」（république）の語源であり、原義なのである。ローマの法精神は「ローマの平和」（Pax Romana）と呼ばれる秩序の安定に寄与したばかりでなく、近代ヨーロッパ精神の根幹にある〈公〉と〈私〉、あるいは公共性へと向かう「市民」概念の揺籃として大きな意味をもったのだった。

「文明」とはなにか

ドイツ人にとって「文化」（culture）とは精神が理想を実現するための創造行為の総称だが、フランス人にとっては継承した遺産の保存および増殖であり、ラテン精神であれガリア精神であれ、この連続性の意識こそがフランス的普遍主義を作り出してきた（クルチウス）。サン＝ヴィクトルのフーゴ（一二世紀）は自分たちを「巨人の肩に載った小人」に譬える。私たちは古代人よりもちっぽけだけれど、より遠くを見通せる、と。一七世紀にはギリシア・ローマを黄金時代と見なす「古代人派」と、現在のルイ一四世の治世を文明の極みと見なす「近代人派」が優劣を競

図6　ポン・デュ・ガール

「こんなもの」で大丈夫，「どうにか」なるさ，とフランス人は考える。それはフランス人の癖で，なんとも従いにくい規則や秩序を受け入れるよりは，この「こんなもの」や「どうにか」で済ます方が好きなのである。[……] フランス人の集団には厳格な制度よりも柔軟な調子の方が向いている。我々だったらとても耐えられないような，だらしなくていい加減なやりかたでフランスは物事をこなしてしまい，しかも結果を見ると，ドイツが官僚的かつ科学的な規則で行っているのと同じくらいうまくいっているのだ。　　　（クルチウス『フランス文化論』）

う「新旧論争」が論壇をにぎわせた。議論は何度も繰り返され，なかなか決着はつかなかったのだが，フランス的二項対立の議論から多様な論点が引き出され，より精緻な文明論の形成に資することになったのは確かである。

フランスでは「文明」（civilisation）を「文化」の上位概念とし，時間軸上で直線的に進歩するもの（「未開」から「文明」へ），または個別の文化様態を超えた普遍的な精神的価値（「ローカル」から「普遍」へ）として捉える傾向が強い。ミシュレ（Jules Michelet, 1798-1874）は，事績の列挙としての「歴史」を否定し，文明を一つの人格のごときものとして捉え，そこに倫理や精神性を見出そうとした。ギゾー（François P. G. Guizot, 1787-1874）もまた「明晰さ」（clarté）と「ソシアビリテ」（sociabilité, 社交性）と「共感」（sympathie）の三点をフランス精神の本質的特徴と位置づけ，それゆえにフランスは文明の「心臓」なのだと表現した。フランスの「中央」という自意識は，網目の中心という物理的意味ではなくて，美学的・倫理的な「中庸」のことであり，こうした発想で人類史そのものへと参与し，責任を背負っていったのである。

当初から内的な多元性を有しつつ，ただ一つの普遍をめざす姿勢は，「民族のるつぼ」であるこの国のアイデンティティそのものでもある。そしてあらゆるアイデンティティは複数的で，時間において可変的で，戦略的であり，相対的である。幾多の歴史的動乱を経てそうした現実的な知のうえに拠って立つフランスは，これからも「生」そのものと向き合い，未来の人間性のあり方を模索し続けることだろう。

（横山安由美）

図1　ソルボンヌの神学の講義風景

2

ラテン語と大学——カルチエ・ラタンで議論して

ラテン語とエトセトラ

ローマ帝国の地理的拡大は、政治や経済のほか、文化という観点においても大きな意味をもった。帝国は公用語であるラテン語の普及を積極的に押し進め、皇帝への忠誠とラテン語の習得という条件を満たせば被征服地の人間にも積極的に市民権を与えていった。そうすれば軍人や官吏としての出世の道が開け、広域の交易に携わることもできたので人々は自発的に言語を身につけた。こうして社会の活力が生まれ、ヨーロッパ全体がラテン語とローマ型都市文化という共通の文化圏の中に包含されていった——もしあなたが中世ヨーロッパに生きていたら、イタリアからイギリスまで、ラテン語さえできればどこへでも旅行できたし、誰とでも議論をすることができたのだ。国王のお触書など中世の公文書はすべてラテン語で書かれたし、学問もラテン語によって教授された。ヨーロッパ諸語の文語（書き言葉）が確立した後も学術用語としての使用は続き、コペルニクスやニュートンもラテン語で著述している。今日でも医学や植物学や法律の単語において、あるいは「エトセトラ」（et cetera, など）、「アプリオリ」（a priori, 先得的）などの句として、よく見かける。ヨーロッパの街角を歩くと、碑文や建造物の由来や年代がラテン語で示されているので、“MDCCCLXIV”（1864）といったローマ数字を解読してみてはどうだろう。

広い地域で話されたラテン語は、やがて口語（話し言葉）において地域ごとに方言

図2　女子学生

図3　19世紀のソルボンヌ

化してゆく。そこから生じた言語をロマンス諸語といい、現在のフランス語、イタリア語、スペイン語などが含まれる（対する英語、ドイツ語、オランダ語はゲルマン諸語と呼ばれる）。フランス語の母体になったのは北フランスで話されていた「オイル語」（langue d'oïl）で、「古仏語」（Ancien Français）とも呼ばれる。やがてルネサンス期の「中期フランス語」（Moyen Français）を経て、一七世紀には現在のフランス語のかたち（文法、綴り等）がほぼ定まることになる。早くからフランス語が定着するきっかけになったのが一五三九年にフランソワ一世が発したヴィレル＝コトレの勅令だ。「法令が明白でわかりやすいものであるように、そしてそれらの法令の理解にあたって誤解の余地がないように」行政・司法のすべての公文書でフランス語を用いるべしとするこの勅令の発布からは、母語であるフランス語に対する愛着と、そしてこの時点ですでに一部の人々にとって読解が困難になっていたラテン語の状況がうかがえる。その一〇年後にはプレイヤード派の詩人として名高いデュ・ベレー（Joachim du Bellay, 1522-60）が『フランス語の擁護と顕揚』を発表して、ギリシア語やラテン語に匹敵しうる高雅な言語への期待をみずみずしく詠っている。

　ラテン語を表記する「ローマ字」は今日の西欧諸言語のアルファベットの元になった。ラテン語の名詞には三つの性（男、女、中性）があり、格変化（主格、属格、与格、対格、奪格）する。動詞も主語に応じて活用（語尾変化）する。そのおかげでラテン語は現代諸語と比べると一文の単語数が少なく、簡潔で美しい。今日のフランス語の名詞に男女の別があったり、動詞活用があるのはラテン語の名残である。また一〇六六年にノルマンディー公が勝利して英国王ウィリアム一世となったため、

パリ大学はフランスの諸王の長女で，しかもずいぶん年寄りだ。なにせ900歳を超えているからね。ボケるときもあるさ。聞いた話によると，少し前に大学はQという文字について博士たちと大いにもめたそうだ。大学側はKと発音すべきだと考えていた。議論が白熱してしまい，大学から俸禄を取り上げられた者も出たほどだ。そこで高等法院が紛争の決着をつけざるをえなくなり，厳正な裁判の結果，フランス国王のすべての臣下に対してこの文字を好きなように発音してもよいというお達しが出た。ヨーロッパで最もご立派な二つの機関がアルファベットの一文字の運命をまじめに決定しているのだから，結構な話じゃないか。

（モンテスキュー『ペルシャ人の手紙』。パリに来たペルシャ人の視点で書かれた風刺作品で，qui, que の発音についての16世紀の論争を誇張して伝えている。）

図４　議論するアベラール

英国の宮廷でもしばらくフランス語が話されていた。現在でも英語とフランス語は数千という共通の語彙をもっている（restaurant, salon など）。

学問は命がけ

当時の聖書はラテン語で記されていたため、聖職者にとってラテン語の読み書きは必須であり、彼らが知識人として学問を担った。初期は修道院における典礼や祈りの研究を主としたが、一二世紀には教師の同業者組合を発端としてパリに「大学」が誕生し、都市部でのより開かれた学問の教授や活発な研究が進んだ。ラテン語とキリスト教という共通の土壌があったところに、さらにイスラム圏経由でアリストテレスなどの東方の学問が伝わったことが学問の体系化と精緻化を促したのだ。

基礎として学ぶべき学問は「自由学芸」（arts libéraux）（文法、修辞、論理、算術、幾何、天文、音楽の七科）と呼ばれ、こんにちのリベラル・アーツ（教養）の発想のもととなった。上級の学部としては神学、教会法、医学があり、神学が最上位に置かれた。スコラ学の祖とされるアベラール（Pierre Abélard, 1079-1142）は最初は哲学や論理学の教師として活躍したが、やがて神学の分野でも自説を展開しはじめる。先行する教父たちの論を絶対的な権威と仰ぐ風潮の中、「聖なる著者たちといえどもたくさんの言葉を語っていれば、互いに食い違ったり、矛盾するようなこともある」と断言して憚らない彼は、公会議で断罪されて拘禁されたり、論敵から毒をもられたりした。まさに命がけの議論だった。大学の世界を風刺的に描いたラブレーの著者も、パリ大学から禁書扱いを受けた。僧院内の連続殺人事件を描くウンベル

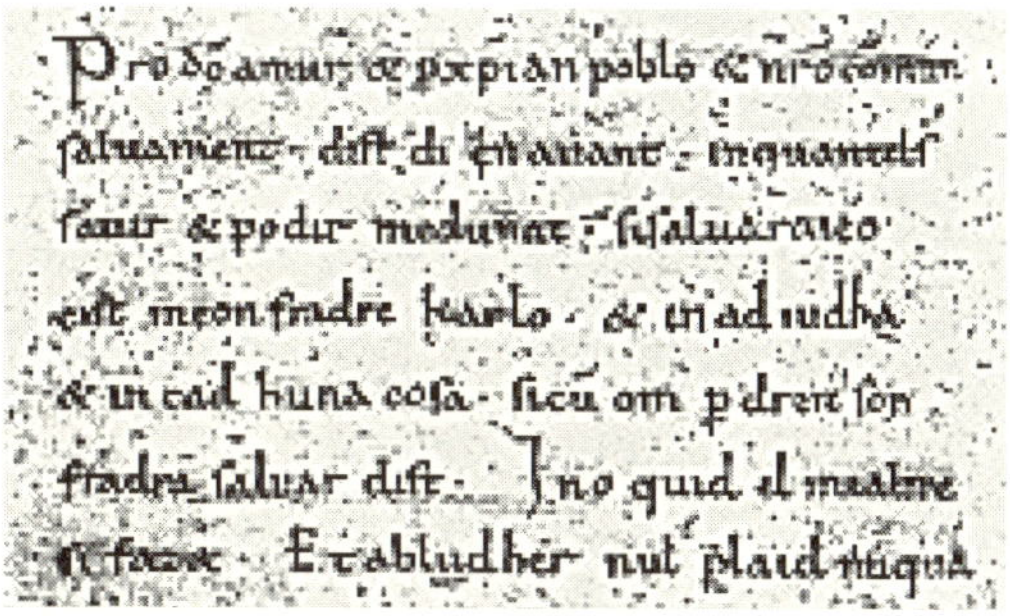
Pro dõ amur & xpian poblo & nro comun
saluament. dist di in auant. in quant dš
sauir & podir me dunat. si saluarai eo
cist meon fradre karlo. & in ad iudha
& in cad huna cosa. sicu om p dreit son
fradra saluar dist. Ino quid il mi altre
si fazet. Et ab ludher nul plaid nunqua

図5　フランス語で記された最古の公式文書「ストラスブールの宣誓」（842年）

図6　大学自治のために戦う若者たち（1968年5月）

ト・エーコの小説『薔薇の名前』の核心は「イエスは笑ったかどうか」であり、その証拠をめぐる修道士たちの必死の確執がリアルに描かれている。

ソルボンヌという名前は、神学を学ぶ貧しい学生たちのためにソルボンが一二五七年に作った学寮に由来する。現在のパリ大学は第一から第一三まであって、第一（Panthéon-Sorbonne）、第三（Sorbonne Nouvelle）、第四（Paris-Sorbonne）が校名にソルボンヌの語を冠している。「文明講座」と呼ばれる第四大学付属の語学講座も留学生に根強い人気がある。セーヌ左岸のこれらの大学の並ぶ地域は、学生たちがラテン語を話していたことからカルチエ・ラタン（Quartier Latin）と呼ばれる。書店、出版社、名門リセのアンリ四世校、イヨネスコの戯曲を上演するユシェット座、シャンポリオン通りの名画座など、スノッブな雰囲気の建物が立ち並び、学生にも観光客にも人気の地区だ。ソルボンヌの教授たちはブラッスリでランチをとり、学生たちはカフェでサンドイッチをかじりながらレポート執筆にいそしむ。パリジャンが親しみをこめて「ブルミシュ」（Boul'Mich'）と呼ぶサン＝ミシェル大通り（Boulevard Saint-Michel）から学校通り（Rue des Ecoles）に入ると、厳かなコレージュ・ド・フランス（Collège de France）の建物が目に入る。宗教色と専門色の強かったソルボンヌに対抗して、より自由な教育研究機関をと考えたフランソワ一世が一五三〇年に設立した王立教授団が前身だ。今でも超一流の教授たちの講義を登録なしで誰でも受講することができ、若者から白髪の老婦人まで、会場を埋め尽くす聴衆が真剣にペンを走らせる光景はフランスの学問のすそ野の広さを感じさせる。

（横山安由美）

3 キリスト教——カトリックの長女

図1　イエスの死を嘆くマリア（「十字架降下」の木彫より）

図2　シャルルマーニュの戴冠（800年）

政治と宗教——融和から分離へ

イエス・キリストの死後弟子たちは各地に布教を行ったが、ローマ帝国から激しい迫害を受けた。今も残る地下墓所《カタコンブ》は信者たちが密かに集った場所だ。それでも信者の数は増え続け、ついにキリスト教は三一三年に公認される。パリを首都と定め、今日のフランスの基礎を築いたメロヴィング朝の国王クローヴィス（Clovis, 466-511）が他の王たちに先がけて数千の部下とともにカトリックに改宗したのは四九六年のことである。それ以来、歴代のフランス国王が戴冠する際は同じランスの大聖堂で司教から聖別を受ける慣わしとなった。また小ピピンは占領したラヴェンナ地方を教皇に寄進して絆を深め（七五四～五六）、そこが現在の法王庁となっている。

このように政治や社会に至るまでキリスト教と深く結びつき、その発展に寄与したフランスは「カトリックの長女」と呼ばれる。シャルルマーニュ（Charlemagne, 742?-814）が西ローマ皇帝として教皇から戴冠された八〇〇年は政教一致の幸福な瞬間だった。だがその後は国王や司祭の叙任権の所在をめぐって世俗権力と教会権力の争いが続く。一四、五世紀の教会大分裂の時期には、フランス国王の影響下、南仏のアヴィニョンに法王庁が置かれたこともある。また十字軍の時代には「異教」ばかりでなくて、南仏のカタリ派などの「異端」も討伐の対象となった。教義としても制度としても教会を「唯一の聖なるもの」たらしめるためには、異質な分

図3　アヴィニョンの法王庁

図4　モン・サン=ミシェルの浅瀬を渡る巡礼者たち

派を排除し、「教会の外に救いなし」の原則を徹底させざるをえなかったからだ。

他方で、免罪符に代表される聖職者の腐敗や世俗化が表面化し、ルターやカルヴァンによる「宗教改革」が一六世紀に始まる。フランスにもユグノーと呼ばれるプロテスタント系の信者が増大し、それをカトリック側が虐殺するといったキリスト教どうしの争いも起きた。その狂乱の時代を生きたモンテーニュは、異なる政治・宗教的理念の者に対して人間がもつべき「寛容」(tolérance)の精神を強く説いている。

一八世紀になるとヴォルテールがカトリック教会の「不寛容」(intolérance)を正面から批判した。人間の理性に信をおくことは、教会の権威や不可謬性の疑問視にもつながる。その頂点は一七八九年のフランス革命であり、「国教」キリスト教の権威や聖職者の特権が否定され、信教の自由が明文化された。「死は永遠の眠り」、そんな碑文が墓地に登場しはじめたのもこの頃だ。死後の復活の否定は、当時としてはたいへん過激な発想だった。

その後「教会と国家の分離に関する法」(一九〇五)が定まり、たとえば聖職者は公立学校の教壇に立つことができないなど、フランスの厳格な「政教分離」(laïcité)の方針が定まってゆく。ただしそれは人間の思考を可視の地平線に限ったり、神への思慕を禁じたりすることではなくて、宗教の教義に理性が盲従するのを防ぎ、眼前の生を精いっぱい生きるべく人々を努力させるためであった。

日常性の中のキリスト教

ピエール(ペテロ)、ジャン(ヨハネ)などといったクリスチャンネームは聖人の

私たちが考える神の国は，初期の信徒たちが期待したような，超自然的なかたちで突然雲間に現れるそれとはずいぶん異なっている。だがイエスがこの世に吹きこんでくださった感情は，まさしく私たちの感情そのものである。彼の完璧なまでの理想主義は，超然とした徳高き生の至高の規則になる。彼が創り出したもの，それは汚れなき魂の天国なのだ。神の子としてのまったき高貴さ，絶対的な純粋さ，俗世の汚れにいささかも染まらないということ。この世に求めてもけっして得ることのできないものがそこにある。そしてそれは自由ということなのだ。現実の社会ではありえないものとして排除されてしまう自由，思惟の領野においてしか無限の広がりをもつことのできない，自由なのである。

（ルナン『イエスの生涯』）

図５　祈りを捧げる農民たち（ミレー「晩鐘」）

名前であり、昔は聖人暦にちなんでつけられた。現在も国民の七割がカトリックだと言われ、もちろん信仰の形式化や若者の宗教離れはあるにせよ、日曜日の朝には多くの人が教会のミサに参列する。「秘跡」は感覚で捉えることのできるキリストからのしるしであり、洗礼、堅信、聖体、悔悛、叙階、結婚、病人の塗油の七種がある。教会は教区住民の生死や結婚を記録・管理し、市役所のような役割を担ってきた。どんな小さな村にも一つの教会があって、裏手には墓地がある。映画『禁じられた遊び』では、死んだ犬やもぐらのお墓を作ってあげたいと願う戦災孤児ポレットのためにミシェル少年が墓地から次々と十字架を盗み出す場面が胸を打つ。

文学の中にもさまざまな聖職者が登場し、気高い理念と人間らしさの両側面を見せてくれる。『田園交響曲』の盲目の養女に恋心を抱いて葛藤する神父、『レ・ミゼラブル』のジャン・ヴァルジャンを真人間に生まれ変わらせたミリエル司教、『田舎司祭の日記』で世の欺瞞と正面から戦って夭折する若き司祭、徹底した「上から目線」で話しかけて死刑前夜のムルソーを苛だたせる『異邦人』の傲慢な神父などだ。

また中世のキリスト教は人々の日常生活と深く結びつき、さまざまな民衆信仰や豊かな文化表現を生み出した。奇跡、聖母・聖人崇拝（聖女カタリナは火事と病気の守護聖人）、聖遺物崇拝（ヴェズレーにはマグダラのマリアの頭蓋骨）、巡礼（ルルドの泉）、「この世の終わり」という終末論的待望、天国と地獄の間の「煉獄」、ペスト禍のさなかに生まれた「死の舞踏」の美術（骸骨姿の死神が人々を踊りに誘う）など。ローマ教会自身が取り込んで合法化したものもあれば、排除したものも黙認したものも

図６　『禁じられた遊び』

図７　サバトに向かう魔女

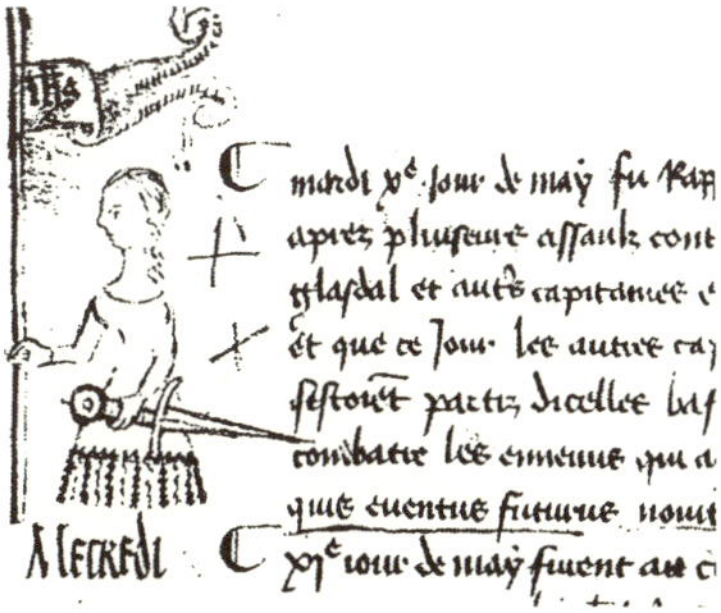
図８　書類の余白に描かれたジャンヌの素描

あり、これらは歴史の地下水脈をかたちづくっている。

「オルレアンの乙女」は聖女か魔女か

怪しい呪文を唱えて農作物に害を与え、箒に乗ってサバトへ向かう女たち。有罪判決を受けると、遺体の残らぬよう（復活を防ぐ）火あぶりの刑に処せられる。「魔女狩り」はどうして発生したのだろうか。村はずれに住み、森の木々と対話したり呪術的能力を持つ女たちは昔からいた。だがそれが「悪魔の手下」として組織的に社会転覆を企てる危険な存在と見なされるに至った背景には、異端審問官や悪魔学者ら教会側エリートの妄想や脅迫観念と、ペストや凶作による社会不安を周縁的な貧しい女たちに転化しようとする民衆の心理の両方があったと考えられる。

羊飼いの娘ジャンヌ・ダルク（Jeanne d'Arc, 1412-31）は「フランスを救え」という天のお告げを聞き、英仏百年戦争で窮地にあったフランス軍を率いて勝利に導いた。その声は神だったのか、悪魔だったのか。乙女は一四三一年にルーアンで異端として火刑に処されたが、当時の裁判官はすべて英国側が選定したものだった。「私に不利なことはすべて記録して、有利なことは一つも記録しないのですね」、乙女はそうつぶやいたと言われる。その後何度か復権裁判が行われ、一九世紀以降はフランスのナショナリズムの高まりとともに国家的英雄として遇されてゆく。一九二〇年にはローマ教会から晴れて正式に聖人として認定されるのだが、ジャンヌの位置づけは宗教の背後、あるいは前面にある、政治性の問題だということがよくわかる。

（横山安由美）

4 ルネサンス――ユマニスムという発想

ルネサンスの概念

「ルネサンス」(Renaissance)という語は「再生」を意味するが、もともとフランス語の動詞 renaître(re-「再び」+naître「生まれる」)を名詞化したものである。一九世紀半ばにフランスの歴史家ミシュレ(Jules Michelet, 1798-1874)が、一六世紀の西欧における世界観の構造転換に注目し、「世界の発見と人間の発見」の時代としてルネサンスを特徴づけ、ついで、スイスの歴史家ブルクハルト(Jakob Burckhardt, 1818-97)がこれを受け継いで、歴史学上の用語として確立した。「再生」とは、活力を失って暗黒の時代にあった人間とその文化が、急激にエネルギーを取り戻して、いったん死滅したギリシア・ローマの古代文化が復興することである。歴史学上の用語としては、一四世紀から一六世紀にかけて、イタリアを出発点としてヨーロッパ各地に起こった大規模な文化運動の総称として用いられる。

ブルクハルトは、この時代をその前後の時代から明確に分離可能なもののように扱い、「個人主義」と「近代性」という二つの観点から定義づけたが、ブルクハルト以後の歴史研究の潮流は、むしろいわゆる「中世」とルネサンスとの連続性を強調する方向に進み、ルネサンスは中世の間に生起した複数の大小の復興運動の最終局面である、とも主張されるに至った。また、いわゆるルネサンス期が必ずしも合理的・開明的様相のみを示すものでなく、明晰な合理性の持ち主であったはずのル

図1　ブルクハルト

それからほどなくしてガルガメルは，うーうー言ったり，あんあん言ったり，ぎゃーぎゃー言ったりし始めた。臓物料理をあまりに食べすぎたために，直腸がゆるんで脱肛を起こしたのであった。こうした障害のために，子宮の胎盤葉上部が口を開けてしまい，そこから胎児が出てきて上昇静脈幹に入り込み，横隔膜を通って肩のあたりまでよじ登り，左手へ道をたどって，左の耳から外へ飛び出した。子どもは生まれるやいなや，大声を張り上げて「飲みたーい，飲みたーい，飲みたーい」と叫びだし，あらゆる人々にまあ一杯やれと言わんばかりであった。　（ラブレー『ガルガンチュワ物語』）

ネサンス人が、その行動の前提や理想においてきわめて伝統的であって、意外なほどに迷信深かったことにも注目が集まっている。

このように、従来の通俗的なルネサンス像に対しては少なからぬ修正が必要ではあるが、その点さえ押さえておけば、今日でも広く用いられている時代区分とそれに基づく認識は、大づかみに時代を把握する方法としてそれなりに意義がある。

ルネサンスとユマニスム

とりわけ文芸および思想の領域において、ルネサンスは、いわゆる「ユマニスム」(humanisme) と表裏一体の関係にあることに留意すべきだろう。ユマニスムの語には「人文主義」の訳語が当てられることも多いが、ヒューマニズム（人道主義）と混同しないよう注意が必要である。ユマニスムとは、ギリシア・ローマの学芸の文献学的研究を通じて、現実の「人間」への切実な関心に目覚め、中世キリスト教的な世界観を実証的に批判するとともに、人間性の尊重とその十全な開花を求めたルネサンス期の文化運動を指す。こうした運動に関与した人々は「ユマニスト」(humanistes) と呼ばれる。ユマニスムが発見したギリシア・ローマの学芸は、世界の中心に人間とその社会を見出し、社会の中で開花する個々の人間の個性を尊重するものであったが、その意味でユマニスムは、ルネサンスの基層をなす個人とその能力重視の傾向にうまく合致するものだった。

ユマニストたちは、そのギリシア語、ラテン語、さらにはヘブライ語の知識を武器に、異教的古代の文献学的研究でつちかった実証的・批判的方法を、やがて聖書

図2　ラブレー

図3　ガルガンチュワの食事風景

に対しても適用するようになる。初期キリスト教に関する知識と、聖書原典との対峙を通じて、彼らは、あらゆる教条主義を退け、直接的に神と向かい合う態度を獲得していく。この意味で、ユマニストたちの活動は、一六世紀に始まった「宗教改革」(la Réforme) の運動と直接的に連動している。

フランスのルネサンス

ヨーロッパにおいて、イタリアの先進的文化にもっとも敏感に反応したのはフランスであった。とりわけ、文芸および思想の領域におけるこの時代のフランスの創造的営為には、特筆に値するものがある。フランスにおけるルネサンスの特徴として、ユマニスムおよび宗教改革の思想が、初期の段階から大きな影響を与えたことが挙げられるだろう。ルネサンスを代表するユマニストの一人に、オランダのロッテルダム生まれのエラスムス (Desiderius Erasmus, 1469-1536) がいるが、彼と並び称されるフランスのルフェーヴル・デタープル (Jacques Lefèvre d'Étaples, 1450?-1536) は、福音主義的な理想を追求して、原典に基づく旧約および新約聖書のフランス語訳を完成させた。ギヨーム・ビュデ (Guillaume Budé, 1468-1540) のギリシア研究や「王立教授団」(のちのコレージュ・ド・フランス) 創設の努力も、ユマニスム的ルネサンスの成果と言うことができる。

こうした思想的潮流の中で、驚異的なユマニスト的博識と自己の理想を、滑稽な物語形式を通じて開陳したのが、『ガルガンチュワ物語』(一五三四) や『パンタグリュエル物語』(一五三二) などの著者フランソワ・ラブレー (François Rabelais,

図4　モンテーニュ

暗記して覚えていても，知っているということにはなりません。それは，教わったことを記憶の中に保存してあるというだけのことです。もっぱら書物に頼った学識とは，なんと情けない学識であることでしょう。私は，書物による知識力が装飾となることを期待していますが，それを土台にしようとは思いません。この大きな世界は鏡であって，われわれは自分を正しく知るために，この鏡に自分を映してみる必要があります。要するに私は，世界がわが生徒の教科書であるようにと望んでいるのです。

（モンテーニュ『エセー』）

1483?[94?]-1553）である。中世民間伝承中の巨人ガルガンチュワを，これも中世民間伝承中の小悪魔パンタグリュエルの父親に仕立て上げ，三六万七〇一四頭の牛を屠って臓物料理を作り，母ガルガメルがそれを一六枡二樽六杯も平らげた挙句に胃腸障害を起こし，そのどさくさのさなかにガルガンチュワが生まれただの，ガルガンチュワに授乳するのに一万七九一三頭の牝牛が必要だっただの，パリに出てきたガルガンチュワが，ノートルダム寺院の上から群衆に向かって放尿したら，溺れ死んだ者が二六万四一八人であっただのと，奇想天外なエピソードで読者を引きつけつつ，そこにラブレーは，痛烈極まる宗教・政治・社会批判を盛り込んだ。彼は，変革・発展の時期を迎えていたフランス語散文を存分に駆使し，その文学的表現の可能性を，あらゆるレベルで徹底的に追求してやまなかった。

一六世紀のフランスは，カトリックとプロテスタントの両派が武力をもって衝突した宗教戦争の時代でもあったが，そうした宗教的内乱を背景とする文芸のうちでもっとも重要で，かつユマニスム的ルネサンスのもっとも実り豊かな果実の一つと思われるのが，モンテーニュ（Michel Eyquem de Montaigne, 1533-92）の『エセー』（一五八〇，八八，九五）である。古今の著作家を縦横無尽に引用し，自己省察を主な拠りどころとして，時代と深くかかわりつつも，普遍的な人間性の諸相を自在に描き出した『エセー』は，フランス・ルネサンスの最後を飾るにふさわしい，滋味あふれるユニークな作品であると言うことができよう。

（江花輝昭）

5 絶対王政――朕は国家なり

他の者に対して優越を示し保つためのあらゆる物事が，われわれにとって限りなく貴重なものであることは疑いをいれない。そうした立場を要求することは単なる儀礼上の問題にすぎないなどと考える者は，大きな過ちを犯している。この種の事柄において蔑ろにしてよいものなど何もなく，すべてが重大な結果をもたらす。われわれが統治する民は，物事の奥底まで見通すことができないので，眼に映る外見に基づいて判断をくだすのが常なのだ。彼らが恭しく振舞ったり平伏したりするのは，大抵の場合相手の席次や位階に応じてなのである。　（ルイ14世『覚書』）

絶対王政の概念と構造

歴史的用語としての絶対王政は、ほぼ一六世紀から一八世紀にかけて生まれた、ヨーロッパにおける強力な国王の支配する体制を指す。「絶対」という言葉は、さまざまな拘束から解き放たれているという意味であり、したがって、絶対王政の本来の意味は、国王が国家機関や国法によって制限されることなく統治する体制を意味する。誤解してならないのは、絶対王政は専制政治と同義ではなく、絶対君主は独裁者とイコールではないということである。フランスにおいて王権は、地方三部会や各地の高等法院、王国基本法などによってさまざまな制約を受けていた。つまり王権の「絶対」性は、あくまでも一つの理念にとどまっていたと言える。

絶対王政の権力構造は、二本の柱によって支えられていた。一方は、弱体化したとはいえ身分的特権を保ち、社会的威信においても依然として優越していた戦士貴族層と、もう一方は、商業活動を展開するためには広域的で統一的な支配体制の方が有利であったので、国王による国内の統一と中央集権化を支持した大商人層とである。大商人層はまた、国王の必要とする資金や有能な官僚も提供して、王権の有力な支持基盤となる。その中からは、新興の法曹・官僚貴族層も形成されていく。戦士貴族層と大商人・新興貴族層が対峙するこうした社会的緊張関係は、国王にその間を調停する役を演じる好機を与え、こうして、国王が王国における唯一の政治

図1　現在のヴェルサイユ宮殿

図2　1668年当時のヴェルサイユ宮殿

的・文化的中心として他の諸勢力を圧倒し、ただその一身に権威・権力が集中していくプロセスが進行していく。戦士貴族層にとって、その政治的・軍事的な役割が後退していくことに不満がないわけではなかったが、その一方で、異論の余地のない権威・権力のもとで人心を糾合することによって、国家を分断するような社会的緊張を解消しようとする願いは、エリート層を構成するほとんどすべての人々のものであったと言ってよい。そして当時、その願いを可能にする権能の担い手は、国王以外には考えられなかった。旧い勢力と新しい勢力がせめぎ合う中で、そのバランスがかろうじて保たれていたのは、ひとえに国王のイメージの求心力が、臣民に対して有効に機能していたおかげだったのである。そこでは、整備されつつある強大な権力を有する「国家」が、人間のイメージで覆われていることが依然として期待されていた。ルイ一四世（Louis XIV, 1638-1715）が「朕は国家なり」と口にしたというのは、確証のない俗説にすぎないが、これを驕り高ぶった専制君主の言としてではなく、国家と国王の身体が一体のものと考えられていたという意味に解する限り、ある種の真実を突いた言葉であると言うことができるだろう。

ルイ一四世の日課と宮廷儀礼の機能

七時半に起床。七時半より「起床の小儀」――王族、大入室特権保持者入室、健康状態診断、カツラ選び（起床のカツラ）。八時半より「起床の大儀」――第一入室特権その他の特権保持者入室、請願に耳を傾けつつ用便（いわゆる「穴あき椅子」(chaise percée) が使われた)。九時より朝食、髭剃り、着替え、朝の祈り。一〇時よ

図３　ヴェルサイユにおける夜会

図４　宮廷バレエで太陽神アポロンに扮したルイ14世

りカツラ取替え（執務用カツラ）、礼拝堂ミサ出席。一一時より国務会議出席、請願者との謁見。一三時より昼食（正餐）――小膳式（王一人の食事）。ルイ一四世は大食漢として有名であった。古来の伝統に従い、ナイフと手だけで食事をした。一五時より着替えの後、庭園散策、アパルトマンに戻って休憩。秘書官が書いた私的な手紙にサイン。一八時より夕べの祈り。一九時より夜会（「アパルトマンの遊び」と呼ばれた）。二二時より夕食――大膳式（王族の陪食者あり）。二三時より「就寝の儀」（起床の儀とは逆の進行）、着替え、就寝。王が一人になるのは、寝台の厚い帳の中だけだった。

ヴェルサイユに宮廷が移った一六八二年から一七一五年に亡くなるまで、ルイ一四世は、こうしたびっしりと詰まった日課をほぼ毎日滞りなくこなした。懐中時計さえあれば、国王が今どこで何をしているかがわかると言われたほどである。それにしても、私的な事柄と思えるものまでもが公衆の面前で行われ、これほど宮廷儀礼に真剣に取り組む必要があったのはどうしてなのだろうか。それは、主役である王の威信にかかわるイメージがそこに委ねられ、権力の配置を可視化する「儀礼の劇場」としてヴェルサイユが機能していたからである。だから、これを滑稽な虚礼などと言って片づけるのは、まったくの見当違いということになる。

絶対王政のシンボルとしてのルイ一四世とヴェルサイユ

フランスにおける絶対王政は、七〇年以上にわたって君臨したルイ一四世の名前と、彼が建設を開始したヴェルサイユ宮殿のイメージと分かちがたく結びついてい

一，大理石の中庭に面した玄関の間から城館の外に出たら，テラスに向かうこと。階段の上で立ち止まって，水の花壇と動物陳列の泉水の様子を眺めるべし。

二，それからラトーヌの泉水を見下ろすところまでまっすぐに行き，立ち止まって，ラトーヌの泉水，トカゲの泉水，斜路，彫刻，国王の遊歩道，アポロンの泉水，大運河を眺めるべし。さらに振り返って，花壇と城館を見るべし。

三，その後左へ曲がって，スフィンクス像の間を通るべし。歩いている途中，動物陳列の泉水前で立ち止まり，噴水と池を見るべし。　（ルイ14世『ヴェルサイユ庭園案内法』）

る。ルイ一四世は、権力がその基盤の重要な部分を人間の想像力に置いているという事実について、きわめて自覚的な国王であった。したがって彼は、考えられる限りのあらゆる表現メディアを、国王の身体そのものの栄光化の手段として、意識的、組織的に活用した。そして、自ら宮廷バレエの場で「太陽神アポロン」をはじめとするさまざまな役を踊ることによって、そのカリスマ性を高めるための努力さえ惜しまなかった。彼は、華やかな宮廷儀礼、宮廷スペクタクルの舞台としてヴェルサイユの地を選び、絢爛たる「鏡の間」に代表されるその宮殿と庭園の建設に、生涯にわたって多大な精力を注いだ。こうして、「太陽王」としてのルイ一四世の「栄光の身体」は、宮廷人の共同幻想の焦点として、彼らに畏怖を覚えさせるほどまでに強い威力を発揮することになり、文明の中心としてのヴェルサイユの光輝は、フランス国内にとどまらず、ヨーロッパ全体をあまねく照らしていくことになる。一八世紀になると、スペイン、オーストリア、イタリア、プロシア、ロシア等において、競うようにヴェルサイユ宮殿をモデルとした宮殿が建設され、それぞれの宮廷に、フランス宮廷の作法がお手本として取り入れられるようになるだろう。特にロシアの宮廷では、フランス語を話すことが宮廷人の必須の素養とされるまでになる。ルイ一四世のイメージ戦略は、想定以上の成果を収めたのである。しかし、彼の跡を継いだ国王たちには、「儀礼の劇場」を支えていくだけの覚悟も力量も不足していた。彼らは、宮廷の重苦しさに時に耐えきれなくなり、憩いの場を求めて、グラン・トリアノン宮やプチ・トリアノン宮へとしばしば逃げ出したのである。

（江花輝昭）

6

啓蒙思想とフランス革命——哲学者、民衆、そしてナポレオン

図1　バスチーユ牢獄の襲撃

図2　マリ＝アントワネットの裁判

パリ祭、すなわち革命記念日

毎年七月一四日の革命記念日、パリにはフランスのみならず世界中から観光客が押し寄せる。シャンゼリゼ大通りでは、壇上で睥睨《へいげい》する大統領のもと、国歌「ラ・マルセイエーズ」に合わせて勇壮な軍隊パレードが繰り広げられる。近代フランスの出発点を記念するこの日は、フランスのもっとも重要な祝日の一つである。

フランス革命（一七八九）は、ブルボン王朝の圧政に怒ったパリ市民がパリの東端にあるバスチーユ牢獄を襲撃したことに始まる。とはいえこの事件は、長い時間をかけたフランスの変貌の一つの象徴的な瞬間にすぎない。ブルボン王朝期には、さまざまな問題を孕みつつも王国全体に国王の主権的支配が確立し、国家としてのフランスの一体性が高まったと言える。その一方で、スペイン継承戦争（一七〇一～一三）、七年戦争（一七五六～六三）などの対外戦争は国家に多大な出費を強い、後に革命で処刑されることになるルイ一六世（Louis XVI, 1754-93）が即位した一七七四年、財政は危機に瀕していた。さらに、大凶作（一七八七）、イギリス商品の流入による手工業の地盤沈下といった悪条件が重なり、フランスは深刻な経済不況に見舞われていた。こうした状況下、全国で一揆や抗議行動が頻発する。実は、こうした騒乱の背景には、産業や情報網の相対的な発達や人口の流動化によりもたらされた、従来のコミュニティーの変質や社会の多様化があった。また、アメリカ独

図3　モンテスキュー

図4　ルソー

立戦争（一七七五〜八三）の影響もあり、市民や農民たちの間にも自らの権利や政治に対する意識が芽生え、社会変革への気運が醸成されていったのである。

革命と啓蒙思想

一八世紀は哲学者の世紀とも呼ばれ、モンテスキュー（Charles-Louis de Montesquieu, 1689-1755）、ヴォルテール（Voltaire, 1694-1778）、ディドロ（Denis Diderot, 1713-84）、ルソー（Jean-Jacques Rousseau, 1712-78）ら名だたる啓蒙思想家を輩出した時代である。フランスでは、この時代を「光明の世紀」（siècle des lumières）と呼ぶ。lumière(s)の語は第一義的には「光」を意味するが、「精神を照らすもの」「明らかにするもの」という意味も持ち、さらにそうした精神の働きを使って獲得される「知識」を指すこともある。ちなみに、この時代にディドロ、ダランベール（Jean Le Rond d'Alembert, 1717-83）によって編纂された『百科全書』は、哲学、芸術、政治から手工業などの技術に至るまであらゆる分野の知識を集め、項目数六万余、全二万五〇〇〇ページにも及ぶ大事典で、まさに新しい時代の理性を総動員して集めた知識（lumières）の宝庫である。啓蒙思想とは、ドイツの哲学者カント（Immanuel Kant, 1724-1804）によれば、理性を行使することにより「人間がみずからに負い目ある未成熟状態から抜け出す」こと、言い換えれば、自然の「光」として人間に具わる理性を働かせ、新たな感性と批判精神をもって知を蓄え、矛盾を孕む身分制度や慣習、宗教的な迷信や偏見を打破しようとする思想のことである。

啓蒙思想家たちの探求は抽象的な思索にとどまらず、深刻な矛盾を抱え込んだフ

図５　「自由」の勝利

何人も他人に命令する権利を自然から授けられてはいない。自由は天与のものであり，同じ種に属するすべての人間は，物心がつくと同時に自由を享受する権利を持つ。自然が権威を設けたとすれば，それは父権である。とはいえ，父権にも制限がある。そして通常の状態においては，父権は子が自立した時点で消滅する。父権以外の権威はすべて自然以外のところから発している。よく調べると，その源は次のいずれか，すなわち，何者かにより力と暴力で権威が奪取される場合，あるいは，人々と権威を託された者との間に成立したもしくは想定された契約により，人々が権威に従うことに同意する場合である。

（『百科全書』「政治的権威」）

ランスの社会に対する批判的提言へと発展していった。革命以前のフランスの社会体制は「旧体制《アンシャン・レジーム》」（Ancien Régime）と呼ばれ（革命期以後の呼称）、そこにおいては、第一身分（聖職者）、第二身分（王侯貴族）、第三身分（平民）という三つの区分から成る身分制度があった。また、総人口のごく一部を占めるにすぎない人々が多大な権力と富を握る一方、大多数の人民は貧困にあえいでいた。モンテスキューは、『法の精神』において、国家の法制度や権力のあり方が地域や時代によって異なる性格を持つことを示し、政治、権力のあり方が、時代、環境などの諸要素の力関係により変化しうるものであることを証明した。ルソーは、『人間不平等起源論』の中で、原始状態に近い「自然状態」を想定し、人間の不平等は社会の形成、文明化とともに生じたのだと主張した（とはいえ、ルソーが原始状態に帰れと主張したわけではなく、彼によれば、フランスは誤った文明化の道をたどったのである）。さらに彼は『社会契約論』において、社会のあり方はその構成員相互の契約によって成り立つのであり、権力を手にした者が人民の意思を無視して権力の乱用や世襲などを行ってはならないとした。一七八九年八月二六日に国民議会で採択された「人間および市民の権利の宣言（＝人権宣言）」の第一条には、「人は、自由と権利において平等なものとして生まれ、存在し続ける」と明記されている。そこにはまさに啓蒙思想の理念が顕著に表れていると言えよう。

革命の風雲児ナポレオン

とはいえ、革命が即座に理想の民主国家をもたらしたわけではなく、その後フラ

図6　ノートル=ダム大聖堂でのナポレオンの戴冠

いざ，祖国の子どもたちよ，
栄光の日がやってきた。
圧政の血塗られた旗が
我らに向かって揚げられた！
聞こえるか，野戦場で唸る
あの獰猛な兵士たちの声が？
奴らは我らの領土に攻め入り
息子や妻の喉をかき切るのだ。

市民よ，武器を取り軍隊を成せ！
進もう！進もう！
祖国の畝に汚らわしい血が浸みとおるまで
（フランス国歌「ラ・マルセイエーズ」）

ンスでは何年にもわたり血なまぐさい権力闘争が続いた。その中で王侯貴族や高位聖職者ばかりでなく、ダントン、ロベスピエールら革命のリーダーも含む多数の人々が断頭台に送られ、社会は未曾有の混乱に見舞われることになった。もっとも、そうした大変動に乗じて表舞台に現れた人物たちもいる。フランスの初代皇帝となったナポレオン・ボナパルト（Napoléon Bonaparte, 1769-1821）もその一人である。コルシカの小貴族の出身である彼は、革命後の混乱の中で武勲をたてて目まぐるしい勢いで権力の階段を上り、一八〇四年には帝政を敷いて自ら皇帝となる。ナポレオンは、中央集権的近代国家の建設をめざしてさまざまな改革を実行した。その最たるものが、今日のフランス民法典の基礎となっているナポレオン法典の制定、国家管理下の教育改革の実施である。そうした改革にはある意味で革命の理念を見ることができる。他方、彼は周辺諸国への派兵を繰り返し、最盛期にはほぼヨーロッパ全土に及ぶ範囲が彼の帝国となった。フランス国歌「ラ・マルセイエーズ」は、もともと北方ライン軍団の進軍歌として作曲されたもので、対オーストリア戦争でマルセイユ義勇軍がそれを歌いながらパリに入場したことで有名になり、一七九五年に国歌となった。軍歌ゆえに、歌詞には血なまぐさい戦闘の様子がありありと物語られている。ところで、一八一二年のロシア遠征の敗北以来ナポレオンは転落の一途をたどり、一八二一年、流刑地のセント＝ヘレナ島で亡くなる。その数奇な運命ゆえに彼のまわりには、コルシカの食人鬼、革命の申し子、プロメテウスなどといった相矛盾するイメージを孕む神話が形成されることになるのである。

（朝比奈美知子）

7

第二次世界大戦——レジスタンスの心意気

ヴィシー政権

第一次世界大戦（一九一四〜一八）は近代兵器を用いた大量殺戮によって参加各国に多大な犠牲を強いた。戦死者の数はフランス約一四〇万人、イギリス約九〇万人、ドイツ約一八〇万人といわれている。フランスでは現在でも、休戦協定が調印された一一月一一日を国民の祝日（休戦記念日《アルミスティス》）として、悲惨な戦争の終結を記念している。しかし、それほどの犠牲が払われたにもかかわらず、大戦後の国際情勢は各国の思惑が入り乱れて、堅固な安全保障体制を確立することができないまま推移し、やがてヒトラーが主導するナチス・ドイツの台頭を招くことになる。一九三九年九月、ドイツ軍がポーランドに侵攻したのを受けて、イギリスとフランスがドイツに宣戦を布告し、第二次世界大戦が始まった。

独仏間では、本格的な交戦のない八カ月にわたる睨《にら》みあいののち、一九四〇年五月、ドイツがフランスに電撃的な一斉攻撃をしかけ、わずか一カ月あまりで首都パリを占領、フランス第三共和政は瓦解した。六月、休戦協定が結ばれ、フランスの国土は、併合地区（アルザス・ロレーヌ）、占領地区（フランスの北半分と大西洋側）、自由地区（フランスの南半分、一九四二年一一月以降はここも占領地区となる）に三分された。国名はフランス共和国から「フランス国」となり、第一次世界大戦の英雄ペタン元帥（Philippe Pétain, 1856-1951）を国家主席とする新政府がフランス中部の

図1　ポーランドの国境検問所の遮断機をもぎとろうとするドイツ軍兵士たち

ドランシー収容所〔パリ北郊のドランシー駅からアウシュヴィッツ行き移送列車が出発した〕の雑踏のなかで，ドラは，3月からそこに収容されていた父親と再会した。この［1942年］8月には，レ・トゥーレルや警視庁留置所と同じく，ここの収容所も毎日増え続ける男女の波でいっぱいになった。自由地帯から何千人もが貨物列車で到着した。子どもから引き離された女たちが何百人単位でピチヴィエやボーヌ・ラ・ロランドの収容所からやって来た。母親たちが移送された後，8月15日以降数日間で，四千人の子どもたちが到着した。ピチヴィエやボーヌ・ラ・ロランド出発時に，衣服に急いで書かれた彼らの名前の多くは，もはや読み取れなかった。身元不明児童122号。身元不明児童146号。3歳の少女。名前はモニック。身元不明。

（モディアノ『ドラ・ブリュデール』）

温泉町ヴィシーに成立した。

共和制を否定するヴィシー政権は、「自由・平等・博愛」に代えて「勤労・家庭・祖国」を国家のスローガンとし、表向きは正統政府としての体面を保ったが、実質的には「対独協力《コラボラシオン》」（Collaboration）を鮮明にした半主権政権にすぎなかった。

対独協力 vs レジスタンス

対独協力は、膨大な占領費の支払いや強制労働の徴用、兵器の共同生産や民兵団の組織、ナチズム宣伝のための文化人の動員など各方面でさまざまなかたちをとって現れたが、中でも「ユダヤ人狩り」は政治的な対独協力の典型だった。ナチス・ドイツはドイツ民族の純潔を守るためと称してユダヤ人との結婚を禁止し、占領地域でもユダヤ人の外出禁止など排除政策、さらには絶滅政策を強化していた。ドイツ占領下のフランス警察はユダヤ人約七万五〇〇〇人を逮捕し強制収容所に送った。パリに住む平凡なユダヤ人一家がアウシュヴィッツに移送されるまでの様子を、家出した娘の痕跡をたどることによって淡々と描き出したパトリック・モディアノの小説『ドラ・ブリュデール』（一九九八）をはじめとして、「ショアー（ユダヤ人大量虐殺）」の悲劇を描いた文芸作品は数多い。

一方、こうした対独協力の動きに対する「抵抗《レジスタンス》」（Résistance）の運動が国外と国内の両面で展開され、次第に力を強めていった。国外レジスタンスの中心人物がド・ゴール将軍（Charles de Gaulle, 1890-1970）である。ド・ゴールは一九四〇年六月、ロンドンからBBCのラジオ放送を通じてフランス国民に抗戦を呼びかけた。

図２　フランス国民に抗戦を訴えるド・ゴール将軍

フランスは戦闘では敗れたが，戦争に負けたわけではない。仮の統治者たちはパニックにとらわれ，名誉を捨て，祖国を隷属に委ねて降伏した。しかし，何も失われてはいないのだ。失われたものは何もない。なぜならこの戦争は世界戦争だからだ。自由世界では，巨大な戦力が温存されている。いつか，これらの戦力が敵を打ち砕くだろう。その日，フランスは勝利の側にいなければならない。そのとき，フランスは自由と偉大を取り戻すだろう。それが私の目的，唯一の目的だ。だから私はすべてのフランス人に呼びかける，行動と犠牲と希望のうちで私と一体になることを。われらの祖国は死の危険にある。皆，祖国を救うために戦おう。フランス万歳。1940年６月18日。ド・ゴール将軍。（ド・ゴール将軍による呼びかけ
「すべてのフランス人へ」）

ド・ゴールの組織した「自由フランス」は、成立当初は過小評価されたが、次第に力をつけていった。国内的には、さまざまな抵抗組織との連携をはかり、腹心ジャン・ムーランの尽力もあって四三年五月、ド・ゴールを指導者とする「全国抵抗評議会」（CNR）を結成した。国際的には、同年六月、「フランス国民解放委員会」（CFLN）を結成し、軍事行動面での連合国との関係を緊密化した。四四年六月六日、連合軍がノルマンディーに上陸を果たし、国内のレジスタンス組織の力も手伝って、同年八月二五日、パリは解放された。

レジスタンスの心意気

一九四〇年一一月一一日、パリのシャンゼリゼ大通りで「ド・ゴール万歳」を連呼する学生デモが行われドイツ軍を驚かせたという逸話もあるが、当初の抵抗運動はけっして組織的なものではなかった。抵抗運動が組織化され、全国的に拡大していく背景には三つの段階があった。すなわち、(1)独ソ開戦を受けて共産党が公然と抵抗運動を始めた四一年六月、(2)ヴィシー政権が対独協力を強化した四二年春（同年七月一六日にはパリに住む一万三〇〇〇人のユダヤ人の一斉検挙が行われた）、そして、(3)ドイツでの強制労働を拒否した若者たちが「マキ（森林《マキ》地帯などに潜伏して抵抗するゲリラ組織）」の活動を始めた四三年春である。レジスタンス運動への参加者は約四〇万人、そのうち一〇万人が犠牲になったという。

抵抗組織には地域や職業によって数多くのグループが存在した。地域的な組織としては、「北の声」「フランス防衛」「解放－北」といった北側のグループ、「義勇《フラン・》

図3　ユダヤ人強制収容所送致の歴史を語る記念碑

図4　義勇遊撃隊員の虐殺を語る記念碑（ニース）

遊撃隊《ティルール》」「戦闘《コンバ》」「解放―南」といった南側のグループが知られている。職業的な組織としては、反ナチスの地下新聞を刊行したり、深夜叢書《エディシオン・ド・ミニュイ》による抵抗文学（ヴェルコールの『海の沈黙』（一九四二）と『星への歩み』（一九四三）が有名である）の出版を助けたりした著作家のグループ「全国作家委員会」や、負傷した抵抗運動家を診療し、守秘義務を盾にして当局への通報を拒否した医師のグループ「レジスタンス医療委員会」などがあった。

いったん逮捕されれば、拘禁、拷問、銃殺または収容所送致が待っている。抵抗運動家は常に死の危険に身をさらしていた。秘密結社的な活動の中で、彼らは多様な連絡網《レゾー》を構築し、その活動の種類も多様であった。武装行動に出てドイツ軍の施設を破壊したり、ユダヤ人の第三国への脱出を助けたりすることもあれば、情報を連合軍に流したり、物資補給を援助したりすることもあった。ナチス・ドイツとヴィシー政権は、レジスタンス組織の弾圧に力を注いだが、秘密結社的な活動を見せるレジスタンス運動を制圧することは不可能だった。

命がけの抵抗運動を支えた動機は、人によって異なるだろう。愛国心あるいは愛郷心が強く敗戦と占領という屈辱を認めたくない人々、反ナチズム・反ファシズムの明確な思想を持つ人々、ソ連型の共産主義を実現しようとする人々――その立場は右から左まで多様である。しかし、抵抗を支える共通の動機が、反占領軍という素朴な感情のうちにあったこと、言い換えれば、思想の多様性を認める前提としての民主国家、自立した主権国家の国民でありたいと願う強い意志のうちにあったことだけは確かであろう。

（今井　勉）

8 EU——一つのヨーロッパ

主要なヨーロッパの首都すべての支えであり，２億人の住民の自由な活動の原動力となる，金属としての価値と信用に裏打ちされた大陸に流通する一つの通貨。こうした通貨，ただ一つの通貨が，国王の肖像や，その他の哀れな姿を刷り込んださまざまな通貨に，やがてとってかわるであろう。通貨が多種多様であることこそ貧困の原因である。なぜなら通貨のやりとりが軋轢を生み，軋轢の増加がその循環を妨げるからである。通貨の循環は統一から生まれる。

（ユゴー1855年の講演）

二つのモデル——ローマ帝国とナポレオン帝国

「一つのヨーロッパ」には、歴史的なモデルが二つある。一つは、二世紀初頭に最大版図（東は現在のイラク、西はモロッコ、南はエジプト、北はイギリス北部まで領土拡大）を達成した古代ローマ帝国である。帝国内では、共通の法律、通貨、度量衡が通用し、ラテン語が公用語として用いられた。フランス各地に今も残る水道橋や闘技場などの遺跡や、碑文に刻まれたラテン語は、かつて、フランスがローマ帝国の一つの地方であったことを物語っている。

もう一つは、一九世紀初頭、フランスの皇帝ナポレオンが試みたヨーロッパ大陸体制である。これは、対イギリス戦略から、フランス帝国の拡大を図ることをその本質としていたが、のちの『セント＝ヘレナ日記』に記されているように、ナポレオンは、ヨーロッパ連合の強化のために「至るところ同一の諸原理、同一のシステム、一つのヨーロッパ法典、一つのヨーロッパ破棄院、同一の通貨、同一の度量衡、同一の法律等々」を確立することをめざしていた。

ローマ帝国という統一体は、ＥＵの先駆として具体的なモデルを提供する一方、ナポレオン帝国における「一つのヨーロッパ法典」は現在の欧州憲法条約に、「同一の通貨」はユーロに相当するという意味で、一つの先駆的な理念を示すものと言えるだろう。

われわれの時代のヨーロッパ大革命，国民対国民の競争に代えて，自由と多様性における諸国民の統一をめざそうとする革命，われわれの文明の新たな発展開花と新たな誕生を可能にしたいと望む革命，この革命は欧州石炭鉄鋼共同体の発足とともに始まったのである。
（ジャン・モネの談話）

図２　ジャン・モネ

図１　ミッテラン仏大統領とコール独首相

欧州統合の道のり

一九世紀を通じて国民国家の独立が相次ぎ、ナショナリズムが昂じると同時に、帝国主義列強の対立が激化し、ついには二度の世界大戦を経験するという歴史の流れの中で、ヨーロッパ連合の夢は挫折を余儀なくされた。しかし、第二次世界大戦後、米ソ二超大国の冷戦によってヨーロッパが東と西に分断される中、西ヨーロッパにおいて再び悲惨な戦争を起こさないために、とりわけ経済レベルでの統一（資源エネルギー開発の共同管理と金融政策の協調）の実現が強く求められた。中心となったのが、普仏戦争以来三度にわたって戦火を交えたフランスとドイツ（西ドイツ）である。仏独首脳の協力体制は、大戦後のド・ゴール大統領とアデナウアー首相の信頼関係に基づいて結ばれた仏独友好協力条約（一九六二）や、ジスカール・デスタン大統領とシュミット首相の協力によって発足したヨーロッパ通貨制度（一九七九）など、統合運動の重要な契機において常に見られることになるだろう。仏独関係はヨーロッパ統合推進に不可欠なエンジンであった。

具体的には、まず一九五二年に欧州石炭鉄鋼共同体、続いて五八年に欧州原子力共同体と欧州経済共同体が発足した。まず経済の統合、その後に政治の統合をめざす連邦型の統合プログラムは「欧州の父」と呼ばれるジャン・モネ（Jean Monnet, 1888-1979）の構想によるものである。六七年には三共同体を束ねる欧州共同体（ＥＣ）が誕生し、加盟国も当初の六カ国から八六年には一二カ国となった。ＥＣの行政執行機関である欧州委員会の委員長を八五年から九五年まで務めたのが、第一次ミッテラン政権で経済財務相を務めたジャック・ドロールである。ドロールは

図3　ジャック・ドロール

図4　マーストリヒト条約の調印

モネの連邦主義を継承して「一つのヨーロッパ」の建設に尽力した。そして一九九二年、これまでの経済分野に加えて、政治分野での連合（共通外交安全保障政策や司法協力）をもめざしたマーストリヒト条約が調印された。翌九三年の条約発効にともない、欧州共同体（EC）は欧州連合（EU）として新たなスタートを切った。

その後EUは拡大する。八九年のベルリンの壁崩壊、そしてソ連解体による冷戦構造の終結を受けて、二〇〇四年、東欧の旧共産主義圏諸国一〇カ国が一気に加盟したことなどから、二〇〇七年には加盟二七カ国（総人口およそ五億人）という規模に拡大した。将来的にはイスラム国家トルコの加盟も予定にのぼっている。

二〇〇四年、加盟国代表により欧州憲法条約が調印された。EUの憲法にかかわるため、この条約の発効には各国の議会や国民投票による批准が必要だったが、二〇〇五年、フランスとオランダは国民投票の結果、批准を否決してしまう。その結果、批准作業を中止する国が相次ぎ、条約は発効されず凍結されてしまった。各国の主権とEUの主権の調整にはまだ時間が必要だという民意の表れであった。これを受け〇七年末、既存条約の修正というかたちで改革条約が調印され発効した。

統一通貨ユーロと今後の問題点

EUの最大の特徴は何といっても統一通貨ユーロの存在であろう。独自通貨政策を維持するイギリス、スウェーデン、デンマーク、導入条件を達成できなかったギリシア（その後二〇〇一年に導入）を除いて、一九九九年一月一日、一一カ国の通貨統合が決定され、二〇〇二年一月一日、ユーロは実際の流通を開始した。パリや

図５　ストラスブールの欧州議会（EU の政策決定に民意を反映させるための議会。加盟国の人口比で定数を割り当てている）

図６　EU 加盟国地図（2009年）

ローマなど観光都市の両替所の風景は一変した。ユーロ以前の両替所の電光掲示板には、国旗の横にフランスならフラン、ドイツならマルク、イタリアならリラといった各国通貨を記した欄があり、米ドルや日本円など他の通貨に対する為替相場の売値と買値が並んでいたのが、ユーロ圏に関する限りはすべて共通の数字となったのである。ナポレオン以来のヨーロッパ「同一の通貨」の夢はこうして現実のものとなったわけである。

ただし、ＥＵ＝ユーロ圏という等式は完全には成立していない。当面は独自通貨政策を継続している三カ国を除いて、基本的にＥＵ加盟国はユーロ圏になることが求められているが、二〇一一年一月現在では、旧東欧共産主義圏の加盟国を中心にユーロ導入に必要な基準にまだ達していない国々があるため、ＥＵ加盟二七カ国中、実際のユーロ圏は一七カ国にとどまっている。ユーロ圏の中にも、財政赤字の抑制義務を果たせない国が南欧を中心にいくつかあり（ギリシア、ポルトガル、スペイン、アイルランドなど）、通貨と金融政策で一本化したＥＵにとって、加盟国の財政赤字問題にどう対処していくかが緊急の課題となっている。

財政問題に加えて、ＥＵという超国家的な連合組織と加盟各国の主権の折り合いをどうつけるのかという問題――これが、欧州憲法条約の批准がスムーズに進まなかった背景にある――もまた、折に触れて噴き出してくる根本的な問題として残るはずである。多様性を内包したままの持続可能な一体性の実現へ向けて、ＥＵの試練は今後も続くだろう。

（今井　勉）

マリ＝アントワネットの「お菓子」発言

王妃マリ＝アントワネット（Marie-Antoinette, 1755-93）は女性の憧れの的である一方で、浪費家や派手好きとして悪評高い。だが死刑判決の罪状は浪費ではなくて、主に外国に対する諜報罪である。逃亡して国家機密を敵国に渡そうとした、と。王妃がオーストリア出身で、恋人のフェルセン伯もスウェーデン人であったことなどが愛国心の強いフランス人に不信感を抱かせたようだ。

なるほど衣装代は年々上昇したが、激しいインフレのせいもある。また簡素な服装にすると、威厳を損なうと民衆から不評を買ったり、贅沢産業の要リヨンの絹織物業者から営業妨害で訴えられたりもした。国家の財政危機の主な理由はルイ一四世時代の巨額の工事費用の累積や気候不順による凶作といった構造的なものであって、王妃個人の人格に帰せられるものではない。しかしながら「紙の洪水」の時代、王室への反感を煽る目的で風刺画を使ってジャーナリズムが面白おかしく書きたてた。女であり外国人であるマリは恰好のターゲットだった。裁判の中では「良き母」のイメージを崩すために「息子と交わった」という下劣な告発までなされたのだが、マリは毅然として否定した。

それでは群衆蜂起の際の「パンがなければお菓子を食べればいいじゃない」（Ils n'ont pas de pain? Qu'ils mangent de la brioche!）発言はどうだろう。これも当時のメディアの創作かと思いきや、革命時にはそんな記録すらなかった。マリのセリフだと断定した最初の活字はドイツの児童文学『点子ちゃんとアントン』（一九三一）である。ケストナーの脚色のせいで、空腹の民衆の神経を逆なでする高慢で馬鹿な王妃のイメージが広まってしまった。また「お菓子」といってもケーキやマカロンではなく、丸い菓子パン「ブリオッシュ」である。実際、野外ピクニックの際に「パンがなければブリオッシュを食べましょう」と言った貴婦人の発言が伝わっており、そうした句が巡り巡って不都合な文脈でマリに割り当てられてしまったようだ。イメージにとらわれず、王妃の真実の姿を知るには一次資料にあたることがとても大切だ。マリの手紙も遺書もそのままに残っているのだから。

「オーストリアの駝鳥」風刺画

（横山安由美）

第2章

フランス的精神

セーヌ河岸の古本屋

「フランス的なるもの」の存在

「フランス精神」（esprit français）というものがあるとして、それを定義することは可能だろうか。そもそも、多様であることを本態とする一国の国民性を簡単に定義できるはずがないと主張されたとしたら、それに反論することは難しいだろう。しかし、さまざまな状況において、「やっぱりフランス人はちょっと違うな」と感じることもまた否定できない事実であって、フランス人を一つの鋳型に流し込むことはできない相談であるとしても、「フランス的なるもの」（francité）はたしかに存在するように思える。だとしたら、フランス文化の本質を少しでも理解するために、フランス精神について多少考えてみることは、まんざら無駄な作業ではあるまい。そこで、その考察の手がかりとなるようないくつかのポイントを、ある程度の図式化を恐れず、ここで簡単に取り上げてみることにしよう。

フランス精神の複数の起源

物腰が丁寧で、優雅で洗練された言葉遣いをするフランス人、多少行儀が悪く、あけすけでからかい好きなフランス人、あなたはどちらのイメージが正しいと思うだろうか。じつは、どちらのイメージもそれなりに正しいのであって、ここでもまた、フランス精神を一律に定義することの困難さを思い知らされる。そもそも、伝統的にフランス精神には二つの起源があるとされていて、一つは社会のエリート階級に由来するもので、「宮廷精神」（esprit courtois）と呼ばれ、もう一つは民衆起源のもので、フランス人の祖先と見なされているガリア人に敬意を表して、「ガリア精神」（esprit gaulois）と呼ばれる。上述のフランス人のイメージのうち、おおよそ前者が宮廷精神の典型、後者がガリア精神の典型だと考えることができる。もう一つここに、フランス革命以来の「共和国精神」（esprit républicain）をつけ加えれば、フランス精神の主流をなす三本の大きな流れを大づかみに把握したことになるだろう。

フランス精神とフランス語

フランス憲法第二条には、「共和国の言語はフランス語である」と明記されている。ということは、フランス人は、国民統合の一つの柱がフランス語にあると考えていることになる。換言すれば、フランス精神とフランス語は切り離しがたいということである。フランス人は言葉へのこだわりが強い国民であるとよく言われるし、フランス人は昔からおしゃべり好きであったらしい。これが宮廷精神によって磨かれると、洗練された会話術や気取った言語表現の追求となり、ガリア精神に導かれると、下品な冗談に対する嗜好や辛辣な悪態の応酬となる。悪態には他人に対する攻撃性があって、フランス人は、皮肉、機知、当てこすりを得意とする。フランス人の笑いは、大概自分をその外に置き、人を見下したような「言葉の笑い」であることが多く、イギリス人のユーモアとは異なり、フランス人の笑いには「自己嘲弄」(autodérision)が欠けていると言われる。

フランス精神と合理主義

フランス人は合理主義者であると評される。整然としたパリの街並みや、フランス式庭園などを眺めれば、フランス人が幾何学模様や直線的構図を好み、そこに合理性が貫徹していることが実感できるが、その一方で、一般のフランス人はそれほど計算が得意でもなさそうである。ということは、合理主義はエリート的宮廷精神に由来すると言えそうだが、合理主義とは物事を数理的に把握する精神のことであるから、宮廷精神の中には相当程度、算盤勘定に秀でた「商人精神」(esprit marchand)が混じり込んでいると考える必要があるだろう。フランスのエリート階級形成の歴史をたどってみれば、その間の事情を理解することができる。フランス人のおしゃべり好きと合理主義が結びつくと、フランス式の思想・哲学への志向が生まれる。これもまた宮廷精神の表れであるから、そこでは「みやびの美学」の追求が同時に行われており、深遠であっても鈍重ではなく、形式にこだわるが軽さを忘れず、明晰性を追求して晦渋を嫌い、洗練を求めて野暮を恐れる傾向がある。

フランス精神と単一性

フランス憲法第一条には、「フランスは分割不可能で、云々」と書いてある。第一条は「共和国精神」を簡潔にまとめたものだが、「分割不可能」(indivisible)であるとは、公的生活のあらゆる側面において「単一性」(unicité)を追求することであると説明される。すなわち共和国精神は、常に一律的、普遍的であることを要求し、「多様性」(diversité)に対しては、かなり不寛容な精神なのである。たとえば、フランス政府の移民政策や国内のマイノリティに対する態度などを見ると、そのことが了解されるだろう。しかし、出自も宗教も慣習も異なる人々がフランス国内に共存している現在、共和国精神はさまざまな局面で試練の時を迎えていると言わざるをえない。フランスは、このまま単一性追求の道を突き進むのか、それとも多様性を許容する方向に向かうのか、まだ結論は見えていない。

(江花輝昭)

9

恋愛——狂気の愛・至純の愛

私は恋をしている。そなたを愛しているが，そんな自分を許しているなどとは思わないでおくれ。理性を乱す狂気の愛に心奪われ，自ら毒をはぐくんだわけでもない。天に唾する呪われた身，そなたが私を憎む以上に，私は自分を嫌悪する。わが胸に運命の炎を焚きつけ，血をたぎらせたこの神々こそがその証人。かよわき人の心を惑わせて，残酷にほくそ笑む神々が。

（ラシーヌ『フェードル』）

図１　親に結婚を強制される娘

愛して悔いぬこと

古代ローマは厳格な家父長制社会であり、両親の同意だけで結婚が決められたため、原則として夫婦間に愛は生じない。婚姻外の性交や男女の交際には比較的寛容な社会だった。だが愛してはならない者を愛し、それを独占したいと願うようになったとき、そこに苦悩が生まれる。中世も政略結婚が多く、真実の愛を貫けば不倫として指弾される。愛や情念はその人の社会的地位を揺るがす脅威であり、そこに悲劇の基本構造がある。「恋は暴君、誰も容赦しない」（コルネイユ）。カルタゴの女王ディドーは旅人アエネイアスを本気で愛してしまうが、男の裏切りと旅立ちを知ったとき、炎の中で自らの身を焼き尽くす。王妃フェードルは義理の息子イポリートを愛してしまい、夫の目前で自害する。それは外から見れば「狂気の愛」だが、当の本人は狂いきれず、理性に苛まれることにこそ、真の絶望がある。

しかし愛は困難で実らないからこそ意味があるのかもしれない。諺に「月と恋は満ちれば欠ける」とも言う。一二世紀の南仏の吟遊詩人《トルバドゥール》たちは高貴な奥方や遠方の貴婦人へのつらく苦しい恋を切々と歌いあげた。モットーは「愛して悔いぬこと」。愛を精神の飛翔の場と見なす南仏の澄んだ空気、頻繁に男女が引き裂かれた十字軍の社会的動乱、流入したアラブのエロティシズム、それらが「至純の愛」（fin'amor）を生み出したのだった。やがてそれは北仏にも伝わり、宮廷での受容を通して様式

図２　最初のキス（右から王妃、ランスロ，励ます友，見て見ぬふりの侍女たち）

あなたのなかで生きるのは私　あなたがいなくとも
私のなかで死ぬのは私　ここにありながら
どんなに遠く離れても　あなたはいつもそばにいて
こんなに近くにいようとも　私は不在

この身ではなく　あなたのなかに生きる私を見れば
自然も機嫌を損ねよう
いと高き力が粛々と動き出し
私の無気力なからだに魂を注ぎ込むのだが
しょせん精髄なき抜け殻の魂
あなたのなかにこそ極限まで拡げ入れて

（セーヴ「デリー」144番）

化され、雅《みやび》な「宮廷風恋愛」（amour courtois）へと発展する。さらにルネサンス期にはダンテやペトラルカの影響を受けて清新な恋愛賛美の抒情詩が開花し、ロンサールを初めとするプレイヤード派の若き詩人たちが活躍した。そして一八世紀のルソーの時代になって初めて、各個人のありのままの感情表出や恋愛の感傷に積極的な価値が認められ、それが「自然」で良いものだと見なされるようになったのである。

「お祈りの最中もついあなたのことを……」

ケルト系の駆け落ち譚から発展した『トリスタン物語』は究極の三角関係から始まる。マルク王の妃イズーと、王の甥トリスタンは、誤って魔法の媚薬を飲んだことから電撃的な恋に落ちる。その激しさといったら、「一日たりとも離れられず、昼も夜もお互いをずっと見つめ合うありさま。もし一週間会えなかったら、二人ともに高熱を発し、病気になって弱り果て、死んでしまう」ほどだ。マルク王の嫉妬も並大抵ではなく、木によじ登って逢引を覗いたり、甥を追放したり、切り殺そうとしたり、妻を伝染病の病人の穴に投げ込んだり……。二人は引き裂かれてもなお相手を求め続ける。その運命の愛に終止符を打つのはただ〈死〉のみだった。それは『ロミオとジュリエット』などの悲恋物語の原型になるとともに、後にワグナーが楽劇『トリスタンとイゾルデ』で「愛と死」の主題を完成させた。

同じ一二世紀、禁じられた恋に身をやつした実在のカップルもあった。稀代の大学者アベラールは家庭教師をしていた一七歳の娘エロイーズと深い関係に陥って

図3　ロダン「抱擁」

図4　カルティエ＝ブレッソン「ディドロ通り」

図5　ビュッフェ《Je t'aime》

しまう。その報復として男は睾丸を切り取られ、その後二人はそれぞれ修道院に入る。修道女になってもなお、エロイーズは愛の手紙を書き続けた。「皇后になることよりも、あなたの情婦と見なされることの方が、私にとっては喜ばしいことであり、名誉あることなのです」、「愛の中に愛以外のものを見るのはやめましょう」、そう言って彼女は「結婚」を否定する。不倫や禁じられた関係だから反道徳的なのではない。結婚こそ不純なのである。女は男の地位や財産を、男は女の美貌を、値踏みせずにはいられないのだから。

一目ぼれと自己満足は恋の王道

人間のむなしさをよくわかりたいと思うなら、恋愛の原因と結果を見てみるがいい。原因は「自分にはわからない何か」（コルネイユ）であり、結果は恐るべきものである。この「自分にはわからない何か」、つまり人が気づくこともないようなわずかなものが、地上のすべてを、王侯たちを、軍隊を、世界中を、揺り動かすのだ。

クレオパトラの鼻、もしそれがもっと低かったら、大地の表層がすっかり変わってしまっていたことだろう。

（パスカル『パンセ』）

愛を分析し、その機微を捉えようとする試みも多く行われた。「愛とは感情ではなくて技である」（モラン）。愛のプロセスを薔薇の蕾の攻略として描いた寓意文学の傑作『薔薇物語』（一三世紀）は、悦楽の園で〈愛の神〉の矢が〈私〉の目に突き刺さり、心臓に達する場面から始まり、恋は視覚から始まることを表現した。アンド

図6　セーヌ河畔の恋人たち

図7　ゴダール『男性・女性』

レ・ル・シャプランの『宮廷風恋愛について』は、愛を「美しい異性を見て、それを極端に思いつめることから生じる一種の生得的な苦しみである」と定義し、「嫉妬しない者は愛することができない」「恋は秘密にするべし」「障害があるほど愛の価値は高まる」などの規則を定式化した。自身の多くの恋愛体験から『恋愛論』（一八二二）を著したスタンダールは恋心が固まってゆく過程を塩坑で小枝の上にダイヤモンドのような結晶が輝くさまに譬えた。⑴賞賛（すてきな人だ）、⑵想像（触れられたらどんなにうれしいだろう）、⑶期待（脈があるのでは）、⑷恋の発生（そばにいたい）、⑸第一の結晶作用（もうこの人のすべてがすばらしい）、⑹不安（だめだったらどうしよう）、⑺第二の結晶作用（もうこの人しかいない）。

　女優のジャンヌ・モローは言う、「恋はスープみたいなもの。最初の数口は熱すぎて、最後の数口は冷めすぎているの」。フランス的恋愛を表す三つのキーワードは、情熱、快楽主義、倫理的歯止めからの自由。「妻の不貞を見て見ぬふりをする男はむしろその慎重さを称賛される」（モンテスキュー）。そして恋もセックスも生涯現役。「心に皺はありませんもの」とはセヴィニェ夫人の言葉だ。

　そういう度胸のない人は文学を読んでおこう。恋に恋した人妻ボヴァリー夫人（フロベール）。長い煩悶の末にレナル夫人の手を握るジュリアン・ソレル（スタンダール）。濃密な逢瀬の果てに人妻を孕ませてしまう若者（ラディゲ）。自分の高すぎる鼻へのコンプレックスから幼馴染みに愛を告白できず、死ぬ間際までよき友人であり続けたシラノ・ド・ベルジュラック（ロスタン）。誰の恋も、それぞれ真実であり、貴い経験なのだ。

（横山安由美）

10

理性礼賛——我思う、ゆえに我あり

近代的理性の誕生

人間に固有の思考力、認識力は、一般に「理性」（raison）と名づけられ、理性を重んじて、生活のあらゆる面において合理性を貫こうとする態度を、通常「合理主義」（rationalisme）と呼ぶ。歴史的に見れば、古代ギリシア哲学や中世スコラ哲学を説明する際にも合理主義の概念が適用されるし、フランス精神の普遍的特質を表すものとして、しばしば用いられる用語でもある。しかしここでは、近代初期フランスにおける合理主義志向、理性礼賛の流れに限定して解説することにする。

古代ギリシア語で「理性」を表す「ロゴス」という語は、もともと論証を行うための「言葉」を意味したから、理性と言葉は本来切り離しがたく結びついており、理性とはまず言語的理性のことであった。ルネサンス期にギリシア・ローマの古典が「再発見」され、「ユマニスム」（人文主義）を標榜する文化運動が盛んになると、「ユマニスト」（人文主義者）たちは古代哲学から言語的理性を学び、それに立脚して教会批判などを行ったが、一方で彼らの自然観もまた、やはり古代自然哲学の枠組みに依拠したものにとどまっていた。しかし、ルネサンス知識人の中には、自然をもっぱら量的・機械論的に見ようとする少数の例外的な人々もいて、ガリレオ（Galileo Galilei, 1564-1642）もまた、そうした少数派の流れをくむ一人であった。

ガリレオは、自分自身の科学的発見を認識論的に反省して、自然研究において数

図1　デカルト

第一，私が明証的に真であると認めない限り，何も真として受け入れないこと。第二，私が検討する難問の一つ一つを，できるだけ多くの，しかも問題をよりよく解くのに必要な小部分に分割すること。第三，私の思考を順序に従って導くこと。もっとも単純でもっとも認識しやすいものから始めて，少しずつ階段を上るように，もっとも複雑なものの認識にまで上っていき，自然のままでは前後の順序を持たないものの間にさえも順序を想定して進むこと。最後は，すべての場合に，完全な列挙と全体にわたる見直しをして，何も見落としがなかったと確信すること。　　（デカルト『方法序説』）

学的に表現可能な量的関係を求めることの重要性を強調し、数学的自然科学の方法を提唱した（「自然という書物は数学的記号で書かれている」）。フランスにおいてガリレオの方法論を受け継ぎ、それに存在論的基礎づけを行って、自然研究の普遍的な「方法」として確立したのがデカルト（René Descartes, 1596-1650）である。こうして近代的理性は、言語的理性にとどまらず、数学的理性ともなった。

勝ち誇る「デカルト主義」

デカルトは、精神と物体を完全に別物と見なす徹底した二元論に立ち、動物や人間の身体も含めた客体的自然を、生命を欠いた機械と見る機械論的自然観を展開して、合理主義と近代科学の発展に決定的な寄与をした。さらに、一切を疑ったとしてもそれを疑う私という存在は疑いえない、という「コギト・エルゴ・スム」（Cogito, ergo sum）＝「我思う、ゆえに我あり」の命題を第一原理に据えた「主体の哲学」の基礎を築き、近代哲学の父と呼ばれるようになる。デカルト主義哲学においては、自己の存在の確実性に絶対の確信を持つ人間理性がそれについて明晰判明な観念を持ちうるもののみが、真に存在するものとされた。すなわち、この世界に何が存在し、何が存在しないのかを決定するのは人間理性にほかならない、という事態が出現したのである。デカルト自身は信仰篤き人であったし、自分の理性の力を頼みとして、「神の存在証明」の領域に踏み込みさえした。デカルトにおいては、依然として人間理性は神的理性の後見を受けていたと言いうるが、デカルトの切り開いた道は、最終的に人間理性を形而上学的原理の座に据えることを可能にし、

図3　ヴォルテール

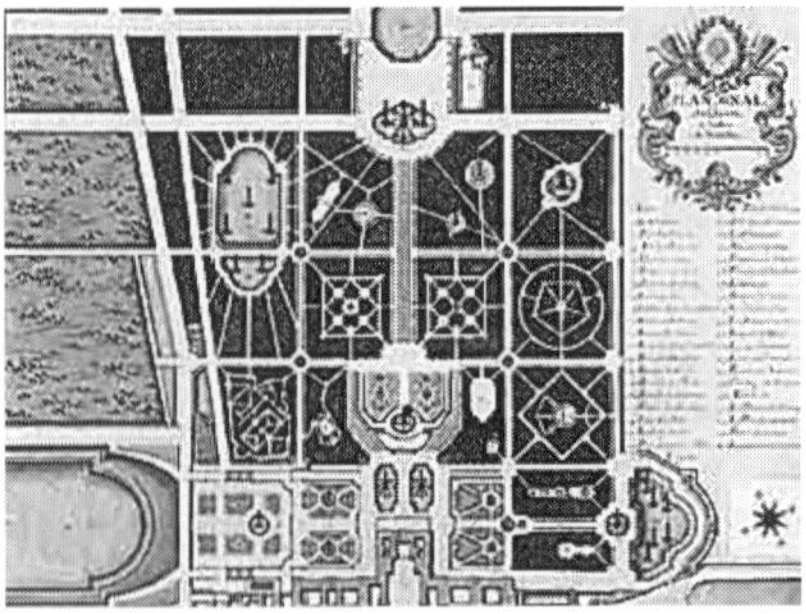

図2　フランス式庭園も数学的理性の産物（ル・ノートル「ヴェルサイユ庭園図」）

こうして、世界のすべての存在を基礎づける原理は、人間を超越する高みから人間の内部へと移行して、人間理性は、かつて神的理性が占めていた座を簒奪することになった。

啓蒙的理性主義へ

神的理性の後見を排して自立した人間理性は、それまで自己を支えていた宗教や形而上学をも迷妄と断じ、その蒙（暗がり・無知）を啓いて（啓蒙）、それを批判の対象とする理性となる。ベーコン（Francis Bacon, 1561-1626）やロック（John Locke, 1632-1704）などイギリスの知識人のもとで始まった啓蒙主義運動は、ヴォルテール（Voltaire, 1694-1778）やディドロ（Denis Diderot, 1713-84）に代表される無神論的・唯物論的な立場をとる一八世紀のフランスの思想家たちのもとで、「批判する理性」として展開されることになる。彼らにとって、人間理性の批判の対象にならないものはもはや存在しない。ヴォルテールは、たびたび投獄されたり、国外亡命を余儀なくされたりしつつも、理性と自由を旗印に、たぐいまれな力量に支えられた文筆活動を通じて、封建制、専制政治および信教における不寛容と闘った。ディドロは、その反キリスト教的思想のために著作を焼かれたり、投獄の憂き目に遭いながらも、『百科全書』の編集責任者として、諸分野にわたる学者、技術者と協力しつつ、反動派の攻撃と粘り強く戦って、この記念碑的大事業を完成させた。

理性の最後の一歩は，理性を超える事物が無限にあるということを認めることである。そこまで至りえないとしたら，理性はまことに弱いものでしかない。必要なところで疑い，必要なところで断言し，必要なところでは服従するすべを身につけなければいけない。そのように振舞わない者は，理性の力を理解していないのだ。信仰に関する事柄においては，理性を否認することほど理性にかなったことはなく，それ以外の事柄においては，理性を否認することほど理性に反したことはない。理性を排除するのも，理性しか認めないのも，同様に危険な両極端の行き過ぎである。　（パスカル『パンセ』）

図４　ディドロ

理性万能主義への批判

近代を動かしてきた原動力の一つが、理性への信頼であったことに疑問の余地はない。しかし、量的に数値化可能で、理性の認識の対象となるものだけが現実に存在する権利を持つと公言する近代的理性は、原理からして自らに限界を設けない。また、デカルト主義哲学においては、人間において実体をなしているのはあくまで理性の宿る場としての「精神」のみであって、「精神」は「身体」と実在的に区別されて、「精神」は「身体」から自立して存在しうるものとされる。こうした意味での「精神」、すなわち「理性」としての「私」の存在の確認が近代的自我の目覚めだと主張されることもある。しかし、近代的理性に驕りや過信はないのか。実際、近代における傲慢不遜な過度の理性主義が、人間の「身体」や「感覚」、「感情」の軽視、「環境内存在」としての「私」の忘却などの由々しき事態を招いたこともまた否定できない事実であって、近年そうしたことが問題視されるようにもなった。

一七世紀においてすでに、パスカル（Blaise Pascal, 1623-62）は、「真理の認識は、単に理性によるばかりでなく、心（＝直感）によっても行われる。第一原理の認識は後者によって行われるのであって、それに関与しない推論（＝理性）が第一原理の打倒を試みても無駄である」と主張して、理性万能主義に対する警鐘を鳴らしていた。一八世紀においても、近代文明の堕落を糾弾したルソー（Jean-Jacques Rousseau, 1712-78）は、理性に重きをおくエリート的な啓蒙主義思想に嫌悪と拒絶の思いを抱き、「人間を作るのは理性だとしても、人間を導くのは感情である」と言い切って、民衆の素朴で善良な感情生活を肯定した。

（江花輝昭）

11

古典主義――良き趣味

古典主義の特徴

「古典主義」（classicisme）の基本的特徴は、古代ギリシア・ローマの古典を一つの理想と捉え、その時代の学芸・文化を規範としてそれにならおうとする態度であり、芸術においては、「人間の本性」（nature humaine）を意味する理想化された自然の模倣が推奨される。さらに、理性および理性に依拠する規則を尊重して、内容と形式の両面において簡潔、節度、調和、安定を重んじ、純粋で明晰な表現を追求する。様式概念としての古典主義は、誇張、過剰、逸脱、不規則などを特徴とする「バロック」（baroque）の概念としばしば対比させて用いられる。フランスにおいて「古典主義」という用語は、一九世紀に隆盛を迎える「ロマン主義」（romantisme）に対立するものとして、当初はそれに異議を申し立てる目的で導入されたものであるが、ついで、フランス精神の特質と分かちがたく結びつけられて、一つの文化的伝統の中に位置づけようとする意図で肯定的に使用されるようになる。

REMARQVES
SVR LA
LANGVE FRANÇOISE
VTILES A CEVX QVI VEVLENT
BIEN PARLER ET BIEN ESCRIRE.

A PARIS,
Chez AVGVSTIN COVRBE', dans
la petite Salle du Palais, à la Palme.
M. DC. XLVII.
AVEC PRIVILEGE DV ROY.

図１　ヴォージュラ『フランス語に関する覚書』表紙（1647年）

古典主義の二つの潮流

一六世紀後半以降、ルネサンスの「ユマニスム」（人文主義）の伝統を継承するフランスの学者たちは、主としてパリの高等法院を拠点として、古代の雄弁を近代に蘇らせようと目論んでいたが、他方、自分たちの得意分野の詩学と修辞学を通じて、

図2　ヴェルサイユ宮殿，鏡の間

図3　ラシーヌ

文学創作を導く理論を確立しようとしてもいた。それが、後にいわゆる古典主義理論と呼ばれるようになるものである。彼らの努力は、一方で論理的で明快な表現の追求、内容と形式のバランスを重んじる嗜好の拡大に寄与したが、言語と文学創作において、規則の遵守を何よりも優先させようとする彼らの教条主義的な態度は、宮廷の趣味と折り合うものではなかった。宮廷社交界においては、立ち居振舞いと言葉遣いにおける優美、洗練が特に重視され、学者の専門用語のような、耳で聞いてすぐに理解できない難解晦渋な物言いは、「良き趣味」(bon goût)に反するものとして毛嫌いされていたのである。学者界と宮廷――この二つの潮流は、あるべき言語と文学の理想をめぐって対立、論争を繰り返したが、宮廷の言葉遣いを模範にすべきだと考えた、詩におけるマレルブ(François de Malherbe, 1555-1628)、散文におけるゲ・ド・バルザック(Guez de Balzac, 1597-1654)、文法におけるヴォージュラ(Claude Favre, seigneur de Vaugelas, 1585-1650)らの努力によって、しだいに宮廷の立場が優位を占めるようになる。さらに、フランス語の統一と純化を目的としてアカデミー・フランセーズ(一六三五年勅許)を創設させるなど、絶対王権の秩序を文化面においても浸透させようとした宰相リシュリュー(Armand Jean du Plessis de Richelieu, 1585-1642)が推進した文化政策の後押しなどもあって、最終的には、宮廷の「慣用」をモデルとするフランス語が文学語として確立する。以上のような観点からすれば、フランスの古典主義は、ユマニスムの伝統を受け継ぐ学者の理論と、宮廷における文学の趣味とが総合されて成立したものと言えよう。

ドラント「あらゆる規則の中で最大の規則は，気に入られるということではないでしょうか。演劇作品がその目的を達したとしたら，その作品は正しい道を歩んだということにはならないのでしょうか。観客は皆その種の事柄に関して判断を誤っており，自分が味わう喜びについて銘々が自分の裁き手であってはならないとお考えなのでしょうか。」

ユラニー「あの方々［学者連中］のことで一つ気がついたことがあります。それは，規則，規則ともっともやかましく言い，他の誰よりも規則をよくご存知の方々が，誰も立派だと思わない芝居しか書かないということです。」

（モリエール『女房学校批判』）

図４　モリエール『女房学校批判』挿絵

文学・演劇における古典主義

フランスの古典主義文学が頂点を極め、その理想にふさわしい傑作群が生み出されたのは、一六六〇年代から八〇年代にかけてのきわめて短い期間にすぎなかった。この時代を代表する作家としては、それぞれ古典主義悲劇および喜劇の頂点に立つラシーヌ（Jean Racine, 1639-99、代表作『フェードル』）とモリエール（Molière, 1622-73, 代表作『タルチュフ』）、フランス文学に特徴的な恋愛心理小説の創始者と言われているラ・ファイエット伯爵夫人（Marie-Madeleine Pioche de la Vergne, Comtesse de Lafayette, 1634-93, 代表作『クレーヴの奥方』）などがいる。しかし、文学・演劇における古典主義時代は、それ以前のバロック的潮流に対抗する形で始まり、やがて一八世紀の啓蒙主義に取って代わられる、一六三〇年代からルイ一四世が亡くなる一七一五年までのほぼ一世紀を指す、という考え方もある。

古典主義の代表的ジャンルは演劇、それも悲劇であった。もちろん古典主義に則った喜劇も書かれたが、悲劇と比較して一段劣ったジャンルと見なされていた。古典主義理論によれば、悲劇は、「アレクサンドラン」（alexandrin）と呼ばれる一二音節詩句を用いて、五幕韻文で書かれるのを規範とした。題材は、古代の神話・歴史から取るのを原則とし、その際「三単一の規則」（règle des trois unités）を遵守する必要があった。すなわち、ただ一つの場所で（場所の単一）、二四時間以内に（時間の単一）、一つの主筋へと有機的に結合された、まとまりのある一つの劇的事件が展開されなければならない（筋の単一）。この原理が有効に機能するためには、理性に照らして自然に見える「真実らしさ」（vraisemblance）、つまり劇行為の内的必然

宮廷を研究し，町方を知るがいい。/どちらに行こうと，いつも豊富なお手本がある。/冗談を言う喜劇役者は，気品を保つ必要がある。/巧みにもつれた筋立てが，いとも容易にほどけるように。/理性が筋を導くままに，無意味な場面に迷わぬように。/謙虚優美な文体が，適切に高まり，/気の利いた言葉を処々に散らした文章は，/細やかに扱われた情念で満たされるように。/常に場面は緊密に，順序よくつながるように。/良識を犠牲にして，冗談を言うのは控えよう。/決して自然から離れてはならないのだ。

（ボワロー『詩法』）

図５　ボワロー

性の追求が不可欠であり、また劇的虚構が説得的であるためには、観客・読者の「良き趣味」に反しないこと、すなわち「適切さ（節度）」（bienséance）への配慮が同時に求められた。この最後の「良き趣味」にかなった「適切さ」への配慮こそが、古典主義規則をその根底で支えるものとして機能していた、最重要の規則であったと言うことができよう。この時代の作家たちが何より追求していたのは、宮廷貴族や上層町人層によって構成されていた教養あるエリートの観客・読者に「気に入られる」（plaire）ことだったのであり、他の規則の遵守は、この「気に入られる」という第一の課題が達成されたうえでなければ、ほとんど意味をなさなかった。ここでもまた、学者による規則の強制は、宮廷の趣味によって緩和されていたのである。

古典主義時代における詩人・作家たちの実践を整理し、一つの美的基準の言説としてまとめた詩人ボワロー（Nicolas Boileau-Despréaux, 1636-1711）は、「よく考えられた物事は明晰に述べることができる」という言い方で、合理的思考に基づく明晰さの追求という古典主義的文体の理想を定式化したが、そこにも、学者の理論と宮廷社交界の美意識がともに反映されているのを見てとることができる。一八世紀末にリヴァロル（Antoine Rivarol, 1753-1801）は、ボワローの詩句を踏まえ、「明晰でないものは、英語、イタリア語、ギリシア語、ラテン語ではありうるが、フランス語ではない」と断じて、明晰さをフランス精神の普遍的な特質にまで高めたが、彼の主張は、後世に大きな影響を及ぼした。

（江花輝昭）

12

ロマン主義――個としての文学・芸術表現の発見

図1　『エルナニ』の初演

図2　ユゴー

『エルナニ』――文学における戦争

一八三〇年二月二五日は、文学の世界における戦争の日だった。この日、ヴィクトル・ユゴー（Victor Hugo, 1802-85）は、ロマン主義（romantisme）の理念と情熱を注ぎ込んだ戯曲『エルナニ』を古典主義の牙城コメディ＝フランセーズ座で上演することになっていた。彼と志を同じくする若き文学者や芸術家たちは、赤チョッキと水色のズボンという出立ちのゴーチエを先頭に隊列を組んで会場に陣取り、古典派の非難や野次を抑え込んで上演を成功に導いた。これを契機にロマン主義はフランスの文学・芸術界に急速に広まっていく。ゴーチエはのちに『ロマン主義の歴史』において、この上演を「心底憎みあう」「二つの文明」の間の戦争だったと回想している。もともとイギリスやドイツの文芸の影響下に発展したロマン主義は、一七世紀以来フランスの文芸思潮の王道として君臨してきた古典主義の文学・芸術観に対する根本的な異議申し立てを含むものであった。すなわち、古典主義が古代ギリシア・ローマの文芸に規範を求めて美を普遍的、統一的な基準によるものと捉えていたのに対し、ロマン主義は、美の基準が土地や時代や個人により変化するものであるという発想に立つ。ゴーチエがこの日身にまとった燃えるような赤のチョッキは、「漠然とした複数性により個性を消し去って」きた古典主義に抗して、「個」の表現としての芸術を追究し、規範や礼節の束縛から脱して芸術の自由を求

夢は第二の生である。私たちと不可視の世界を隔てるこの象牙もしくは角の門を，身震いせずに通ることはできなかった。眠りの最初の瞬間は死のイメージだ。思考がぼんやりとした麻痺状態に捉えられ，そして，正確な瞬間はわからないが，あるときから自己が別の形を帯びて存在の業を続けるのだ。ぼんやりとした地下世界に少しずつ明かりが差し，影と夜の闇の中に，地下墓所の世界の住人の厳かに不動の青白い相貌が浮かび上がる。そして情景が形成され，新たな光が差してそうした奇妙な亡霊たちを照らし出し，動かしてゆく――こうして精霊たちの世界が我々の前に開かれるのである。

（ネルヴァル『オーレリア』）

図3　ラマルチーヌ「湖」挿絵

めようとする激しい情熱を象徴するものだった。

古典主義へのアンチテーゼ――感情・夢・地方色

ロマン主義は、古典主義が重視した普遍性、理性、合理性の枠から逸脱するものを復権させた。何よりも顕著に現れたのは、作家個人の感情や情熱の迸りである。ロマン主義期には、「私」を名乗る主人公が登場する自伝的小説や抒情詩がさかんに書かれた。その先駆となったのは、一八世紀の哲学者ルソーが書いた自伝『告白』である。そこにおいて彼は自身の半生を振り返り、事実を並べるだけでなく、自らの「内部を開いて見せた」。一個人の内面の記録が文学のテーマになるということを示した点において、この書物が後代の作家に与えた影響は大きかった。こうしてロマン主義期の文学作品においては、他に代えがたい存在である個としての作家の感情や情熱が吐露されるようになる。ラマルチーヌ（Alphonse de Lamartine, 1790-1869）の抒情詩「湖」にあふれる亡き恋人への痛切な思い、あるいはシャトーブリアン（François-René de Chateaubriand, 1768-1848）の自伝的小説『ルネ』に綴られる苦悩や焦燥感は、作家自身の内面から発せられる声なのだ。

ロマン主義はまた、夢や狂気を復権させた。これらも理性を信奉する古典主義において看過、あるいは排除されてきた領域である。デカルトは『方法序説』において、夢は、いかに鮮明な表象をもたらすとしても、理性により判断されたものとは別物であり、明証的かつ完全ではありえないとする。また狂気とは、情動のせいで本来保たれているはずの真理と人間の関係が崩れたときに現れるものであるとした。

図４　オペラ『カルメン』（歌手ガリ - マリエ）

図５　ドラクロワ「民衆を導く自由の女神」

これに対してロマン主義の作家たちは、理性で捉えられない夢、神秘、土地の伝説などを探求し、作品の霊感とした。ネルヴァル（Gérard de Nerval, 1808-55）の自伝的小説『オーレリア』は、主人公が夢と現実の境においてパリの街を放浪しながら失われた女性を求めるという内容である。夢と狂気に従来なかった意味を与えて分析したこの小説は、二〇世紀文学のテーマと問題意識を予見する作品である。

歴史や地方色に対する関心の高まりもロマン主義の特徴である。古典主義期に軽視されていた中世の文学や美術を称揚したシャトーブリアン、文学・芸術と土地の風土が深い関係を持つことを指摘しドイツ文学を紹介したスタール夫人（Mme de Staël, 1766-1817）らの先駆者たちは、美の基準や趣味が相対的なものであり、一つひとつ異なる時代や多様な土地風俗が文学の霊感になりうることを如実に示した。かくて一九世紀には歴史的な題材や地方色を盛り込んだ作品が流行するようになる。メリメ（Prosper Mérimée, 1803-70）原作、ビゼー（Georges Bizet, 1838-75）のオペラで有名な『カルメン』（一八四五）はその典型である。

「星」そして『レ・ミゼラブル』——民衆の導き手としての文学者

ドラクロワ（Eugène Delacroix, 1798-1863）には七月革命を題材にした歴史画「民衆を導く自由の女神」（一八三〇）がある。そこで三色旗を掲げて民衆を導く女神は、ロマン主義期の芸術家の理想と使命感の象徴とも言える。一九世紀前半期のフランス社会は、フランス革命の余波を受けて大きな混乱をきたしていた。その混乱は物質面のみならず精神面においても顕著で、革命の標的となったカトリックの権威は

私はひとつの世界が破壊されるときに再び生れる者。
おお，諸国の民よ！　私は燃えさかる詩なのだ。
私はモーゼの上に，ダンテの上に輝いた。
獅子のような大洋は私に恋している。
私はやってきた。徳よ，勇気よ，信仰よ，立ち上がれ！
思索する者，才気ある者よ，歩哨となって塔に登れ！
瞼よ，開け！　眸よ，光をともせ！
大地よ，畝溝を揺さぶれ，生よ，物音を目覚めさせよ。
眠る者よ，立ち上がれ。――なぜなら，私に続く者，
私を先触れに立てる者とは，
自由の天使であり，大いなる光なのだから。

（ユゴー「星」，『懲罰詩集』所収）

図 6 『レ・ミゼラブル』よりコゼット

失墜し、あらゆる価値観の崩壊が生じていた。そうした状況下で民衆の精神の導き手としての役割を自ら担ったのが、ロマン主義の文学者・芸術家である。ユゴーの詩「星」（『懲罰詩集』）では、夜明け間近のまだ暗い空に一つ輝く星が、海岸に佇む詩人（＝ユゴー）に対し、モーゼやダンテのごとく民衆を導く者となれ、と語りかける。そこにはまさにユゴーの豊かな想像力と芸術家としての自負が溢れている。

一片のパンを盗んだことから投獄され波乱の人生を送るジャン・ヴァルジャンの物語『レ・ミゼラブル』（*Les Misérables*）にもユゴーの理想が溢れている。「ミゼラブル」という語は、単に「悲惨な、みじめな」というだけでなく、「貧困」「周縁」という社会的ニュアンスを含み、題名全体としては「極度の貧困に苦しみ社会の周縁にある人々」という意味になる。実際この小説においてユゴーは、ジャン・ヴァルジャン、孤児コゼットのほか、解雇されて赤貧の状態で死んでいく女工ファンチーヌ（コゼットの母）、両親から虐待を受けて家出し、最後には民衆の蜂起に加わって命を落とす浮浪児ガヴローシュなど、まさに社会の底辺で貧困や差別にあえぎながらも懸命に生きようとする人々を強い共感を持って描き出す。

ロマン主義は、フランスのみならず、全ヨーロッパ的な文芸思潮となって広がった。実のところ主観的で時に誇大妄想的な面を持つこの思潮の狭義の隆盛は長続きせず、一九世紀後半期には衰退を見る。しかしながら、個としての文学・芸術表現を提示し、理性を礼賛する西欧近代の思考のありかたを逸脱する領域に分け入ったという点において、それは、一つの流派の枠を超えて、近代から現代へと進む文学芸術の運動に決定的な一石を投じたと言えるのである。

（朝比奈美知子）

13

近代小説と社会——野望、闘争、そして金

図１　スタンダール

図２　バルザック

社会の変動と歴史への興味

大革命以来フランスがたどった歴史は波乱の連続だった。一九世紀に入っても、帝政（一八〇四〜）、王政復古（一八一四）、七月王政（一八三〇〜）、二月革命（一八四八）と、数十年の間に何度も政体の変更が生じて政治的に不安定な状態が続き、社会の様相もめまぐるしく変化した。そうした状況の中、一九世紀全体を通じ、フランスが体験してきた歴史そのものへの興味が高まり、『旧体制と革命』の著者トックヴィル（Alexis de Tocqueville, 1805-59）、『フランス史』『魔女』の著者ミシュレ（Jules Michelet, 1798-1874）などの錚々たる歴史家が現れた。こうした関心は文学の分野にも現れ、アレクサンドル・デュマ（Alexandre Dumas, 1802-70）の『三銃士』や『モンテ＝クリスト伯』などさまざまな歴史小説が書かれている。

熾烈な闘争の場と化した社会

さらに文学においては、歴史的変動の中で刻々に変わる現実の観察や分析に霊感を求めた小説がさかんに書かれ、レアリスム（réalisme）の系譜が形成されていく。「小説、それは往来に沿って持ち歩かれる鏡である」というスタンダール（Stendhal, 1783-1842）の言葉は、それを象徴している。彼の代表作『赤と黒』（一八三〇）には「一八三〇年年代記」という副題が付されている。主人公ジュリアン・

図3　ゾラ

手っ取り早く出世すること，それが，今君と同じような立場にいる５万人の若者が解決せねばならない問題だ。君もその５万人の中の一人にすぎない。君がしなければならない努力と闘争の熾烈さを考えてみたまえ。良い地位は５万人分もあるわけがないのだから，壺の中の蜘蛛のように互いを食い合わなければならない。こんな状況で，どうやって道を切り拓くか？　それは，天才の威光によってか，さもなければ堕落の才によってだよ。この人間どものるつぼに大砲の弾みたいに飛びこんでゆくか，あるいはペスト菌のようにそっと忍び込むかだ。正直なんてものは何の役にも立ちはしない。

（バルザック『ゴリオ爺さん』）

ソレルは、貧しい材木商の家に生まれたが、学業に秀でていたため、村の司祭の進言により聖職に就くべく学業を続けられるようになる。が、彼は密かにナポレオンを崇拝し、内面には自身の才気で下層階級から這い上がろうとする激しい野心と闘争心をたぎらせていた。ちなみに、「赤」と「黒」については諸説があるが、それぞれ軍服、教会の聖職者の法衣を指すという見方もある。この二つは、身分も金もない青年が社会において上昇する数少ない手段であった。ジュリアンは、はじめ家庭教師先のレナル町長夫人、続いてパリの大貴族の令嬢マチルドを踏み台に野望を遂げようとするが、裏切られたレナル夫人の告発により計画は頓挫、激昂した彼は夫人に重傷を負わせ、敵意に満ちた裁判の末死刑を宣告される。たしかに革命は、自由と平等の理念を掲げて多くの人間に社会的上昇の希望を与えた。しかしながら、理想と現実の間には深刻な乖離があったのである。

バルザック（Honoré de Balzac, 1799-1850）の野望は、「戸籍簿との競争」であったという。彼が編んだ連作小説群《人間喜劇》は約九〇編もの作品から成り、登場人物の総数は二〇〇〇人を超え、まさに筆の力で作り出された社会の様相を呈している。その代表作の一つ『ゴリオ爺さん』の主要人物の一人ラスチニャックは、地方の没落貴族の出身でパリで法律を学んでいるが、彼の裡にも立身出世の強烈な野望がたぎっている。彼が暮らす安下宿ヴォケール館は、さまざまな境遇の人間が集まる人生の縮図をなしている。その住人の一人ヴォートランは実は闇組織の首領だ。ラスチニャックの野心を見抜いたヴォートランは、青年に華やかなパリ社会の裏の実態を暴いてみせ、身分も金もない青年が立身出世の夢を実現する唯一の方法は、

図4　パリの大通りの正月

図5　『椿姫』よりマルグリット

巧みに堕落することだと助言する。実際ラスチニャックは、彼の助言に従って世間で上昇していくことになるだろう。

金銭の支配

これら二つの小説はいずれも、旧体制下の秩序が崩壊する中でさまざまな人間の希望や野心が入り乱れて熾烈な闘争の場と化した社会の一断面を描いている。ところで、一八三〇年頃からフランスにも産業革命が波及し、機械による大量生産、さまざまな技術の開発と普及、鉄道などの輸送手段の発達、印刷術の発達による情報の拡大と文化の大衆化などといった現象が現れる。そうした状況下で確実に力を伸ばし社会の闘争の勝者となっていったのは、資本主義社会の発展の時流に乗って力を蓄えたブルジョワ階級であった。そして社会においては、大銀行家を頂点とする金融資本の支配が顕著になっていく。つまり、金が世の中を支配する時代になっていくのである。こうした社会の動きは、文学作品の中にも顕著に反映される。小説中に金銭の話題が頻繁に見られるようになるのも、その一つの表れである。小デュマ（Alexandre Dumas-fils, 1824-95）の小説『椿姫』は、高級娼婦マルグリットと徴税人の息子アルマンの悲恋の物語である。マルグリットは、恋人との愛を支えに娼婦の生活に区切りをつける決心をするが、その矢先にアルマンの父の訪問を受け、その懇願に負けて密かに身を引く道を選ぶ。恋がブルジョワ流のまっとうな人生観に道を譲るのである。ところでヴェルディのオペラで有名になったこの情熱の物語においてさえ、実は予想以上に金銭の話題が持ち上がる。まず物語は、マルグリットの死後に持ち物が競売にかけられる場面から始まる。そして小説全体に、登場人物の収入や生活費、借金、生活費の捻出の困難さ、年金や持参金の話などといった話題がちりばめられ、ブルジョワ階級に牽引される社会のあり様を反映しているのである。

ブルジョワ社会の発展と影

自然主義の提唱者ゾラ（Emile Zola, 1840-1902）は、人間の人生や性格の形成を、遺伝・環境・時代の諸条件に左右されるものと考え、科学者が対象を扱うような詳細な観察と分析により小説の世界を作り上げていった。連作小説群《ルーゴン＝マッカール一族》は、「第二帝政下の一家族の自然的・社会的歴史」という副題を持ち、ルーゴン、マッカールという二つの家系に連なる人物たちが異なる環境においてたどったさまざまな人生を描く壮大な社会絵巻である。そこにおいては、ブルジョワ階級の隆盛の中で劣悪な環境で働き貧困にあえぐ労働者階級の生活が一つの大きなテーマとなっている。たとえば『居酒屋』の主人公ジェルヴェーズはパリの場末に住む洗濯女だ。はじめのうちは貧しいながらまっとうに暮らしていたが、夫が事故で足を痛めて以来飲酒におぼれ、一家は次第に崩壊していく。飲酒と暴力の連鎖の中で、彼女も夫も働く意欲も人間らしい感情も失って悲惨きわまりない死を遂げる。ゾラはそうした転落の顛末を容赦ない筆致で描く。しかし、作品に流れるのは科学者の冷徹な視線ではない。彼は自身の小説で社会の暗部を描き出すことで、歪みを抱えた社会に対して強い批判のメッセージを送ったのである。（朝比奈美知子）

私はわが国の場末の悪臭ふんぷんたる環境における労働者一家の避けようのない転落を描こうとした。飲酒癖と怠惰の末には，家族の結びつきも弛緩し，雑居により生活は汚らわしく乱れ，まっとうな感情もしだいに失われてゆく。果ては恥と死あるのみだ。この物語は，まさしくそういう教訓を形にしたものなのだ。[……] だが，下層階級の人間がみな邪悪だなどと思ってはならない。なぜなら，私の作中人物たち自身が邪悪なのではなく，彼らは単に無知で，きつい仕事とみずからが置かれた貧窮状態により毒されているだけなのだから。　（ゾラ『居酒屋』）

図6　第二帝政下の貧困の風景（現在のモンパルナス付近のドランブル通り）

14

異国趣味とジャポニスム——未知なる異郷への憧れ

異国情緒、地方色への興味

未知なる異郷への憧れは、一九世紀を通して文学の一大テーマを形成した。一九世紀においてとりわけ多くの文学者、芸術家を惹きつけたのは、「東方」(Orient)というトポスである。ここで言う「東方」とは、聖地エルサレムを含むシリア・パレスチナ地域、トルコ、エジプト、それにギリシアを加えた地中海東側の諸地域を指す。一九世紀初頭には大きな危険をともない莫大な費用を要したこれらの地域への旅も、時代が進むにつれて蒸気汽船などの輸送手段の発達、定期便の創設などにより、次第に手軽に試みることができるようになっていく。また、旅行者が見聞した異国の珍しい風景や産物は、書物やさまざまな新聞雑誌により広く紹介され、人々の夢を誘った。文学者たちの間でも東方旅行は一つの流行となり、初期のシャトーブリアン、ラマルチーヌから始まって、ネルヴァルやゴーチエ、フロマンタン(Eugène Fromentin, 1820-76)、ロチ(Pierre Loti, 1850-1923)など名だたる作家たちが実際に東方に旅をし、さまざまなかたちの作品を創造していった。

未知の土地の風景の中で容貌や服装も、言葉や風俗も異なる人々の中に交じって歩くという異文化体験の新鮮さは、たしかに彼らの旅の歓びの大きな部分を占めていただろう。あるいはまた彼らは、精緻なモザイクや浮彫を施した東方の建築や薫り高い香料、珍しい植物などに豪奢の夢を重ねていたのだろうし、ヴェールで顔を

図1　近東風の服装をしたロチ

それにここは今なお，我々のヨーロッパが，ギリシア・ローマ世界を通じて自らの起源に遡るのを感じる，古《いにしえ》の母なる土地ではないか。宗教，道徳，産業，すべてがこの神秘的にしてしかも近づくことのできる中心に端を発している。そこで原初の時代の天才たちが，私たちのために知恵を汲んだ。彼らは，人間の未来が錬成されるこの不思議な聖域に恐れを抱きつつ足を踏み入れたのち，額に聖なる光輪を帯びて戻り，大洪水以前の世界の原初の時代の伝統を，彼らの民に明かしたのである。

（ネルヴァル『東方旅行』）

図２　ドラクロワ「アルジェの女」

隠した神秘的な女たちに、ヨーロッパでは経験できない放縦な性の快楽の夢を託していたのかもしれない。が、彼らの想像力の中で東方は、何よりも、あらゆる文明の根源として特権的な位置を獲得していく。実際、キリスト教の聖地エルサレム、古代文明発祥の地エジプト・メソポタミアを含む東方は、ヨーロッパも含めたあらゆる文明の揺籃の地、根源の地であった。それはまた、退廃の兆候を宿す西欧の対極にあって濃密な生と死が共存する地であり、管理や統制を強めて人間を疎外する近代ヨーロッパに対するアンチテーゼを示唆する土地でもあった。

万国博覧会とジャポニスム

異国への憧れは近東にとどまらず、一九世紀中期から後半期にかけてフランス人の興味は、中国や日本を含む極東にも広がっていった。日仏交流の始まりは、一八五五年に結ばれた日仏和親条約、およびその三年後に結ばれた日仏修好通商条約に遡る。周知のとおりペリーの来航をきっかけに開国した日本は、欧米の圧倒的な軍事力を前にして、不平等な条約を結ばざるをえなかったのだが、ともあれ、この時期からさまざまなかたちで日本の文化がフランスに伝えられることになる。フランス使節団の江戸探訪や京都の帝への表敬訪問の様子、あるいは江戸や函館などの街の風景は、新聞や雑誌を通じてかなり迅速にフランス人に伝わっていった。日本を訪れたフランス人たちは、慣れない食べ物に食欲を失ったり、ぶよぶよの肉の塊にしか見えない相撲の力士や男女入り乱れて裸身をさらす混浴などに戸惑いと嫌悪を覚えたりしながらも、日本の武士の態度（ハラキリに関する見聞録もある）や民衆の

図３　1867年万博の日本，大君館の展示

図４　1900年パリ万博，世界一周パノラマ館

気質に対する一定の評価を示す報告を行っている。

が、フランス人の日本発見は、何といっても当時パリで度重ねて開催された万国博覧会によるところが大きい。ちなみに世界最初の万博は、一八五一年ロンドンで開催された。この催しの大成功に刺激を受け、フランスでも一八五五年を皮切りに、六七年、七八年、八九年、一九〇〇年とたて続けに開催されることになる。もともと万博とは、時代の先端をいく技術を各国が集って展示し、たがいに刺激しあう目的で開催された催しで、パリ万博においても、各種機械から潜水艦の模型や海底を模した水族館までさまざまな展示が行われた。一八八九年にエッフェル塔が建造され、一九〇〇年に壮麗なオルセー駅が開業し地下鉄が開通したことは、国の威信をかけて万博に臨んだフランスの意気込みを象徴するものである。

　万博はまた、世界各地の文化や産物の紹介の場となった。日本が初めて万博に参加したのは一八六七年の第二回パリ万博のときで、江戸末期の情勢を反映して、江戸の大君館と薩摩館の二つの展示が行われた。そこでヨーロッパとは異質な美を備え繊細きわまりない細工を施された美術・工芸品に出会った来場者の驚きは、価値ある異文化としての日本の認知の第一歩となった。やがてジャポニスム(japonisme, 日本風の文化を取り入れる趣味)は一つの流行を形成するまでになり、文学、絵画あるいは演劇やバレエにおいて日本を題材とした作品が多数生まれた。ロチが日本体験をもとに創作した小説『お菊さん』もその一例である。それらの作品においては、西洋や近東の風俗と日本が入り混じった奇妙な着物が描かれていたり、主人公の娘にコジキという名がついていたりと、本来の日本とはかけ離れた日本像さきほど申し上げたように，みなさんの国［＝日本］の神殿は，何かの意図を持って建てられたのではなく，それらは，その場に潜む祈りを補完し叶えるために建造されたものなのです。［……］
日本における超自然的なものは，したがって，自然以外の何ものでもありません。それは文字通り自然に即するものであり，生の事実が意味の領域にそのまま送られる高次の真正性の領域です。それは自然の法則にもとることなく，その神秘を強調します。宗教の目的とはすなわち，人間精神を，永続するものに対する謙遜と沈黙の態度に置くことにあります。
（クローデル『朝日の中の黒い鳥』）

図５　新聞の挿絵「仮装舞踏会」『イリュストラシオン』より

に出会うこともあるが、そこにはむしろ異文化日本に対するフランス人の親しみの萌芽を見るべきであろう。文学、芸術以外の分野でも、日本の着物をまねたガウンが流行したり、箸の使い方の説明や日本の絵画手本が雑誌のページを飾ったりと、日本文化は予想以上の速さでフランス人の間に浸透していった。

真の異文化理解に向けて

ところで、ヨーロッパにおける異郷への関心の高まりは、植民地や利権の獲得をめざした帝国主義的拡大と無関係に語ることができないのも事実である。ちなみに一九三一年にはパリで植民地博覧会が開催されている。また、近東を賛美する東方旅行の著者が、実は街の生の現実を見ずに西欧の価値観に沿った近東像を作り上げていることもある。サイード著『オリエンタリズム』は、そうした一方的な異文化批評のあり方に再検討を迫る一冊である。

とはいえ、異国との接触の歴史を重ねる中で、対等な視線で書かれた異文化論も芽生えてくる。たとえば、クローデル（Paul Claudel, 1868-1955）著『朝日の中の黒い鳥』、バルト（Roland Barthes, 1915-80）著『記号の国』は、それぞれ異なる感性で書かれた日本論であるが、そこで二人の著者は、日本文化の持つ魅力的な異質性に触れた衝撃を語ると同時に、その衝撃を契機として、自身が依拠する西欧的思考体系そのものに対する問いかけを始めている。外側から安穏に眺め楽しむ異国趣味の域を脱し、異文化に侵入され、それにより自己自身が問われる――彼らはそんな刺激的な精神の冒険へと踏み出しているのである。

（朝比奈美知子）

15

シュルレアリスム――現実に向きあって

図1　シュルレアリスム・グループ（1930年）。前列左からツァラ，ダリ，エリュアール，エルンスト，クルヴェル，後列左からマン・レイ，アルプ，タンギー，ブルトン

「シュルレアリスム宣言」

シュルレアリスム（surréalisme, 超現実主義）は、現実に背を向けた夢や幻想への逃避や、現実否定としての不可思議礼賛のことと思われがちである。しかしシュルレアリストたちは、創作行為を通して現実とのかかわり方を再検討し、人々の硬直した感性や悟性に揺さぶりをかけ、それをもって現実を書きかえることを望んだ。その意味でシュルレアリスムは、現実に深く根ざした運動であったとも言える。

シュルレアリスムは一九一〇年代末にパリで起こり、半世紀あまりにわたって国際的に展開した前衛芸術運動である。運動の推進者であり続けたアンドレ・ブルトン（André Breton, 1896-1966）や、運動初期の中心的人物であったルイ・アラゴン（Louis Aragon）、アントナン・アルトー（Antonin Artaud）らは、いずれも一九世紀末に生まれ、第一次世界大戦期に成人した世代に属する。同時代の社会や宗教のあり方や、文芸の大御所たちに対する彼らの反抗心は、大戦を通してヨーロッパの威信の失墜や、伝統的な価値観や人間観の破綻を実感したことに由来する面が大きい。特に医学生であったブルトンやアラゴンは、戦地から帰還する兵士たちの精神的外傷を目のあたりにし、大きな衝撃を受け、フロイトなどの心理学や、狂気や夢や無意識と言語活動などとの関わりへの関心を、いっそう深めた。

ブルトンは一九二四年に『シュルレアリスム宣言・溶ける魚』を出版した。宣言現実を前にして，今思えば狡猾な犬のようにナジャの足下に横たわったあの現実を前にして，私たちは何者だったのか？　どんな状況で私たちはあのように象徴への熱狂に身をまかせ，アナロジーの魔の餌食となって，最後の働きかけと奇妙で特別な関心の対象として，互いの中に見たものになりえたのか？　なぜ私たちは，驚異的な呆然自失の短い合間に，地上からかくも遠くにふたりして決定的に投げ出されても，古ぼけた思想や果てしない生のくすぶる残骸の上で，幾度かは信じられないほどしっかりと，見つめ合うことができたのだろう？

（ブルトン『ナジャ』）

（マニフェスト）の公表は前衛芸術運動に共通しており、ダダや未来派も行っていた。「シュルレアリスム宣言」でブルトンは、シュルレアリスムを「純粋なオートマティスム」によって説明した。オートマティスムとは、精神医学の療法や霊媒の活動などを参照してシュルレアリストたちが人間に認めた精神作用であるが、彼らはそれを表現手段にもした。「溶ける魚」は、オートマティスムを実践した散文詩集である。シュルレアリストの活動をすべてオートマティスムに還元することはできないが、美的、道徳的な気遣いを経ずに思考の現実の働きを表出しようとするこの方法には、諸規範に縛られて普段は抑えている衝動や思考を目のあたりにすることで、言わばもう一人の、あるいは何人もの「私」と出会う可能性が託されていた。同時に、シュルレアリストたちがオートマティスムを共同創作にも用いたことからは、彼らがそれを個人の精神作用と見なすだけではなく、他者とのコミュニケーションのありようを追求する手段としても考えていたことがわかる。

ジャンル横断的な実践

イメージにまつわるさまざまな探求が行われたシュルレアリスム運動からは、多様なジャンルの作品が生まれた。ブルトンは詩のほかに、自らの恋愛体験を出発点として人間や生を問う、自伝的エッセーとも言うべき『ナジャ』（一九二九）や『狂気の愛』（一九三七）を出版した。それらの作品では文章のあいだに挿入される写真が、特異な作用をもたらしている。同じ頃、シュルレアリスムの影響下でマン・レイは写真を、ルイス・ブニュエルは妄想の可視化による社会批判とも言うべき『ア

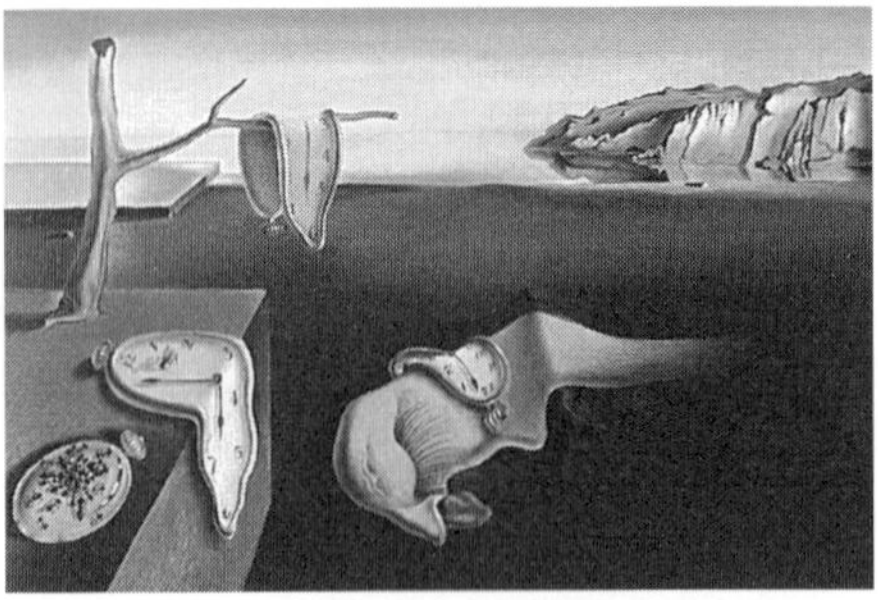

図2　ダリ「記憶の持続」(1931年)

図3　マックス・エルンスト「百頭女」より (1929年)

ンダルシアの犬』『黄金時代』などの映画を制作した。またシュルレアリスムの運動が特に豊饒な成果を生んだのが、絵画の分野であった。ルネ・マグリット(René Magritte)やサルヴァドール・ダリ(Salvador Dali)は、現実の事物を厳密に描写したかに見える画面に不合理な要素をしのびこませて、ひらめきや妄想による現実への働きかけを試みた。マックス・エルンスト(Max Ernst)は多様なジャンルの創作や実験的な技法を実践したが、中でも一九世紀の雑誌や本の挿画などを切り貼りしたコラージュによって、独創的な作品を制作した。本来ならば同一の時空間にあるはずのないものが共存するその画面は、見る者が揺るぎないと確信している現実に揺さぶりをかける。また、当時のパリの状況の反映でもあるが、シュルレアリストには異国からパリに移り住んだ人も多かった。ベルギー生まれのマグリット、スペイン生まれのダリ、ドイツ生まれのエルンストのように近隣諸国の出身者もあれば、東欧から来た者、さらに南北アメリカから来た者たちもいた。彼らはしばしば相互に影響を受けつつ、故郷の自然や神話や芸術の記憶を土台にしながらシュルレアリスム的表現を追求することで、独自の世界を創った。また第二次世界大戦期に多くのシュルレアリストたちが南北アメリカに亡命した結果、彼らが北米インディアンの造形や神話や、雄大な自然と出会っただけでなく、アメリカの芸術家たちがシュルレアリスムに触れる機会が増した。こうした国籍にとらわれない地域横断性も、シュルレアリスムの特徴である。また女性が男性芸術家のミューズとして存在しただけでなく、メレ・オッペンハイム、レオノーラ・キャリントンなど、独創的な女性芸術家が多く出たことも、このグループの特徴であった。

図4　フォンテーヌ街のアトリエのブルトン（1960年）

革命の希求

人間の精神を解放し、生を変えることをめざしたシュルレアリストたちのあいだから、労働者や被植民者を含むすべての人間の徹底的な解放を求め、プロレタリア革命に期待する者たちが出たのは、言わば当然の成り行きであった。ブルトンらの運動は、一九二五年から明らかに社会批判の色彩を強め、一九二七年にはブルトン、アラゴン、ポール・エリュアールらが共産党に入党した。シュルレアリストたちは、功利主義やヨーロッパ中心主義を批判する立場から、一九三一年にパリで植民地博覧会が開催された際に抗議のビラを配布するなど、直接的な社会行動も行った。一九三〇年代前半は、ファシズムへの抵抗という緊急課題もあり、シュルレアリスム運動と政治との関係がもっとも問われた時期であったが、同時に共産党との協調が強いる不自由さに対する抵抗感や批判意識も高まり、三〇年代後半には、ブルトンも共産党との溝を目立って深めていった。シュルレアリスム・グループは、共産党との接近の際にも離反の際にも、深刻な分裂の危機を経験した。その意味でシュルレアリスムは、芸術の社会的役割の追求に挫折したと言える。しかし同時に、近代社会の綻びから生まれ、ファシズムの危機を経験し、共産主義の理想と弊害の板挟みになりながら芸術と生の関係を問い続けたからこそ、今もシュルレアリスムには、現代の抱えるさまざまな未解決の課題へのヒントがあるように思えるのだろうし、フランス詩の分野に限っても、フランシス・ポンジュやルネ・シャールやイヴ・ボヌフォワなど二〇世紀の代表的詩人たちは、シュルレアリスムに接近した後にそこから離れることによって、自らの表現を鍛えていったのである。

（永井敦子）

16 現代思想——実存主義から構造主義へ

図1　サルトル

図2　レヴィ＝ストロース

実存主義

第二次世界大戦後のフランス現代思想は、カント、ヘーゲル、マルクス、ニーチェ、フロイト、ソシュール、フッサール、ハイデガーといったそれ以前の大家たちの思想を批判的に継承し、思想史上稀に見る豊かな展開を示した。

戦後、一世を風靡したのがサルトル（Jean-Paul Sartre, 1905-80）の実存主義である。「実存は本質に先行する」——人間には神や理性によってあらかじめ決定された人間一般の本質があるわけではなく、人間はまず現実に存在し、そのあとに何であるかという本質が決まるのだとサルトルは説いた。「実存主義はヒューマニズム（人間主義）である」として、人間の主体性と絶対的な自由を唱えたサルトルの思想は、状況に主体的に参加する「アンガジュマン」の実践哲学とともに、戦後の自由主義思想の象徴として世界的に広く受け入れられた。

一方、サルトルの華やかな活動と並行して、実存主義にはもう一つの傾向、すなわち、バタイユ（Georges Bataille, 1897-1962）、ブランショ（Maurice Blanchot, 1907-2003）、レヴィナス（Emmanuel Levinas, 1906-95）といった人々がそれぞれの思考において展開した、狂気や死や他者などの、主体性を超える経験を重視する流れもあったことを忘れてはなるまい。彼らの思想は同時代よりはむしろ構造主義以後の時代に至って正当に評価されることになるだろう。

人はもはや意識や主体については語らず，代わりに規則，コード，システムについて語る。もはや人間が意味をつくりだすとは言わず，意味が人間に到来すると言う。人はもはや実存主義者ではなくなり，構造主義者となる。
（批評家ベルナール・パンゴーの評言，1966年）

「構造主義四天王」 左からフーコー，ラカン，レヴィ＝ストロース，バルト

図3 「構造主義四天王」の戯画

構造主義

一九六〇年代になると、人間の主体性を重視する実存主義とは違って、主体ではなく構造を、実体ではなく関係を重視する構造主義が人々の注目を集めるようになっていく。構造主義の考え方の源泉となったのは、言語は「差異」の体系によって構造化されているとするソシュールの言語理論である。ソシュールの理論を音韻論に応用したヤコブソンから構造分析を学んだレヴィ＝ストロースは、ブラジル奥地のボロロ族などのフィールドワーク研究を学位論文『親族の基本構造』（一九四九）にまとめ、構造人類学を展開した。『野性の思考』（一九六二）の中でサルトルの「人間主義」を西洋中心の人間観として批判したことは、西洋文明の相対化という、構造主義の一つの特徴を鮮明化したと言える。

実存主義が人間存在を巡る倫理思想の一つであったとすれば、構造主義は人間科学全般にわたる思考や分析の方法論であった。したがって、両者には同じ土俵での比較が難しい面もあるのだが、構造主義はいわば思考のオペレーション・システムそのものの革新であったため、その影響は、言語学や人類学だけでなく、哲学・歴史学・文化学など多様な学問分野へと広く浸透し、時代の主要な思想潮流の一つと目されるようになっていった。

六〇年代は、やはりソシュールに示唆を受けてフロイトの新たな読み直しを行い、「無意識は言語活動のように構造化されている」と述べたラカン（Jacques Lacan, 1901-81）の『エクリ』（一九六六）のほか、マルクス主義のバイブルの構造主義的読解を試みたアルチュセール（Louis Althusser, 1918-90）の『資本論を読む』（一九

図4　フーコー

今日，哲学がいまなお終焉に向かいつつあるという事実と，おそらくは哲学のなかで，だがそれ以上に哲学の外でそれに対抗して，文学においても，形式的反省においても，言語の問題が提起されつつあるという事実は，たぶん，人間が消滅しつつあるということを証明しているのにほかならない。
（フーコー『言葉と物』）

六五）、人間主義の終焉を宣言したフーコー（Michel Foucault, 1926-84）の『言葉と物』（一九六六）、文学批評における作者の意図を否定したバルト（Roland Barthes, 1915-80）の『批評と真実』（一九六六）といった画期的な著作が次々と刊行され、構造主義は大きな展開を見た。

ポスト構造主義

ソシュールの差異についての考え方をさらに徹底して、同一性に対する懐疑をラディカルに推し進めたのが、いわゆるポスト構造主義である。ポスト構造主義は、テクストに支配的に与えられている一義的な意味、近代の進歩を支えてきたとされる理性や主体、社会や歴史に広く見られる支配的な法や制度といった同一的なものに対して、抑圧されることによってそれらの同一的なものを成立させている差異に不断の注意を払うことで、全面的な批判・検討を加えていくことを基本的な特徴としている。

六〇年代のフーコーは、人間科学の知のあり方を「エピステーメー」として論じたが、七〇年代以降になると、さらに一歩踏み込んで、知や言説のあり方と、支配的な権力や制度との関係の「系譜学」へと関心を深めていく。フーコーは『監視と処罰』（一九七五）などの著作で権力論を展開し、権力による民衆支配のメカニズムを分析した。フーコーのこうした問題意識の深化はそのまま、構造主義からポスト構造主義へと進む思潮の変化に対応する。フーコーを中心に置くならば、ポスト構造主義は構造主義の批判的な継承であり、両者はあわせて一体の大きな思想潮流で

図5　デリダ

あると見なすこともできるだろう。

デリダの「脱構築」

フーコーと並んでポスト構造主義を代表する哲学者がデリダ（Jacques Derrida, 1930-2004）である。デリダの哲学は同一的なものの支配に対する抵抗を基本的な動機としている。デリダは、同一的なものの現前を、他との差異によって産出されるものにすぎないとして、同一的な概念が支配的な西欧哲学を「現前の形而上学」として批判した。同じように西欧の伝統的な形而上学を批判したハイデガーの「破壊」の考え方を受け継いで、デリダは、自らの哲学の実践を「脱構築」と名づけた。「脱構築」（déconstruction）は「破壊」（destruction）と「構築」（construction）の合成語とも読めるように、「脱構築」の「脱 dé」は単なる解体ではなく、解体しながら構築する、構築しながら解体するという両面を含んでいる。

人間は意味や意識や法の同一性を頼りに生きざるをえないが、それらの同一性が差異としての他によって成立している以上、他に目を閉ざすことは不可能である。脱構築は同一と差異のダイナミズムを読み取ろうとする——とりわけ、同一の支配から差異を救い出そうとする——思考態度であり、当然ながら、その対象は、個人の主体を超えて、社会的な倫理や政治の問題、法や正義や宗教の問題へと拡大する。こうした射程の広さは八〇年代以降のデリダの仕事の豊かさが示す通りである。

（今井　勉）

17

社会学と歴史学――全体を見る眼

一四五六年、ブルゴーニュ地方のサヴォニー村で、五歳になるジャン・マルタンが近所のブタに食い殺されるという事件が起こった。ブタは現行犯で捕らえられ、裁判の結果、裁判所内で後ろ足を吊るされることになった。これは日本人の歴史研究者が取り上げた事例であるが、この研究者は中世、近世のヨーロッパ各地でしばしば行われた動物裁判を考察することで、この時代を生きた人々の心性を明らかにしようとしている。「心性史」(Histoire des mentalités)と呼ばれるこのような歴史学のアプローチは二〇世紀前半のフランスで生まれた。ここでは、この歴史学が誕生した経緯と、その誕生に影響を与えた社会学の歴史を見ていこう。

図1　中世の豚

図2　デュルケーム

社会学と実証主義歴史学の誕生

社会学という言葉を作り出し、一つの学問分野として成立させたのは、オーギュスト・コント(Auguste Comte, 1798-1857)である。彼によれば、この新しい学問分野は、人文諸科学を統一して、科学的、実証的な方法論によって市民社会の仕組みを明かし危機を予見し処方箋を与えるという使命を持っていた。この実証主義は、ダーウィンの進化論的な思想と相まって、一九世紀半ばより二〇世紀初頭にかけてフランスの精神史に強い影響を与える。歴史学においても、フュステル・ド・クーランジュ(Numa Denis Fustel de Coulanges, 1830-89)、エルネスト・ルナン(Joseph

経済・社会史といったものは存在しません。存在するのは歴史そのもの，統一性を持った歴史です。歴史はもともと社会史なのです。私は歴史を次のように定義します。「歴史とは，過去の人々を，彼らが次々と地上に作り上げたきわめて多様だが比較可能な（これは社会学の公準です）諸社会の枠の中に時間的に位置づけたうえで，彼等の様々な活動と創造を対象にして科学的に行う研究である」と。

（リュシアン・フェーヴル「歴史を生きる」）

Ernest Renan, 1823-92）、イポリット・テーヌ（Hippolyte Adolphe Taine, 1828-93）などが「実証的」歴史学を提唱した。彼らは先立つ世代の「理念的な」歴史学を批判して、あらゆる先入観を捨てて史料を客観的に読む「科学としての歴史学」の樹立を説いた。この実証主義歴史学はやがてアカデミズムの主流となる。

社会学の確立

コント以降、後継者が現れなかったフランス社会学は凋落を余儀なくされた。本格的な社会学の誕生は、エミール・デュルケーム（Emile Durkheim, 1858-1917）の登場を待たなければならない。彼はコントの実証精神を受け継ぎ、『社会学的方法の規準』（一八九五）において「社会的事実」を「もの」として研究する必要を説き、社会学が固有の研究対象と独自の研究方法を持つと主張し、『自殺論』（一八九七）などの著作でその理念と方法を実践してみせた。また、『社会学年報』（一八九八）という雑誌を創刊して多くの論文を寄稿し、後進を育て、デュルケーム学派と呼ばれる学問の一大潮流を作り出した。歴史学との関連で言えば、デュルケームは、実証主義的歴史学を「理論による結びつきを持たない事実の収集」でしかないと激しく批判し、社会学のように、事実の比較によって類型や法則を求め、帰納や仮説や比較の活用によって科学にまで高められなければならないと主張した。

アナール派の誕生と隆盛

デュルケーム学派の批判を真摯に受け止め、また地理学者ヴィダル・ド・ラ・ブ

図3　マルク・ブロック

図4　ブローデル

ラーシュ（Paul Vidal de la Blache, 1845-1918）から影響を受けて新しい歴史学を提唱したのが、リュシアン・フェーヴル（Lucien Febvre, 1878-1956）とマルク・ブロック（Marc Bloch, 1886-1944）の二人である。この革新運動は、一九二九年に二人が中心となって創刊した雑誌『社会経済史年報』（*Annales d'histoire économique et sociale*）の名前にちなんで「アナール派」と呼ばれる。当時の伝統史学が政治史や事件史を偏重し、資料万能の実証研究に陥っているとの批判のもと、アナール派は、社会学や心理学など他の学問から方法論を援用し、経済や社会の動き、社会組織、人々の紐帯や意識のありようなどを有機的に関連づけて、より包括的で生き生きとした歴史像を提示しようとした。

この運動は、フェルナン・ブローデル（Fernand Braudel, 1902-85）のもとで最盛期を迎え、人文諸科学の長を自認するまでに至る。ブローデルの貢献には主に二つの側面がある。一つ目は、『フェリペ二世時代の地中海と地中海世界』（一九四九）、『物質文明・経済・資本主義』（一九七九）などの著作でよく知られているように、グローバルな世界史という視点を導入して、歴史の時間を長期、中期、短期の三つに分かち、長期的に持続する時間をもとに壮大なスケールの歴史世界を構成したことである。二つ目は、アナール派の拠点づくりに行政的な手腕を発揮し、さまざまなメディアを駆使してアナール派の歴史意識をフランス国外および専門家以外の一般の人々に発信したことである。

一九七〇年代に入ると、アナール派の研究動向も様変わりしてくる。特にアナール派の第三世代になると、ブローデル流の全体や構造へ向かう社会経済史よりも新しい研究対象やアプローチに重心が移され日常生活の歴史、歴史人類学、計量史、地域＝時系列史、心性史などの個別研究へ向かった。

デュルケーム学派の凋落とブルデュー社会学の台頭

デュルケームの死後、甥のマルセル・モース（Marcel Mauss, 1872-1950）がその後を継承するが、学派の活動と影響力は急速に衰えていく。そして、次代を担った社会学者たちは、社会を全体的に明らかにするというデュルケーム学派の眼目を放棄して、個別分野の探求に向かった。

六〇年代以降のフランス社会学を牽引したのはピエール・ブルデュー（Pierre Bourdieu, 1930-2002）だろう。彼は、「文化資本」（capital culturel）と社会的に獲得された性向の総体である「ハビトゥス」（habitus）という概念を唱えることにより、六〇年代以降のフランスにおける高等教育への進学率の向上が支配的な階級の再創出にしか役立たないことを示した。この文化資本とハビトゥスによる教育システムの再生産の理論は、社会構造全体の変動を説明する理論へと練り直される。その分析が、人文諸科学の頂点に立つ社会学という構想をうちに秘めていることは重要である。実際に、彼は全体へ向かうブローデルの歴史学を評価するとともに、個別の事象の分析へと向かった第三世代のアナール学派の歴史学者を批判している。

歴史学と社会学は、社会を全体からとらえる学問として覇権争いを繰り広げてきた。しかし、全体という視点に対して懐疑的になったと言われる現在では、個別の事象を新しいアプローチで分析する方へと関心が移りつつある。

（神田浩一）

図５　ブルデュー

18

科学と医学——デカルト、キュリー、パスツール

図1　キュリー夫人

健康が第一の善であり，この世のあらゆる善の基礎であることは明らかである。というのは，精神でさえも体質と身体器官の配置とに強く依存しているのであるから，人間をみな今まで以上に賢明にし，有能にする手段を何か見いだすことができるなら，それは医学においてこそ求められるべきである，と私は思うからである。

（デカルト『方法序説』第6部）

真理の探究には健康が第一

ヘクトパスカル、アンペア、キュリーまたはベクレル——それぞれ気圧、電流、放射能の単位であるが、これらはいずれもフランス人科学者の名前に由来している。現在もフランスは、数学や物理学をはじめ、原子力、海洋、航空・宇宙、情報科学などの分野で世界の最先端を進んでいる。多くの分野で人類史上に残る業績を挙げている科学大国フランス——その源流をさかのぼれば、「近代科学の祖」デカルト（René Descartes, 1596-1650）に行き着くだろう。

哲学者であり科学者でもあったデカルトは、座標平面を発明して解析幾何学を創始するなど数学の分野で画期的な業績を残す一方、「健康は第一の善である」（『方法序説』第六部）と説いて医学にも並々ならぬ関心を示した。理性を正しく導いて真理を探究すること、そして、病気を予防して身体の健康を保つことというデカルトのプログラムはそのまま、その後のフランスのみならず近代世界が従うべき、科学と医学の基本方針となった。ちなみに、フランスの大学には、その大学にゆかりのある偉人の名前が付けられることがあるが、パリ大学医学部（パリ第五大学）はルネ・デカルト大学という名称を持っている。

デカルトを生んだ国フランスは、科学技術の振興を国策として、一九三九年、国立科学研究センター（Centre National de la Recherche Scientifique, 略称CNRS）を

図２　キュリー研究所

戦時における放射線医学の経緯をたどると，ある一定の条件のもとでは，純粋に科学的な発見を思いもよらぬ幅広さで応用できるという目覚ましい例を見ることができる。戦争が始まるまでＸ線の実用性は非常に限られたものだった。［……］ラジウム治療法，つまり放射性元素が発する放射線の医療への応用も同様の進化を果たした。19世紀の末に科学が明らかにしてくれたこれらの新しい放射線に共通する予期せぬ進歩［……］これによって利害を超えた研究への自信がさらに高まり，そうした研究に対する敬意と賞賛の念が強まるに違いないと思われる。

（マリ・キュリー『放射線医学と戦争』）

設立した。ＣＮＲＳは人文社会科学と自然科学のあらゆる分野にわたる第一線の研究者たちによって構成されるフランス最大規模の研究機関である。現在、約二万五〇〇〇人の常勤の研究者・技術者が、独自の研究施設のほか、国立の大学・研究所やグランド・ゼコールなどと提携した研究施設――これらの研究施設はユニットと呼ばれる――に配属されている。ユニットは全国各地に広がり、その数は一二〇〇以上にのぼっている。

キュリー夫人被曝の真因

「キュリー夫人」ことマリ・キュリー（Marie Curie, 1867-1934）は、世界で最も有名な女性の一人であろう。ポーランド出身のマリは、一九〇三年に夫ピエール（Pierre Curie, 1859-1906）とともに、放射能の研究でノーベル物理学賞を受賞、夫の死後、一九一一年には単独で、ラジウムの研究によりノーベル化学賞を受賞した偉人である。

キュリー夫人は一九三四年に白血病で死亡したが、その原因は、従来、長年にわたるラジウム研究による被曝のためと考えられてきた。しかし、一九九五年、キュリー夫妻の棺がパリ郊外の墓地から国民的英雄を祀るパンテオンに移された際の放射線調査で、被曝の原因はラジウムではなく、エックス線によるものであることが明らかにされた。キュリー夫人は、第一次世界大戦中、負傷兵の体内に残った弾丸や砲弾の破片を探知するレントゲンの機材を積んだ小型トラックに乗って、放射線検査班を指揮し、各地の野戦病院を巡回したのである。エックス線撮影を繰り返す

図３　キュリー夫妻の戯画

図４　キュリー夫人が戦場を駆け巡ったレントゲン車「プチット・キュリー」

中で、自らも被曝を重ね、それが白血病の発症につながったとされる。キュリー夫人の死は「戦死」だったのである。

キュリー夫妻（ピエールとマリ）、そして、その娘夫婦であり、一九三五年に人工放射性元素の研究でノーベル化学賞を受けたジョリオ＝キュリー夫妻（フレデリックとイレーヌ）。この二代にわたるノーベル賞夫婦によって基礎が築かれたキュリー研究所（Institut Curie）は、現在、癌研究と放射線医療の国際的な研究所として世界トップの水準にある。とりわけ断層映像の分野では最先端であり、そこにはエックス線機材とともに戦場を駆け巡ったキュリー夫人の精神が息づいていると言えるだろう。

放射線の基礎研究に強いフランスは、その応用面、すなわち原子力の研究開発も得意としている。二〇〇五年の統計によると、総発電電力量に占める原子力発電の割合は、フランスでは約八割という圧倒的な規模に達しており、約三割のドイツや日本、約二割のアメリカやイギリスを大きく引き離して世界トップの水準にある。原発大国フランスで核エネルギーの研究開発を一手に引き受けている機関が一九四五年に設立された原子力庁（CEA）であるが、その歴代最高顧問の中には、キュリー夫妻の娘婿フレデリック・ジョリオ＝キュリーの名前も見られる。

ワインもつくるパスツール研究所

キュリー研究所と並んで、現代医学の分野で国際的にきわめて重要な役割を果たしているのが、一八八七年、パリに設立されたパスツール研究所（Institut Pasteur）

図５　パスツール博物館

図６　パスツールワイン

である。パスツール研究所は、現在、世界各地に研究拠点を置き、細菌学と免疫学の研究・教育、公衆衛生の啓蒙活動を中心に、感染症の予防と治療に関する分野で世界をリードしている。

創設者のパスツール（Louis Pasteur, 1822-95）は、ドイツのコッホと並ぶ「近代細菌学の祖」であり、ワクチンによる狂犬病の予防接種を開発したことで知られる。また、醸造業者を悩ませていたワインの病気が微生物によるものであることを明らかにして、低温殺菌法を発明したのもパスツールである。フランスで牛乳を買うとパックに「pasteurisé（低温殺菌済み）」という表示があるのを目にするが、これはパスツールの名に由来する。また、食品大手のダノンが世界で初めてヨーグルトの工業化に成功したのは、パスツール研究所の純粋培養システムの活用によるところが大きいとされている。ちなみに、パスツール研究所は特許収入などを資金とする民間の研究機関であるが、ボージョレ地区にワイン畑を所有し、ワインづくりで研究資金の一部を賄っているという。

一九八三年には、リュック・モンタニエとフランソワーズ・バレ＝シヌシがエイズウィルス（ＨＩＶ）を発見し、パスツール研究所の名前を改めて世界に印象づけた。ＨＩＶ発見については、その後、アメリカの研究者とのプライオリティをめぐる争いもあったが、発見から四半世紀後の二〇〇八年、二人は共同でノーベル医学生理学賞を受賞した。

（今井　勉）

19 書物の諸相——本を愛する

図１　『ベリー公のいとも豪華なる時祷書』より「四月」

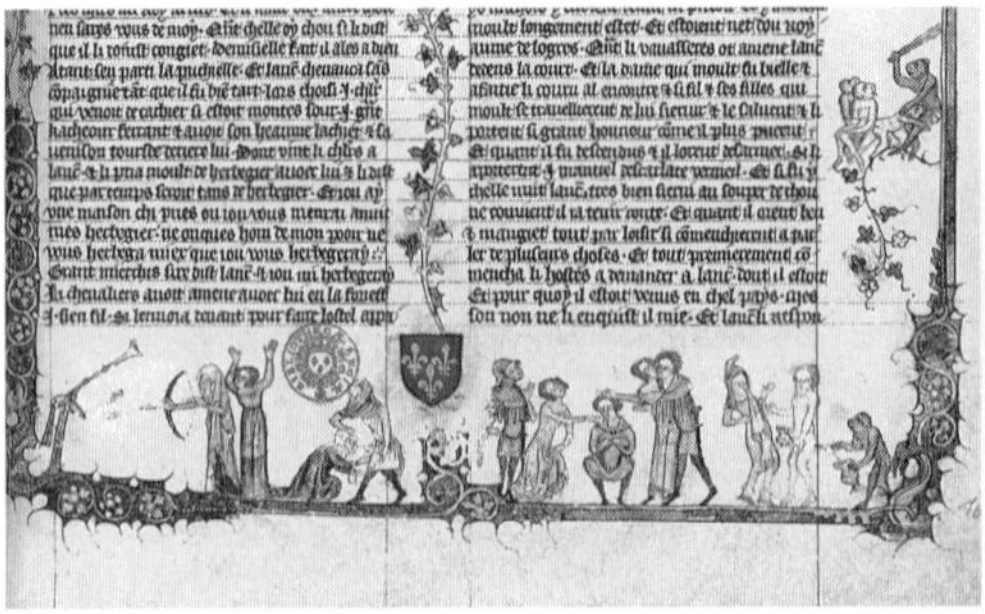

図２　写本の余白の落書き

モノとしての本

本を好きになると、やがて本も自分を愛していると思い始める。ひと言に「本が好き」と言っても、読書好きと本好きではまったく異なる。さらに後者は、高価な本を集める愛書家（bibliophile）と狩り求めて偏愛する書狂（bibliomanie）とに分かれる。本に関わる学問も、古文書学、冊子学、古書体学、筆相学、司書学とさまざまだ。通常の文学研究はテクストの内在的な読解を行いつつ、引用や典拠といった間テクスト的《アンテルテクスチュエル》な（＝テクスト相互の）関係を精査するものだが、書体や段落構成や装丁など、いわゆるパラテクスト的な世界もまた、重要な研究対象なのだ。

書物の素材はパピルスから羊皮紙へ、かたちは巻物から冊子体へと変化した。中世では、修道院の写字生が修行の一貫として書写を担った。羊の皮をなめして作られた羊皮紙は折り曲げたり縫い合わせたりするのに適する一方で、たいへん高価だった。聖書一冊を作るのに約三〇〇匹の羊が使われたともいう。さらに金箔や宝石をはめ込んだ写本となると、それはもう書物というよりは宝物だった。『ベリー公のいとも豪華なる時祷書』など、今日まで残っている美麗な挿絵入りの聖書や祈祷書のほとんどは有力な王侯の所有物でステータス・シンボルとして収集された。

それでは貧しくて本を買えない学生はどうしたのか。書籍商から借りたり、大学が設けた複写システム（ペシア）を利用したりしたが、やがて一三世紀末にはソル

図3　鎖つき図書館

かじかんだ指先でペンを握り，冬の長い時間を書見台で過ごすことが，写字生や写本装飾係や学僧にとってどれほどの苦行であることか（通常の気温ですら六時間書き続ければ手が恐ろしく痺れ，親指が押しつぶされたように痛みだす）。だから写字生が（忍耐の限界で）苦痛の証として写本の余白にこんな落書きをするのも当然かもしれない。「やれやれ，もうすぐ日が落ちる」，「ああ！一杯のワインがあればなあ」，あるいは「今日は寒い。光も乏しい。この羊皮紙は毛羽立っていて書きにくい」など。古い諺にあるとおり，ペンをもつのは三本の指だが，働いているのは全身だ。全身が耐え忍んでいるのだ。　（エーコ『薔薇の名前』）

ボンヌに今日に近いかたちの閲覧用の図書室ができあがる。だが貸し出しはなく、書籍はすべて厳重に鎖でつながれていた。それほど貴重だったのだ。読み書きのかたちについては、それまで一般的だった音読や口述筆記に代わって、この時期から黙読や自筆の執筆が普及し、内容もより豊かで自由なものになっていった。

製本・蔵書票・しおり

一五世紀のグーテンベルクによる活版印刷術の発明と紙の使用によって一度に多数の部数を出版できるようになり、パリやリヨンに印刷工房が置かれ、知識の伝播が加速した。一般に蔵書家は仮綴状態の本を購入し、後に職人に製本（reliure）を依頼したため、製本や装丁の技術も独立して発達した。四隅が九〇度で、単独で「立つ」ような革製の本をきちんと作るには数十の工程を要し、相当の熟練と根気が求められる。表紙の三方を中に織り込んだフランス流の美麗な綴じ方は今日でも「フランス製本」と呼ばれている。王侯にはお抱えの製本師がおり、愛書家たちはこうした著名な職人の製本による書物を競って求めたのだった。

自分の蔵書であることを示す「蔵書票」（ex libris）も歴史が古く、木版や銅版で作られた。著名な文化人はみな独自の蔵書票をもっていた。中には金箔や刺繍を施したものもあり、今日でも蔵書票の国際コンクールがあるほどだ。読みかけのページをマークするための「しおり」（signet）は、フランスでは出版社の他に書店や図書館が独自に発行しており、ミシュランの旅行ガイドにはさまれた略号一覧の記されたしおりのように実用的なものから高い芸術性を誇るものまで多様だ。

図４　『百科全書』より製本工房

図５　製本屋の看板

自由出版の歴史

論争好きなフランス人のことだから、印刷の歴史と同時に簡易な私文書の出版の歴史も始まる。論敵の批判、王室や教会など公権力への抵抗、ポルノグラフィーなど、さまざまな目的で小冊子が作られた。特に宗教改革や戦争の時代には多数の安価なパンフレ（pamphlet）が出回り、世論を動かした。面白おかしい絵で王侯を風刺するパンフレはフランス革命の原動力の一つともなり、人気のあるものは当時で六〇万部も売れたと言われる。その反骨精神は今日も受け継がれており、内情暴露と風刺漫画が売りの *Le Canard enchaîné* 紙や、大統領以下有名人が滑稽な人形になって世相を伝えるテレビ番組 Guignols de l'Info などに見ることができる。

一九世紀のブルジョワ社会の到来にともなって「大衆」が読者になると、新聞や雑誌が普及するとともに、「青色叢書」のような安価なロマンスやハウツーものが人気を博した。『ボヴァリー夫人』のエンマが不倫に走った原因は、修道院の寄宿舎時代に貸本のロマンチックな恋愛ものを読みすぎたせいだった。読書は女性の趣味となり、たとえば「パンはナイフではなく手でちぎる」、「食事中はワインを水で割って飲む」といった市民階級の料理マナー本が一〇万部も売れたほどだった。

パリの本めぐり

本好きにはたまらないパリ。セーヌ河畔には幅二メートルのブキニスト（古本屋）のブースが立ち並ぶので、アンティークの絵葉書を買うついでにひやかしてみよう。急な夕立のときに店主が店を閉めるすばやさといったら、ちょっとした見ものだ。

Affaire Woerth
Le document qui interdisait la vente de l'hippodrome de Compiègne
La découverte des flics sur la Légion d'honneur de Maistre
Le Canard enchaîné
Journal satirique paraissant le mercredi
Fillon, Morin, Kouchner, Amara critiquent la politique sécuritaire
Dans la majorité, c'est la rentrée des clashes !
Drôle de brame...

図６　*Le Canard enchaîné* 紙

図７　新国立図書館

カルチエ・ラタンではジベールやジョゼフなどの書店で学生の売り払った中古本を安く買い集める。フランスの書籍は買取制で、再販売価格維持制度が日本ほど厳しくないので、書店ごとの特徴的な品揃えや割引に出会うことも少なくない。サン＝ジェルマンの手紙・手稿博物館では世界の有名人の直筆の手紙や美麗な製本を見ることができる。ナポレオンにゲンズブール、お気に入りの人物の手紙の複製（保証書つき）をお土産に買ってみてはどうだろう。シャルル五世の図書館があったルーヴル宮を見た帰りには、リシュリューの旧国立図書館に寄って地図やメダルや写真の展示を見る。その後、もっとも美しいパサージュと言われる隣のギャルリ・ヴィヴィエンヌのカフェで読書。トルビアックの新国立図書館は四つの高層タワーがそびえる近代的な建物で、世界各地から訪れる研究者で賑わっている。歴史的な叡知の保存と共有をめざして、近年フランスでは書籍・雑誌・図像資料の電子データベース化が進められている。主に著作権切れの書籍や雑誌を公開する国立図書館内のウェブサイトGallicaや、国内美術館の所蔵品の統一的な検索が可能なフランス国立美術館連合ＲＭＮのサイトが代表的だ。

ヴァレリーは言った、「書物には人間と同じ敵がいる。火と、湿気と、虫と、時間。そしてそれ自体の内容、という敵も」。皮や紙という身体と、内容という精神を併せもった本。まさに人間と同じであり、いや、人間以上に愛おしい存在なのだ。

（横山安由美）

泥棒と監獄

「おれのじっちゃまがー」が口癖の「ルパン三世」は、アルセーヌ・リュパン（Arsène Lupin）の孫という設定だ。ルブランの小説に登場する怪盗紳士リュパンはシルクハットに片眼鏡がトレードマークの変装や脱獄の達人で、辣腕の刑事や悪人相手に波乱万丈の冒険を繰り広げる。ライバルの探偵ホームズ（アナグラムのHerlock Sholmès の名で登場）が堅物なのに比べると、リュパンは美女に弱く、弱きを助け強きをくじく、熱い心の人間として描かれている。

泥棒は世界最古の職業の一つと言われるが、フランスには個性的な盗賊がそろっている。一五世紀の詩人ヴィヨンはパリ大学の不良学生で、人殺しや窃盗のために何度も投獄される。絞首刑判決を受けたときに覚悟して書いた辞世の詩が『形見』と『遺言集』であり、墓には「バカなやつだが、いいやつだった」と刻まれるよう願っている。同じ泥棒詩人といえば『泥棒日記』（一九四九）のジュネで、窃盗、乞食、男娼などを繰り返し、刑務所の中で小説を執筆した。汚辱の中の聖性や詩情といった文学的価値を高く評価したコクトーやサルトルのおかげでついには大統領から恩赦を受け、晩年は政治活動に励んだ。

小説ではパン一切れのためにトゥーロンの徒刑場送りになった『レ・ミゼラブル』の主人公が有名だが、無実の罪で獄中に送られたダンテスがその後大金持ちになって敵に復讐するまでを描く『モンテ＝クリスト伯』（黒岩涙香『巌窟王』は翻案）も感動的だ。『三銃士』に登場する、マスクで顔を覆われた謎の「鉄仮面」は一七〇三年に没するまでバスチーユ牢獄に実在した。

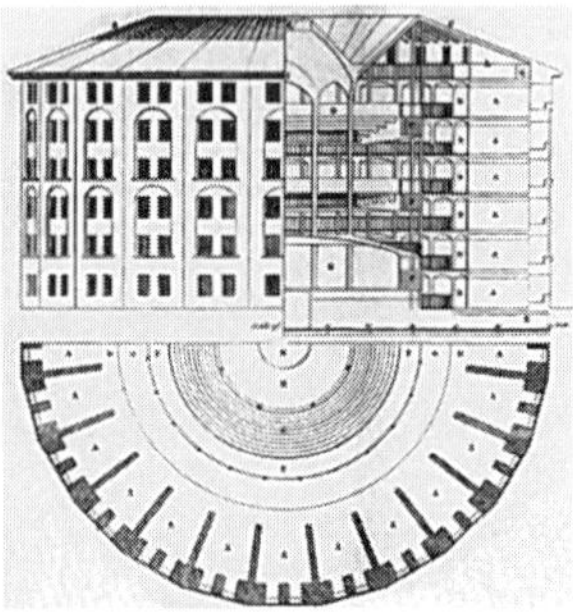
フーコーが社会監視の比喩として用いたパノプティコン（全展望監視システム監獄）

バスチーユは国王に不都合な人物を閉じ込めた政治性の高い監獄で、だからこそ革命時に襲撃された。フーコーの『監獄の誕生』によれば、監獄は囚人を二四時間監視のまなざしにさらし、「従順な身体」を作るためのものだ。近代の管理社会は工場や学校や精神病院といった「空間」を通じて人を支配する。「何が正常なのか」という「知」を権力の側が独占することで、人間の精神そのものが矯正されてゆくのだ。だがそれでも、その空間で倦まず腐らずペンを走らせ続けた囚人たちがいたことも事実である。人間の心は、やはり自由でしなやかなのだ。

（横山安由美）

第3章

さまざまな芸術のかたち

シャガール「画家とその分身」

永遠にすたれないもの、芸術

すべてはうつろう。――ただ堅牢な芸術だけが
永遠に残る。
都市が消えても
胸像は残る。[……]
神々でさえも死ぬ。
――だが崇高な詩句は
青銅の具よりも強いものなのだから。

(ゴーチエ「芸術」)

命が途絶えてもその後に残り、何百年も後の人々の心を動かすことのできる芸術。その力は計り知れない。「芸術の国」フランスは、文学、絵画、音楽、建築などさまざまな分野で豊かな作品を生み出し、また写真や映画といった新しいジャンルを果敢に作り出してきた。その原動力はどこにあったのだろうか。

歴史的背景としては、ローマ帝国の都市型の社会基盤が早い時期から広範囲に行き渡ったこと、ラテン語の普及によって技芸の継承や理論的な検討が継続的に行われてきたこと、中世キリスト教社会において人々のつどう教会という空間そのものが至高の「文化」であったことなどが挙げられる。中世ではギルド(同業者組合)の徒弟制度や修道院などの場においてさまざまな技が伝えられたが、音楽、絵画、文学、料理等については宮廷の果たした役割も大きく、王侯貴族は常に作品の発注者であり、受容者であった。特にルネサンス期の王侯は芸術家たちの庇護者として知られている。さらに絶対王政のおかげで一七世紀という早い時期から国家が組織的に音楽や舞踏の保護に乗り出すことができた点も特筆すべきだろう。革命や戦乱を経てフランスの政治体制が何度も変わり、そのたびごとに新しい芸術や教育の支援体制が作られていった。イギリスなどと比べて早い時期に公教育を国家が管理するようになったことの意義は大きい。現在でも、たとえばほぼ無料で学べる国公立の美術学校が何十と存在し、中等教育段階の一五歳頃から特定の分野を選択して質の高い専門教育を受けることができるシステムが整備されている。

「生活術」としての芸術

「生活術(生活の技)」(art de vivre)の伝統も大きく寄与している。各種の芸術は最初から特異な「個性」の表現であったわけではないし、「芸術のための芸術」(l'art pour l'art)であったわけでもない。アリストテレスは、すべての芸術は自然の「模倣」(ミメーシス)であると捉えた。教会建築が示すとおり、中世までの芸術は基本的に「無

名」であり、製作者ではなくて内容が評価の対象とされた。

生活を楽しむことに最大の価値を置くフランス人は、日常空間をより快適で美しいものに整えようとする。それが「技」(art)として代々伝えられ、人々の美意識を培ってゆく。フランスの「美」は、額縁の中に入った名画ばかりでなく、商店の看板や窓のディスプレー、動物をかたどったドアノブ、愛らしいお菓子の包装、そんなもののなかに発見できるのだ。一八八二年には「フランスにおいて実用性の中で美を具現化する文化の育成」を使命とする装飾芸術中央連合会UCADが作られ、今日のレ・ザール・デコ(Les Arts Décoratifs)に受け継がれている。その本拠地のルーヴルには、装飾美術館、服飾美術館、広告美術館の三館がそろい、「日常のなかの美」の長い歴史を教えてくれる。パリばかりでなく地方の諸都市にも陶器、クリスタル、自動車、レース編み、チョコレート、ワインなどの個性的な博物館が豊富に揃い、旅行を楽しくしてくれる。

とりわけ生活に密着した芸術として、ガレの花瓶やミュシャのポスターに代表される二〇世紀初頭の「アール・ヌーヴォ(新しい芸術)」(art nouveau)を挙げておこう。宝飾品やランプからメトロの出入り口に至るまで、曲線的なやわらかいフォルムとガラスや銅という新しい素材を用いて昆虫や樹木をかたどり、日常と自然を融合させた。

国際芸術都市パリの持つ意味

外国から来た芸術家たちの果たした役割も大きい。アメリカの作家ヘミングウェイはパリを愛し、それは「移動祝祭日のように、一生自分についてまわる」と表現した。あの石畳、酒とたばこの匂い、深夜までの友たちとの語らい、あるいは激しい議論――そんなパリの情景は第二の故郷として生涯心の中に刻み込まれ、けっして忘れることができない。「どこであっても居心地がよければそれが自分の国になり、死すべき人間にとって大地(地球)は共通の一つの家」(ガルニエ)。芸術の都パリは世界各地から人々を受け入れ、その才能を開花させていった。ゴッホ(オランダ)、ショパン(ポーランド)、ピカソ(スペイン)、シャガール(ロシア)、リルケ(オーストリア)、藤田嗣治、佐伯祐三(日本)など。お互いの触発から多くの傑作が生まれたのはもちろんのこと、こうした国籍を超えた芸術家たちのネットワークが、人と人のつながり方、すなわちソシアビリテ(sociabilité)の新しい射程を示しえたことの意義も大きい。それは支配・従属といった縦のつながりによらない、「共同性」による水平方向の関係性であり、ばらばらの心を抱えた近代の都市生活者に新しい希望を与えるものであった。

(横山安由美)

20 教会建築——貧者の聖書

図1　オルシヴァルの教会（ロマネスク様式）

図2　シャルトルの大聖堂（ゴシック様式）

石のテクスト——神を感じる空間

尖塔の威容に惹かれて正門の前に立つと、無数の石像が私たちを見下ろす。

「おう又吹きつのるあめかぜ。／外套の襟を立てて横しぶきのこの雨にぬれながら、／あなたを見上げてゐるのはわたくしです。／毎日一度はきつとここへ来るわたくしです。／あの日本人です」（『雨にうたるるカテドラル』）。高村光太郎はパリのノートル＝ダムにこう語りかけた。異邦人をもこれほど惹きつけてやまない大聖堂の魅力とは、いったい何なのだろう。

ヨハネ福音書冒頭の「初めに言葉があった」の句が示すとおり、元来キリスト教は図像よりも言葉やテクストに優位性を認めていた。だがユダヤ教のような偶像崇拝禁止には至らず、カトリックは早い時期から美術を教化の手段として活用してゆく。「というのも書かれたものがそれを読む者たちに示すものを、図像はそれを見る無学な者たちに示すのだから」（グレゴリウス一世）。ほのかな蠟燭の炎、ステンドグラスから朝夕に差し込む鮮やかな光。厳かに時を告げる鐘楼の音、身廊に響き渡る聖歌やパイプオルガンの音。香炉から立ちのぼる薫香（中世の巡礼者は何日も入浴していなかったので匂い消しとして必要だったと言われる）——文盲すなわち聖書を読むことができない大多数の信徒にとって、教会こそが天国を想い、神の恩寵を五感で感じる場であった。聖堂は「貧者の聖書」なのだ。

図3　病人の世話をする修道女たち

「この建物にはすべてがあります」，教会全部を包み込むような身振りをしながら神父は言った。「聖書，神学，人類の歴史の大綱が。象徴の知識をもってすれば，石の塊を大宇宙にすることもできたのです。ええ，繰り返しますが，この建物の内部にはすべてが含まれているのです。我々の物質的および精神的な生も，我々の美徳も悪徳も，すべて。聖堂の建築家はアダムが生まれてから世の終わりに至るまで，じつにみごとに我々をとらえています。シャルトルのノートル＝ダム聖堂こそ，天と地のなかの，神と人間のなかの，最も巨大な総覧であるのです。

ここでは像の一つひとつが言葉です。その群像は文になります。あとはそれらを読むだけです――そこがちょっと難しいかもしれませんが。」

（ユイスマンス『大伽藍』）

かつてのフランス本土は二十弱の大司教管区に分けられ、各大司教管区に一つの大司教座聖堂（cathédrale，大聖堂）が置かれた。大司教管区はさらに数個の司教区に分けられ、中世の町はこうした司教区の教会を中心に発展した。教会前広場にはさまざまな市《いち》が立った。教会は精神的な拠り所にとどまらず、参拝者を集め、町の経済的発展を支える交通の要衝でもあったのだ。

重厚なロマネスクから壮麗なゴシックへ

教会の多くはケルトやローマ時代の聖所の上に建ち、土着の信仰や習俗との継続性を保ちつつ発展していった。地下墓所《クリプト》の上に教会堂が築かれることも多い。多くの教会は翼廊をもち、上から見ると十字架のかたちをしており、内陣（十字架の先端）はちょうど東、すなわちエルサレムを向いている。採石場から切り出した石を川や牛馬によって運搬し、現場で石工たちが加工し、高く高く積み上げ、全体の重量を支えうるような壁構造を作る。それは重圧に対する穹窿の戦いであり、設計から装飾までさまざまに細分化された仕事を職人たちが担った。建築に数百年を要することもあり、さまざまな時代の様式を併せもつ聖堂も少なくない。

一一、一二世紀の教会や修道院に顕著なロマネスク様式はローマ時代の半円形アーチを受け継ぎ、厚い石壁や石造穹窿を持つ。フォントネーのシトー会修道院が典型であり、静謐な祈りの場にふさわしい簡素な美に溢れている。修道院では修道士たちが自給自足の生活を送りつつ、知的活動を担った。巡礼者や行き場のない人々を宿泊させ、治療する施療院の役割も併せもち、ビールやリキュール（薬草酒

図４　革命期に首を落とされたノートル＝ダムの彫像

図５　ヴェズレーの聖マドレーヌ寺院の柱頭

から発展）の製造を行った。ミサに用いるため、もちろんワインの生産も欠かせない。有名なシャンパンのドン・ペリニョンは、白ワインを発泡させることに成功したベネディクト会修道士の名前から来ている。修道院の酒がことごとく美味で良質なのは、労働も祈りであるとする修道士たちの真面目な姿勢と、高度な技芸を継承しやすい環境とに因る。

ついで知的な都市文化の興隆期の一二、一三世紀に栄えたゴシック様式は、尖頭アーチや高い尖塔をもち、力強く天上に向かって伸びてゆく。高らかに鐘の鳴り響く鐘楼は「雲海を貫き、天なる父の心臓を的として射抜こうとする、熱烈な祈りの噴水、石の弓矢」（ユイスマンス）だった。シャルトル、ランス、アミアンが三大ゴシック聖堂と呼ばれる。

苦難の歴史もあった。落雷や火災だけではない。キリスト教の権威が否定されたフランス革命中には幾多の教会や石像が破壊された。首を落とされた聖人像はこの時代の名残である。第一次大戦ではランスの大聖堂などがドイツ軍の攻撃を受けて半壊したし、第二次大戦ではルーアンなどの北部諸都市の大聖堂が米軍の爆撃を受けて甚大な被害を被った。だが文化財修復にかけるフランス人の情熱もまた歴史を通して衰えることはなく、各地の教会や城館の修復を行い、その成果を『中世建築辞典』に著したヴィオレ＝ル＝デュック（Eugène E. Viollet-le-Duc, 1814-1879）のような建築家がいた。

図6　20世紀初頭の石切り職人たち

図7　ランス大聖堂の「笑う天使」

なぞ解きの面白さと「ガリアの森」の美

教会巡りの面白さは大伽藍や尖塔だけでない。まずは標章を手がかりに一つひとつの彫像を特定してみよう。しばしばタンパン（扉上の半円）で栄光のキリストを取り囲むのは四人の福音書記者、マタイ（人）、マルコ（獅子）、ルカ（牛）、ヨハネ（鷲）だ。柱頭や椅子下にも小さな生き物が隠れていて、無名の職人たちの創意を伝えてくれる。屋根の上にはたくさんのガーゴイル（怪獣の形の雨どい）がいて私たちを見降ろす。またシャルトル大聖堂の身廊の床には巨大な迷路が描かれているが、それは枝道へと迷わせるためではなくて、どこから入っても中央に至る、神の国を象徴する迷路なのだ。二体の「黒い聖母」像を見比べて、異教信仰との融和に思いをはせるのも面白い。ランス大聖堂の外壁では「笑う天使」像がくつろいだ姿形で私たちを出迎えてくれる。パリのシテ島のサント・シャペルは一三世紀に信仰心篤いルイ九世が作らせた王家の礼拝堂で（キリストの荊冠や十字架の破片を納める）、壁一面を覆うステンドグラスの一枚一枚が陽光とともに変化する極彩色で旧約や新約の物語を語りかけてくれる。

過去や異国、廃墟や旅行、そんなものに価値を見出したのは一九世紀ロマン派の作家たちだった。シャトーブリアン（François-René de Chateaubriand, 1768-1848）は『キリスト教精髄』でゴシック聖堂に「ガリアの森」の神秘を見てとった。そびえ立つ尖塔や柱は樫の木々、丸い穹窿はうっそうとした草の茂み、パイプオルガンは森の深みの中を響き渡る風や雷鳴の音――それは、はるか昔の畏怖や敬虔の念とともに過去のフランスをよみがえらせてくれる、聖なる場なのだった。（横山安由美）

21 城と庭園——眠れる森の美女はどこに

図1　霧の中のガイヤール城

図2　射手と砲兵による城の攻囲

石の城砦からヴェルサイユ宮殿まで

ヨーロッパには「城市」を意味する -bourg（burg）で終る地名が多く、城壁に囲まれた市《いち》が都市の母体であることを示している（その住人が「ブルジョワ」（bourgeois）で、「町人」「市民」を指すようになった）。とりわけ大陸部は、歴史を通して諸民族や周辺諸国の侵入に脅かされ続けた。ゆえに最初期の城は防衛を目的とした要塞であり、盛り土をして作った丘の上に主塔をもった城柵が置かれた。セーヌ峡谷に勇姿をとどめるガイヤール城は「夏草や　兵《つわもの》どもが夢の跡」の句を思い出させる。それは英国のリチャード一世がフランスの侵攻を抑えるために作らせた石の要塞だが、仏王フィリップ二世は「たとえ鉄でできていたとしても奪ってみせる」と豪語して一二〇三年に落城させる。当時城を攻略するには、カタパルト（投石器）で壁を壊し、掘や城壁をはしごで越えなければならず、防御側が塔の上から雨のように射てくる弓矢をかいくぐって城内に入るのは至難の業だった。まして断崖上にそびえる要塞をいったいどうやって落とせたのだろうか。それは唯一あった、用を足すための穴から入ったと伝えられている。たいへんな苦労だったに違いない。

一五世紀以降は大砲の発明によって攻撃が楽になったが、そのため城壁はますます分厚くなっていった。やがて防衛機能の低下にともなって窓は大きくなり、尖塔や張り出した石落としも装飾的になってゆく。城は王侯の居住地として大広間や礼

図3　シャンボール城

図4　ヴィランドリー城の幾何学式庭園

拝堂を備えてゆく。そして、愛憎渦巻く人間ドラマの舞台となった。「深窓の令嬢」という言葉があるが、中世は政略結婚で年齢差も大きかったことから、嫉妬深い夫が若く美しい妻を塔に幽閉することはよくあったらしい。メーテルランクの『ペレアスとメリザンド』では、王弟ペレアスを愛してしまった王妃メリザンドは塔に幽閉され、窓から長い髪を垂らして愛する人を引き上げる。だがすべてを知った王は最後に自らの手で弟を刺し殺してしまう。嫉妬といえば、シャンボール城にはレオナルド・ダ・ヴィンチが設計した二重螺旋階段があるが、これは王妃と王の愛人が鉢合わせすることなく移動できるようにするためだったと言われている。ルネサンス期にはロワール川流域に優雅な王侯の城館が多数建築された。河の上に立つシュノンソー城、ジャンヌ・ダルクゆかりのブロワ城など、今でもトゥールやアンジェを拠点に古城めぐりを楽しむことができる。

　フランスの城文化は一六八二年にルイ一四世が建てたヴェルサイユ宮殿によって頂点を迎える。八〇〇ヘクタールの敷地に二〇〇〇以上の部屋を擁する、絶対王政を象徴する巨大な建造物だ。第一次大戦終結の調印が行われたことで知られている「鏡の間」には、七三メートルの長い回廊に三五七枚の鏡と五九のクリスタルのシャンデリアが配されている。また隠し扉で国王の寝室が愛人たちの寝室とつながっていたり、トイレがなくてたくさんの壺が置かれた間があったこと、そこから匂い消しのために香水が発展したことなどのユニークな逸話に満ちている。庭園の建築には建物以上に費用がかかった。そもそも水のない平地に一〇キロ先のセーヌからわざわざ水を運んで運河や池を作らせたのだから。

図6　ルドゥテ『バラ図譜』

図５　ネプチューンの池（ヴェルサイユ宮殿庭園）

フランス式庭園とバラ

大きな城には「中庭」（cour）があり、そこに人々が集ったことからこの語は「宮廷」を指すようになった。他方、城の裏手の庭には果樹が植えられ、しばしば恋人たちの逢引の場所となった。中世を過ぎると、イギリスでは自然を模した風景式庭園が流行したのに対し、フランスでは平地に人工的な造形の粋を凝らした幾何学式庭園が発達する。茂みはきっちりと刈り込まれ、たとえばヴィランドリー城の庭を上から見ると丸や三角の幾何学模様が見事に立ち並んでいる。ルイ一四世のお気に入りだった造園家ル・ノートル（André Le Nôtre, 1613-1700）はヴェルサイユのほかにシャンティイーやフォンテーヌブローの庭園を手がけ、庭造りの技を弟子たちに伝えた。

冬が穏やかで水はけの良いフランスの大地はバラ栽培に適しており、庭園は美しい花で飾られた。とりわけナポレオン皇后のジョゼフィーヌは各地にバラ園を建設し、原種の蒐集と品種改良に貢献したことで知られている。またそれを緻密な図像に描いたルドゥテ（Pierre-Joseph Redouté, 1759-1840）の『バラ図譜』は植物学上も美学上も貴重な資料となっている。ロダン美術館では咲き乱れるバラの中に「考える人」が鎮座しているし、国立自然史博物館の一角にあるパリ植物園には一七〇種のバラが咲き乱れる小路がある。フランス人は大人も子どもも公園が大好きだ。バラの深紅が映える青空の下、人々は優雅に散歩や読書にいそしんでいる。

図７　ディズニーランド・パリの「眠れる森の美女城」

妖精は杖の先でお城にいたすべての人々に触れました。お世話係，侍女，小間使い，侍従，廷臣，料理長，料理人，皿洗い，下働きの少年，衛兵，門衛，小姓，従僕。それからまた厩舎にいた全ての馬と馬丁にも，鶏小屋の番をしている大きな猛犬たちにも，それから王女様のベッドのすぐ横にいた，王女様のかわいがっている子犬のプフルちゃんにも。妖精が触れたとたん，彼らはみんな眠りこけ，王女様が目覚めるときまでそのままなのです。なぜってお目覚めのときに周りに誰もいなかったら困りますもの。火にくべられていたヤマウズラやキジの焼串までもがぐっすり眠りこけていて，おまけに火も眠っていました。　　　（ペロー『眠りの森の美女』）

二つの「眠れる森の美女城」

糸車の錘に刺されて眠りに落ちた姫を王子様がキスで目覚めさせる――今日もバレエや映画で有名な『眠れる森の美女』。ペロー（Charles Perrault, 1628-1703）がこの話を思いついたのは、ロワール川流域にある優美なユッセ城に滞在していたときのことだった。今でもユッセ城の塔外郭の階段を登ると、誕生の部屋、糸車の部屋、王女の寝室と、蝋人形と共に再現された物語の場面を目にすることができる。ちなみにペロー版では結婚後に姫と姑（人食い鬼）との血みどろの確執が続くのだが、さすがにそこまでは再現されていない。

現代版の「夢の城」ディズニーランドがパリ郊外に誕生したのは一九九二年のことだ。東京ディズニーランドのシンデレラ城はドイツのノイシュバンシュタイン城がモデルだとされるが、ディズニーランド・パリには「眠れる森の美女城」が建っている。そもそもアメリカ大衆文化の象徴であるディズニーランドが進出することにはフランス国内で大反対があり、妥協策としてフランス独自の城を中央に配したのだった。城の中にはディズニー映画の名場面を描くステンドグラスとタピスリー、地下にはドラゴンの洞窟まで作られているので訪れてみたい。またフランス独自のテーマパークに興味がある人にはパルク・アステリクスがおすすめで、古代ローマから中世にかけての町並みが再現されている。トロイの木馬（フライングカーペット）、ポセイドン劇場（イルカショー）、ドルイドの森（子ども広場）といったアトラクションの名前はそのままフランス文化のルーツを示している。

（横山安由美）

22 演劇――ヨーロッパの交差点

図1　現在のコメディ＝フランセーズ

図2　コルネイユ

古典劇と町民劇

パリの中心、ルーヴル美術館のほど近くに、フランスを代表する国立劇場、コメディ＝フランセーズ（リシュリュー館）がある。ここでは、一七世紀に確立された古典主義演劇をはじめ、近・現代の傑作を観ることができる。

ルネサンスの時代、フランスでは、古代ギリシア・ローマの演劇（悲劇と喜劇）が紹介されるようになる。それまでは宗教劇と世俗劇が中心であったが、活版印刷が発明されたおかげで、古代の戯曲が広く読まれ、模範とされ始めたのである。そして、フランスは、当時流行していたスペインやイタリアの大衆演劇を巧みに取り入れながら、古典主義演劇を確立し、一躍ヨーロッパ最大の演劇大国となった。これはフランス演劇史上もっとも重要な出来事であり、一七世紀を抜きにしてフランス演劇を語ることはできない。だから、フランスでは小学校から古典主義作品が暗唱され、コルネイユ（Pierre Corneille, 1606-84）の『ル・シッド』（一六三七）やモリエール（Molière, 1622-73）の『ドン・ジュアン』（一六六五）など、一七世紀の傑作を知らないフランス人はいない。

一八世紀に入ると演劇の大衆化が始まる。その一翼を担ったのが縁日芝居である。大規模な縁日には数カ月続くものもあり、その最中にさまざまな娯楽が提供された。たとえば、呼び込み口上と一体となったパラード（客寄せ道化）が大流行するなど、

プリダマン　息子は本当に死んだと思ったが，見せかけだったのか。
それでも，嘆かずにはいられない。
ありあまる幸運からあの子がつかんだ，
栄光も名誉ある地位もすべてが嘘だったというのか。
アルカンドル　嘆くのはおやめなさい。今や，演劇は，
誰からも崇められるほどの高みにございます。
あなたの時代には蔑まれたものでしたが，
今や，教養ある人たちでさえこぞって愛好し，
パリの話題，地方のあこがれ，
王族の方々のもっとも心和む楽しみ，
国民の無上の喜び，大諸侯たちの娯楽となり，
世の中で一番の気晴らしとなっているのです。
（コルネイユ『舞台は夢』）

さまざまな見世物が呼び水となり、庶民たちにとって劇場がよりいっそう身近なものとなった。こうした潮流の中、ディドロ（Denis Diderot, 1713-84）が提唱した新ジャンルが「町民劇」である。これは古典主義演劇とは違い、同時代の庶民生活を道徳的に描こうとしたものであった。貴族から市民へとヨーロッパ社会の中心が変わろうとしている中、この新発想は瞬く間にヨーロッパ全土に広まっていった。この発想を作品にうまく取り入れたボーマルシェ（Pierre-Augustin Caron de Beaumarchais, 1732-99）の『フィガロの結婚』（一七八四）は今なお世界各国で上演されている。

劇場の近代化とスター・システム

現在の劇場の基本構造は一七世紀に固まった。コメディ＝フランセーズを例に挙げると、全体はギリシア時代の馬蹄形を踏襲した屋内劇場で、舞台はイタリア式の額縁舞台である。客席は徐々に整備され、一階正面の平土間がオルケストル席、それを囲むようにボックス席ができ、現在では最上階の天井桟敷まで五層構造になっている。設備の方も徐々に近代化される。一八世紀後半、それまで舞台上にあった貴族席は撤廃され、照明は蠟燭からケンケ燈（オイルランプの一種）に替えられる。すると、舞台空間は広く、明るくなり、聴いて楽しむだけではなく、観て楽しめる舞台が要求されるようになった。

一九世紀前半にはイギリスのゴシック小説が大流行し、観客の要求に応えるように、ロマン主義作家たちによってシェイクスピアが再評価され始める。イギリスか

図3　ボーマルシェ

図4　ハムレットを演じるサラ・ベルナール

ら来た二つの潮流は、勧善懲悪のメロドラマや大衆演劇を発展させる。この時期最大のヒット作の一つが、小デュマ（Alexandre Dumas-fils, 1824-95）の『椿姫』（一八五二）である。

この間、多くの名優が誕生する。観客は、好みの俳優によって観劇作品を決めるようになるが、これがスター・システムのはじまりである。映画『天井桟敷の人々』（一九四五）では名優ルメートルが活躍した当時の観劇の雰囲気を知ることができる。そして、近代演劇界最大の女優がサラ・ベルナールである。海外巡業でも大成功を収めた彼女は、世界的大女優となり、「美の女神」や「聖なる怪物」と評された。彼女には数々の逸話があるが、中でも「サラの棺」の逸話は有名である。私生活では棺の中で寝ていた彼女は、それをブロマイドにして売ってしまう。これが話題となり、「美の女神」としての彼女の神秘的イメージが浸透することになる。

演出家の登場と「諸国民演劇祭」

一九世紀後半、活版印刷の発明以来の最大級の技術革新が起こる。それが電気照明である。舞台はさらに明るさを増し、レンズ交換による光の彩色や調光、スポットライトなどが可能となる。そうすると、演技を指示し、全体を俯瞰しつつ、演技指導のできる人間が必要となる。これが演出家である。それまで、座長兼俳優や劇作家が舞台指示を出してはいたが、台本を舞台化するために、俳優、舞台装置、音響・照明効果などすべてを束ねる専門家はこの時期を待たねばならなかった。そして、台本と俳優が良ければおのずと舞台も良くなるといった考えは改められ、演劇

図6　アヴィニョン演劇祭

図5　ミュシャの描いたサラ・ベルナール（「ジスモンダ」）

のすべての要素が再考されることになる。その後のフランス演劇の進む道を決定づけたのが「四人連盟」の演出家たち（ジューヴェ、デュラン、バチ、ピトエフ）であった。彼らは、古典作品を上演する一方、諸外国の作品紹介にも尽力し、パリは新しい演劇の発信地となる。たとえば、ピトエフが『作者を探す六人の登場人物』を演出してパリで当たりをとると、イタリア人作家、ピランデッロ（Luigi Pirandello, 1867-1936）の名は瞬く間に世界中に広まっていった。

この頃から、ヨーロッパ全体を一つの文化圏と捉え、各国の劇団や演出家の交流が頻繁に行われるようになる。一九四七年に演出家、ジャン・ヴィラール（Jean Vilar, 1912-71）が開催したアヴィニョン演劇祭は、一般の人々にとって演劇をより身近なものにする目的で企画されたものであった。今もなお毎年夏のヴァカンス・シーズンに開催されるこの演劇祭では、町全体が劇場となり、観客は気軽にさまざまな国の演劇作品に触れることができる。一方、国立劇場でも同様の目的で整備が進められてきた。その一つがパリ左岸にあるオデオン座である。一九六〇年代、座長を務めたジャン=ルイ・バロー（Jean-Louis Barrault, 1910-94）は「諸国民演劇祭」を主催する。これは、イギリスのピーター・ブルック（Peter Brook, 1925-）などの若手演出家を招いて新たな演劇をパリから発信しようという試みであった。その後も、同劇場芸術監督にイタリアのジョルジョ・ストレーレル（Giorgio Strehler, 1921-97）が就任するなど、ヨーロッパ演劇の交差点としての役割を果たしている。こうして、今もなお古典の再評価と革新的演劇の試みが精力的に行われ、フランス人にとって劇場は刺激的な場となっているのである。

（高橋信良）

23

オペラ・バレエ——オペラ座の怪人はいる？

図１　パリ・オペラ座の天井

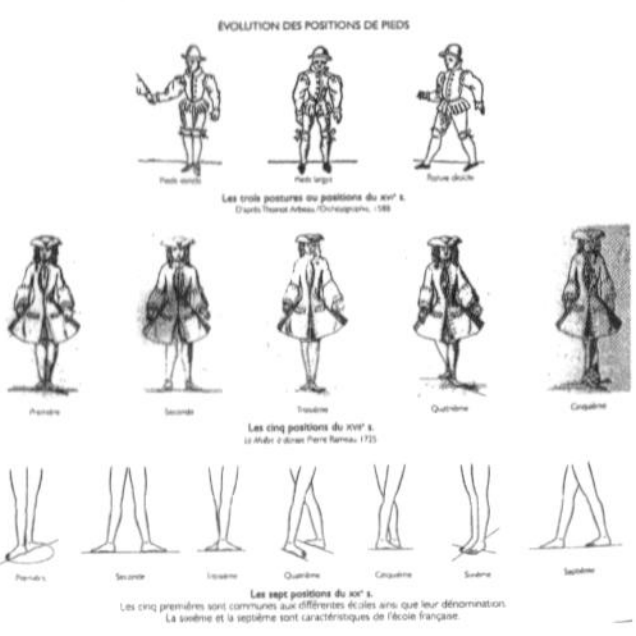

図２　パ（足の運び）の変化

宙を舞うエトワールたち

イタリアで流行した舞踏が一五三三年にカトリーヌ・ド・メディシスによってフランスに伝えられ、宮廷舞踏のバレエとして発展した。とりわけルイ一四世自身がすぐれた舞踏手としてバレエに魅せられたことから（映画『王は踊る』参照）、早い時期から舞踏の体系化が進んだ。王がバレエから引退した後は、宮廷から劇場へと場が移り（最初のオペラ座劇場は一六七一年創立）、職業ダンサーがバレエを担うこととなる。王立舞踏学校（六一年）についで王立音楽学校（六九年、オペラとバレエ）が創立され、これが今日のパリ・オペラ座バレエの前身となる。世界最古のバレエ団だ。

一九世紀に入るとパリ・オペラ座でロマンティック・バレエが大成功を収める。妖精の幻想的な恋を描く『ラ・シルフィード』（一八三二初演）はその記念碑的作品であり、タリオーニ（Marie Taglioni, 1804-84）はふんわりとしたチュチュを着用し、ポワント（つま先）で立って踊った。この時からバレエは、重力に逆らって宙を舞う、まさに人間の不可能を可能にする舞台芸術となったのだった。フランスから伝わったバレエはロシアでクラシック・バレエとして発展する。今日も名高い『白鳥の湖』『眠れる森の美女』『くるみ割り人形』の三大バレエはいずれもフランス人プティパ（Marius Petipa, 1818?-1910）がロシアで振りつけたものである。一方で古典に飽き足りないフォーキンらはモダン・バレエの道を拓く。ディアギレフ率いるバ

図3 『ラ・シルフィード』を踊るタリオーニ

図4 ベジャール振付 “Arepo”（opéra の逆さ読み）

レエ・リュス（ロシア・バレエ団）は二〇世紀初頭のパリで『牧神の午後』『春の祭典』などの衝撃的な作品を次々と発表していった。こうしてクラッシック、モダン双方の殿堂となったフランスには、その後も天才的な振付師ベジャール（Maurice Béjart, 1927-2007）、柔軟性と強靭な身体を併せもつギエム（Sylvie Guillem, 1965-）などの名手が次々と誕生した。

パリ・オペラ座の階級制度はとても厳しい。高倍率で入学した付属学校を卒業した後も（生徒は「子ネズミ」（petit rat）と呼ばれる）、昇格のたびに厳密な試験を受けねばならない。カドリーユ（群舞）、コリフェ（群舞リーダー）、シュジェ（ソロダンサー）、プルミエ・ダンスール（女性はプルミエール・ダンスーズ、準主役級）、そしてエトワール（étoile, スター）――ここまで昇りつめるには並々ならぬ努力と才能が要求される。エトワールのジロは言う、「私はバレエを生きている。愛するという言葉では弱すぎる。バレエは身体を焼き尽くす情熱のようなものだ」、と。

フランスオペラの醍醐味

一六〇〇年頃イタリアで誕生したオペラは、リュリやラモーによってフランスで独自の発展を遂げた。オペラ改革の主導者グルックは一八世紀後半パリで活躍し、歌手の技巧のひけらかしになりがちだったオペラを、一貫した筋によるドラマとして構成し直した。革命期には祝典で国民を鼓舞する軍楽隊が活躍し、革命賛美のオペラなども作られた。そうした中で誕生したのがパリ音楽院（Conservatoire de Paris, 1795-）であり、現在に至るまで名演奏家や名作曲家を輩出し続けている。フ

怪人はふたりの支配人のすぐ背後でせせら笑っている！　やがて彼らの右耳にはっきりとした声が聞こえた。まさかの声，口なき声は，こう言った。「今夜のカルロッタといったら，シャンデリアまで落としそうな歌いっぷりだな。」

　ふたりは同時に天井を見上げて，絶叫した。シャンデリアが，巨大なシャンデリアの塊が，悪魔の呼び声に引き寄せられるかのように，彼らの方へと落ちてくる。留め具の外れたシャンデリアはホールの天井から平土間席のどまんなかへと落下した。おびただしい悲鳴。すさまじい恐怖のなか，人々はわれ先にと逃げ出した。

（ルルー『オペラ座の怪人』）

図5　『オペラ座の怪人』（ジュリアン版）

ランス屈指のオーケストラ、パリ管弦楽団はこの音楽院の楽団が前身である。
　七月王政期には宮殿や森林といった豪華な舞台装飾によるグラントペラ（Grand Opéra）が市民階級の娯楽として人気を博し、その後ドラム・リリック（抒情オペラ）へと変化してゆく。悪魔に魂を売ったファウストの堕落と救済を描くグノーの『ファウスト』（一八五九初演）がその代表作で、これは日本で最初に上演されたオペラでもある（九四）。その他フランス語の名作オペラとしてはビゼーの『カルメン』、オッフェンバックの『ホフマン物語』などが知られている。

ガルニエ宮に生きる人々

ル・ペルチエ通りの劇場に入る瞬間に爆弾で襲われたことをきっかけに、ナポレオン三世は新しいオペラ座の建設を決意する。みごと採用されたのがガルニエ（Charles Garnier, 1825-98）の設計による、今日も観光地として名高いパリ・オペラ座である（一八七五落成）。地上五階地下五階という巨大な空間は観客だけでなく団員にとっても謎に満ちていた。その深淵には一人の「怪人」が住んでいる――そんな噂を推理小説にしたのがルルー（Gaston Leroux, 1868-1927）の『オペラ座の怪人』である。見せ場のシャンデリア落下の場面は、実際にその一部が落下した事件に想を得ているし、怪人がクリスチーヌを舟に乗せて住居へといざなう地下の池は、工事の際にしばしば地下水が発生して水没した部屋があったことからきている。

　映画やミュージカルで大成功を収めた本作品だが、異形の怪人が美女に恋するたんなる悲恋物語ではない。新聞記者だったルルーの鋭い観察眼が社会の縮図として

図6　ドガ「エトワール，または舞台の踊り子」

そして夜はオペラ座に行って日中の疲れを癒す。ここではすべてがまやかしだ，とドガがつぶやく。光，装飾，踊り子のおだんご頭，そのコルセット，その微笑みも。唯一真実なのは，そこから生まれる印象，愛撫，人間の骨格，躍動感。あらゆるアラベスクの姿勢。ときには絶妙な力と柔軟さと気品とで，男性がアントルシャ（両足を打つ跳躍）で飛び入り，気絶する踊り子の体を支える。そうだ，踊り子は気絶するが，気絶はこの時だけだ。踊り子と寝ようと思う者は，間違っても自分の腕の中で本当に気絶してくれるなんてことを期待しないように。それはありえない。踊り子は舞台の上でしか行けないのだ。ドガの踊り子は，女ではない。うっとりするほど優美な均衡のラインの，踊る機械なんだから。　　（ゴーギャン『以前と以後』）

のオペラ座を描きだしている。当時の団員は成功を夢見る貧しい娘たちであり、金持ちのパトロンを見つけることが出世の条件だった。グラントペラの二幕冒頭にバレエが入るのは、二階のボックス席に陣取った紳士たちが娘たちを値踏みするためだと言われている（怪人専用の五番ボックス席も今もそのままに残っている）。また、足を見せて飛び跳ねる踊り子よりも歌手の方が地位が高い。歌姫をめざすクリスチーヌのために怪人はありとあらゆる手段を用いる。舞台装置を勝手に動かし、主役に抜擢されるよう支配人に脅迫文を送りつけ、邪魔なプリマドンナ（カルロッタ）の喉をつぶす。オペラ座は団員どうしの競争の場であると同時に、娘を操る男たちの権力闘争の場でもあったのだ。

　バレリーナが舞台中央に躍り出る瞬間をとらえたドガの「エトワール、または舞台の踊り子」（一八七八）には、舞台裏から彼女をじっと見つめる黒服の男がいる。この男はパトロンだという説と、ドガ自身だという説がある。いずれにしても画中の踊り子たちは躍動感あふれる一方で、表情に乏しく、没個性的である――それは当時の彼女たちの存在そのものを表現していたといえよう。だがドガのその繊細なまなざしこそ、バレエを今日の高尚な舞台芸術へと高めていったのだった。

　一九八九年にバスチーユに近代的な建物の新オペラ座が建設されたため、現在コンサートとオペラはそちらで、ガルニエ宮では主にバレエが上演される。ガルニエ宮のシャガールの天井画、ラクロワやサン＝ローランによる衣装や舞台装置、幕間の一杯のワイン、オリジナルグッズの買い物など、観劇の楽しみどころは尽きない。また若者や高齢者や失業者の割引が豊富な点もフランスらしい。（横山安由美）

24 詩――ＡＥＩＯＵは何色？

図１　ボードレール

私も飛び去る
この身をさらう
　あこぎな風に吹かれ
あちら，こちらに，
まるで
　枯れ葉のように。
（ポール・ヴェルレーヌ
「秋の歌」，『土星びとの
歌』所収）

Et je m'en vais
Au vent mauvais
　Qui m'emporte
Deçà, delà,
Pareil à la
　Feuille morte.

象徴とは？

フランス語は美しい響きを持つ言葉だと言われる。詩はその美を凝縮した言葉の芸術だ。何でもよい、詩を一つ口ずさんでみよう。できればフランス語で。「秋の／ヴィオロンの／長いすすり泣き《レ・サングロ・ロン・デ・ヴィオロン・ドゥ・ロトンヌ》――」詩句からメランコリックな旋律が、枯葉舞う秋の情景が立ちのぼってくるではないか。

一九世紀後半のフランスにおいて、「象徴詩」と呼ばれる一つの系譜が形成される。その概念を提示したのはボードレール（Charles Baudelaire, 1821-67）である。彼は小宇宙（＝人間）と大宇宙の間、物質界と精神界の間には呼応関係があり、人間が感じる色、匂い、音などの諸感覚は、互いに谺《こだま》のごとく響きあいながら、目に見えない大宇宙、あるいは互いを暗示しているのだと考えた。彼は『悪の華』所収の「万物照応」の詩において自然を、諸感覚が響きあう一つの「神殿」と呼び、「子どもの肉のように瑞々しく、オーボエのようにやさしく、牧場のように緑の」香りを謳いあげる。一方、ランボー（Arthur Rimbaud, 1854-91）は「母音」と題する詩の中で、ＡＥＩＯＵの母音に色のイメージを重ねている。たとえば、「Ａ」のイメージは黒、すなわち「強烈な腐臭のまわりをぶんぶん飛びまわる／蝿どものきらきらした黒い毛むくじゃらの胴衣」で、「Ｉ」は赤、すなわち「緋色の衣、吐かれた血、怒りあるいは悔悛の陶酔の中で美しくなる唇の笑い」だ。こうした詩が示

図2　ジャンヌ・デュヴァル（ボードレールのデッサン）

秋の ヴィオロンの 　長いすすり泣き 単調な ものうさで 　わが心を痛ませる。	Les sanglots longs Des violons 　De l'automne Blessent mon cœur D'une langueur 　Monotone.
時の鐘が鳴れば 息つまらせ 　色を失い， ありし日の 思い出に 　涙する。	Tout suffocant Et blême, quand 　Sonne l'heure, Je me souviens Des jours anciens 　Et je pleure;

すように象徴とは、現実を描写するレアリスムの対極にあり、目に見えないものを、目に見えたり聞こえたりするものを通じて「喚起」することなのである。

ボードレール——ダンディスム、憂鬱、旅

「旅への誘い」「異国の香り」など、ボードレールの詩には異国のイメージや旅の憧れを謳うものがいくつかある。が、生粋のパリっ子である彼は、実は生涯を通じてほとんどパリに留まり、ひたすらこの一九世紀の首都に霊感を得て詩を作った。若い頃、彼と文士たちとの交際を快く思わない母と継父によりインド行きの船に乗せられて旅をするものの、途中下船する。パリに戻ったボードレールは、実父の遺産を要求し、市の中心部のサン＝ルイ島に居を定め、そこを最上の趣味の家具調度や美術品で飾り立て、愛人のジャンヌ・デュヴァルとともに贅沢三昧の生活を送る。それは、イギリスの青年貴族ジョージ・ブランメルが提唱し、すべてのものに最高の洗練を追求したダンディスムを実践したもので、一見放蕩にすぎないこの生活も、彼にとっては、現実の中で見出せない至高の美である詩《ポエジー》を求めての、苦行とも言える精神的な探求の一つの現れにほかならなかった。

　彼は『悪の華』の中で詩人である自身を「至高の天の力の命ずるところにより倦怠に悩むこの世に現れ出」たもの（「祝禱」）、「不運の女神の乳で育ったもの」（「小さな老婆たち」）と呼び、詩集の第一章に「憂鬱と理想」という題名をつけた。こうした表現は、詩人の精神的な自己認識を端的に表現している。つまり詩人とは、ある意味で間違ってこの世に産み落とされた存在なのだ。ボードレールが『悪の華』

の初版を発表したのは一八五七年、ルイ＝ナポレオン（後のナポレオン三世）のクーデタ（一八五一）によって始まった第二帝政期（一八五二～七〇）である。詩人としての彼は不可視の大宇宙、精神界に思いを馳せ、究極の美としての詩を求めている。しかし、ブルジョワが台頭して拝金主義や偽善がはびこり、文化の大衆化が修復不可能なかたちで進むこの時代の現実は、彼を深い嫌悪と病的な倦怠の中に陥れる。彼の詩で謳われる旅とは、現実の場所への旅ではなく、精神界、大宇宙に存在するはずの美、常に彼が求めながら決して到達できない詩を求める精神的な旅なのである。

図3　詩人たちの集い
（左端がヴェルレーヌ，その隣がランボー）

ヴェルレーヌとランボー

ヴェルレーヌ（Paul Verlaine, 1844-96）とランボーもまた、到達できない詩の探求に魅せられた詩人たちだった。フランス東部の街メスの豊かな家庭に生まれ、両親に溺愛されたヴェルレーヌは、繊細でひ弱な青年に育ち、若い頃から飲酒癖に浸っていた。友人の妹マチルド・マテと出会って結婚し束の間の幸福を味わうが、それは、ランボーとの出会いにより脆くも崩れ去ることになる。フランス北東の田舎町シャルルヴィル出身の少年詩人ランボーは、幼少より神童の名で呼ばれるが、早い時期からひたすら詩の道を志し、狭苦しく低俗な田舎町を飛び出してパリで詩人になることを夢見ていた。彼は何度か家出を試みた後、当時パリで詩人として一定の評判を得ていたヴェルレーヌに手紙と何篇かの詩を送る。その才能を一目で見抜いたヴェルレーヌが彼をパリに呼び寄せ、かくて、二人の愛の生活が始まる。彼らはパリを出奔し、イギリス、ベルギーをあてもなく放浪する。だがその逃避行は甘

詩人はあらゆる感覚の長期にわたる大掛かりで理路整然とした攪乱によって見者となるのです。あらゆる形の愛，苦悩，狂気，それを詩人は自ら探し，自身の内においてあらゆる毒を汲みつくし，その精髄のみを保持するのです。それは，信念のかぎり，超人的な力のかぎりを尽くさねばならぬ，言葉で言い表せない責め苦であり，彼はそこにおいてとりわけ，偉大な病者，偉大な罪人，偉大な呪われ人となり，そして，至高の識者となるのです！ なぜなら，彼は未知なるものに到達するからです。

（ランボー，ポール・ドメニー宛書簡，1871年，5月15日付）

図４　1872年ロンドンでのヴェルレーヌとランボー

美というにはほど遠いもので、二人の間には常に言い争いが絶えず、ブリュッセルでヴェルレーヌがランボーに発砲したことで、両者の関係には終止符が打たれる。が、二人の詩人を結びつけたのは何よりも未知なる詩への激しい憧れだったのであり、逃避行中の苛立ちも、不可能への挑戦ゆえの苦悩や焦燥によるものだった。

ヴェルレーヌの詩の魅力は、そこはかとない憂愁と音楽性にある。彼は「何よりも音楽を」（「詩法」）という有名な言葉を残し、立ちのぼった瞬間に消えてしまうような儚く美しい音楽を、言葉の世界において作ろうとした。引用した「秋の歌」は一見何の変哲もない平易な詩のように見えるが、このように一行が短く限られた数の音しか含まれない詩の中で、自身のテーマを的確に表現しながら脚韻を踏む（＝詩句の最後の音を合わせること）だけでも実は至難の業だ。のみならず彼は、脚韻以外の箇所でも［o］と［on］の音を効果的に用いて憂鬱に浸された自身の心を暗示し、かつ詩のリズムを作り出している。まさに超絶技巧の詩である。

一方ランボーの方は激しい気性を持った天才肌の詩人で、詩の探求のためには何ものをも犠牲にすることをいとわなかった。彼は友人ポール・ドメニーに書き送ったいわゆる「見者の手紙」において、詩の探求には「あらゆる感覚の長期にわたる大掛かりで理路整然とした攪乱」が必要なのだと述べている。というのも、詩とは未知なるものであるゆえに、通常の感覚の枠を打ち破り、狂気としか名づけ得ないような新しい感覚を手に入れることによってしか到達できないものだからである。

象徴詩人たちの探求は、まさに不可能への挑戦だった。美しい響きを持つ詩の裏には、こんな壮絶な精神の格闘があったのだ。

（朝比奈美知子）

25 印象派——睡蓮に囲まれて

図1　モネ「印象　日の出」

図2　「睡蓮」の大作に挑むモネ

精神異常か反逆か

一九世紀パリ。有力者の写実的な肖像画を描いて報酬を得るか、さもなければ神話や聖書の題材を細かな筆致で書き上げて官展《サロン》で入選するか——それ以外に画家の出世の道はなかった。ところが一八七四年、落ちこぼれの画家たちがとんでもない展覧会を開いてしまう。輪郭もなく、猿が絵筆を振り回したような筆致。仕上げもなく、色もでたらめ。描かれているのはごく普通の人や日常の風景。こんなものを描くのは精神異常者で、妊婦が見たら流産する！　そんな風刺画まで流行ったほど酷評されたのが、第一回の印象派展だった。「印象」(impression)の語は「印象　日の出」というモネ(Claude Monet, 1840-1926)の画題に端を発する。題材や技術ではなくて視覚的印象そのものを芸術の目的とするという姿勢そのものが「絵とはこうあるべきだ」という既成概念を破壊し、スキャンダルを引き起こしたのだった。自然の外観を再現するのではなくて、客観的な世界を主観的な体験によって解釈する——それはまぎれもないモダニズムの幕開けであり、二〇世紀の芸術に道を拓くものだった。

「光の画家」の栄光と苦悩

「描きかけの壁紙にも劣る」と酷評された「日の出」だが、水面に揺れる光はな

図3　ルノワール「二人の娘」

図4　マネ「草上の昼食」

んとも魅力的で、光を色という言語に置き換える試みは斬新だった。連作「積みわら」では、陽光を浴びて刻一刻と変わる対象の姿をピンクや水色の鮮やかな色彩が描き出した。「サン＝ラザール駅」では汽車の蒸気を観察するためにモネが発車を遅らせようとしたという逸話が残っており、「瞬間」を捉える仕事が時として命がけだったことを窺わせる。彼はその後パリ郊外のジヴェルニーに移り住み、睡蓮を描いた。しだれ柳や太鼓橋があって、季節ごとに色とりどりに変幻するこの池には今でも多くのファンが訪れる。晩年には視力の衰えに苦しんだモネだが、大きなキャンバスを用いて遠くから眺めればまだまだ絵が描けるということに気がつき、老骨に鞭打って渾身の大作を発表した。オランジュリー美術館の壁の四方を飾る巨大な「睡蓮」の連作はまさにその気迫の産物であり、展示室中央のソファに座っているとまるで睡蓮の池にふわふわと浮かんでいるような気分になる。

ルノワール（Pierre-Auguste Renoir, 1841-1919）の「ぶらんこ」や「陽光を浴びる裸婦」はたくさんのぶちを用いて木漏れ日を描いたが、当時は「油のしみ」としか見られなかった。ドガ（Edgar Degas, 1834-1917）は、オペラ座の踊り子たちが楽屋でトーシューズの紐を結んだり、髪を整えたりするなにげない瞬間を画布の中で永遠のものとした。絵を量産して膨大な父の借金を返済しなければならなかった彼は、乾かすのに時間がかかる油絵よりもパステル画を好んで用いた。「りんごでパリをあっと言わせてみせる」と意気込んだセザンヌ（Paul Cézanne, 1839-1906）は、一枚の静物画の中に複数の視線を取り入れた。次々と変形させて描いた故郷のサント＝ヴィクトワール山の連作も有名だ。画風は写実的だがモネと親交のあったマネ

僕の「夜のカフェ」の絵では，カフェというのが身を滅ぼしたり，発狂したり，犯罪を犯したりするような場所なのだということを表現したかった。それで淡いピンクと鮮血の赤と赤紫色，ルイ15世風の淡い緑とヴェロネーゼ緑の組み合わせのところに，黄緑や深い青緑を対比させることによって，地獄の劫火や青白い硫黄の雰囲気を出しつつ居酒屋の闇の力のようなものを表してみたんだ。…この絵を見たらテルステーク氏はどう言うかなあ。印象派の中では最も控えめで穏やかなあのシスレーについてすら，「これを描いた画家は酔っぱらっていたと思わざるを得ない」と言った人だからねえ。まして僕の絵なんか見たら完全なアル中のせん妄症だと言われそうだよ。　（ゴッホ『書簡集』）

図5　ゴッホ「星月夜」

(Edouard Manet, 1832-83) は、「草上の昼食」や「オランピア」で神話以外の女性の裸体を描いて不道徳だと批判され、また「笛を吹く少年」は「トランプみたいだ」と罵倒された。「ひまわり」で有名なゴッホ（Vincent van Gogh, 1853-90）は後期印象派に分類されるが、浮世絵の影響を受けた黒い輪郭線を用い、奇妙に歪んだ地平線や渦巻く星空の中に、自らの主観と繊細な感受性を力強く塗りこんだ。アルルでのゴーギャンとの共同生活のこじれから自分の耳たぶを切り落とした事件はあまりに有名で、包帯が痛々しい「耳を切った自画像」はままならない自我を凝視するかのようだ（一方ゴーギャンは彼を見捨てて南海の楽園タヒチへ渡ってしまう）。近年、耳切りの真相や死因についての新説が登場し、さらなる謎を呼んでいる。

生前に売れたゴッホの絵はたったの一枚で、彼は極貧の中で短い生涯を終えた。その一〇〇年後には「医師ガシェの肖像」が一二五億円で日本人実業家に落札されている。印象派の絵画はなぜこれほどまでに人気を得たのだろうか。美術館や官展からは黙殺されたが、画商や個人コレクターが印象派を買い続けたのだった。「日傘を差す女」や「夜のカフェテラス」といった凡庸な主題は教養のない大衆層にもわかりやすく、ブルジョワの都市生活の普遍性を表すものとして喜ばれた。明るすぎる色彩も、楽しい飾り絵としては都合がよかった。とりわけフランスに強い憧れをもっていた二〇世紀初頭のアメリカの成金たちが、なかばステータス・シンボルとして、なかば投機目的で印象派を買いあさったことから、オークションや取引を通して絵画の価格がどんどん吊り上り、二〇世紀の富の象徴となっていったのだった。

図6　『牧神の午後』を踊るニジンスキー

図7　ラヴェル

鍵盤の上を歩く猫のメロディー

印象派が猫のステップに譬えられるとき、それは形式や伝統からの自由、偶然性の遊び、瞬間的な感性の噴出などを意味する。音楽について見てみると、調和や均整を重んじる古典主義の後、過渡期的なサン＝サーンス（『交響曲三番オルガン付き』）が現れ、やがて豊かな感情表出を得意とするリスト、ショパン、ベルリオーズ（『幻想交響曲』）などのロマン派が台頭する。初めて「印象派」と呼ばれたのはドビュッシー（Claude Debussy, 1862-1918）の『春』（一八七七）で、音楽的な色彩の誇張と形式の曖昧さが特徴である。象徴主義文学の影響下に作曲された『牧神の午後への前奏曲』やオペラ『ペレアスとメリザンド』は、一九世紀の和声法の枠を超えた新しい旋法によって夢幻の音色を作り出し、聴衆の感覚に訴えかけた。またピアノ曲『月の光』や管弦楽曲『海』は自然のゆらぎを動的で柔軟な時間形態で表現している。『耳で聴く風景』や『水の戯れ』を作曲したラヴェル（Maurice Ravel, 1875-1937）は「管弦楽の魔術師」と呼ばれ、華麗なオーケストレーションや異国情緒溢れる独自の作風を練り上げた。ベジャール振り付けのバレエで有名な『ボレロ』や、第一次大戦で片手を失ったピアニスト、ウィトゲンシュタインのために作曲した『左手のためのピアノ協奏曲』も個性的で、そして美しい。

夏至の六月二一日は「音楽の日」で、プロ、アマ問わず街中に繰り出て深夜まで音楽を奏で合う。ジャンルはさまざまだが、音楽を愛する気持ちだけでその場にいる人々の心がつながる――そんな素敵な瞬間がフランスには溢れている。

（横山安由美）

26

シャンソン——愛の讃歌

魂の叫び

シャンソンといえば、失恋、別れ、死など、現実生活の苦悩や下町の人情をリアルに描き出す歌が思い浮かぶ。これは、一九世紀に流行したメロドラマの手法を歌に取り入れ、人生模様を切々と歌い上げるジャンル、シャンソン・レアリスト（現実派シャンソン）である。このジャンルの三大歌手と呼ばれているのが、ダミア（Damia, 1889-1978）、イヴォンヌ・ジョルジュ（Yvonne George, 1896-1930）、フレール（Fréhel, 1891-1951）で、彼女たちは両大戦間のフランス歌謡界を席巻した。そして、この系譜を引くシャントゥーズ（女性歌手）がエディット・ピアフ（Edith Piaf, 1915-63）である。

一九三五年一〇月、一人の紳士が街角で歌を口ずさむみすぼらしい少女に目をとめる。紳士はキャバレー、ル・ジェルニーズの経営者、ルイ・ルプレー（Louis Leplée, ?-1936）であった。少女は当時流行していたフレールの『雀のように』をとても上手に歌った。ルプレーはすぐに彼女をデビューさせる。芸名は「小さな雀」（La Môme Piaf）。のちのエディット・ピアフである。

ピアフは、大戦後のシャンソン界に大きな影響を与えた歌手として、シャルル・トレネ（Charles Trenet, 1913-2001）と双璧をなす。彼女の歌声は「魂の叫び」と称されるが、その意味は『愛の讃歌』（一九四九）の歌詞からもよくわかる。歌詞の途

図1　フレール

図2　エディット・ピアフ

図3　ロートレックのポスター「アリスティード・ブリュアン」

中、「私は国を捨てる／友を捨てる／あなたがそう望むなら／笑われるかもしれないけれど／私は何でもやる／あなたがそう望むなら」というくだりがある。ここには夢のような恋物語などない。狂おしいまでの胸の高まり、恋する心情が痛いほど伝わってくる。さらに、この曲がピアフ自身の不倫の恋を清算するためのものであったといわれれば、「いつかあなたと引き離されたとしても／あなたが死んで、遠くに行ったとしても／愛していればたいしたことじゃない／だって、私も死にますから」というせりふは「魂の叫び」以外の何ものでもない。

キャバレーとカフェ・コンセール

一九世紀末から二〇世紀初頭にかけて、パリを中心に新しい芸術や文化が栄えるようになる。ベル・エポックと呼ばれるこの時代に、歌い手たちにも定期的に活躍できる場が与えられる。これがキャバレーでありカフェ・コンセールであった。

演芸場としてのキャバレーの前身はカヴォーという地下酒場で、詩人や文学者たちが歌を交えて夕食を楽しむ場であった。カフェの方も一七世紀後半にはすでにあったが、どちらの場合もシャンソンは添え物であった。シャンソンがメイン・ディッシュとなるにはベル・エポックを待たねばならない。

中でも、一八八一年、モンマルトルに開店したキャバレーはあとあとまでの語り種となる。その名は「シャ・ノワール」。「黒猫」という意味のこのキャバレーでは、「近代シャンソンの祖」といわれるアリスティード・ブリュアン（Aristide Bruant, 1851-1925）が活躍し、ロートレックのポスターのモデルにもなっている。ロート

図４　ロートレック「イヴェット・ギルベール」

図５　「ムーラン・ルージュ」

レックのモデルといえば、イヴェット・ギルベール（Yvette Guilbert, 1865-1944）も忘れてはならない。彼女はカフェ・コンセールの大スターであり、彼女によって語りかけるように歌う近代シャンソンの発声法が確立されたのだ。

一九四四年、連合軍によるパリ解放後には、左岸のカフェや地下酒場に大勢の若者が集まるようになる。その中には「サン＝ジェルマン＝デ＝プレのミューズ」と呼ばれたジュリエット・グレコ（Juliette Gréco, 1927-）や「サン＝ジェルマン＝デ＝プレの鬼才」と呼ばれたレオ・フェレ（Léo Ferré, 1916-93）もいた。こうして戦後もキャバレー文化は根強く残り、時代を追うごとにますます興隆してゆく。中には、一八八九年に営業を始めたモンマルトルの「ムーラン・ルージュ」のように、フレンチ・カンカンなどの大掛かりなレヴューを十八番とするキャバレーやミュージック・ホールも人気を博し、今もなお大勢の観光客で賑わっている。

哀歌、そして社会批判

シャンソン・レアリストの系譜で、もう一人忘れてはならない歌手がいる。彼女の名はベルト・シルヴァ（Berthe Sylva, 1885-1941）。一九二六年の『白いバラ』が代表作である。

日曜日の朝、花屋の店先、少年が白いバラを盗もうとした。聞けば、入院中の母親に彼女の大好きな白いバラを見せてやりたいという。事情を知った花売りは少年に白いバラを持たせてやるが、母親がその花を目にすることはなかった。歴史的大ヒットとなったこの歌のリフレインを知らないフランス人はいない。

大統領閣下
私は戦争などしたくありません
私が生まれてきたのは
気の毒な人たちを殺すためでは
ありません
あなたを怒らせるつもりなどあ
りませんが
申し上げげねばなりません
私は決心したのです
私は脱走します
（ボリス・ヴィアン『脱走兵』）

今日は日曜日
ねえ，きれいなぼくのママ
白いバラの花をもってきたよ
ママが大好きな白いバラ
大きくなったらね
花屋さんにいって，買ってあげる
白いバラを全部
ママのために，大好きなママのた
めに
（ベルト・シルヴァ『白いバラ』）

その後、ジャック・ブレル（Jacques Brel, 1929-78）やバルバラ（Barbara, 1930-97）など多くの歌手が哀歌を熱唱する。現在もこのジャンルの歌手は大勢いるが、中でもミレーヌ・ファルメール（Mylène Farmer, 1961-）は、フランス語圏全体で絶大な人気を誇っている。フランス最大の歌謡大賞であるＮＲＪ音楽賞では二〇〇〇年から四年連続最優秀女性アーティスト賞（フランス語圏）を受賞するなど、彼女の時に情熱的で、時に退廃的な歌は広く受け入れられている。作詞家としても才能を発揮する彼女は、自分の歌詞を歌わせる歌手としてアリゼ（Alizée, 1984-）に白羽の矢を立てる。デビュー作『モワ、ロリータ』は三〇〇万枚以上のミリオンセラーとなり、ファルメールはプロデューサーとしても活躍している。

ところで、人情の機微を歌い上げるシャンソンが、時には社会批判として絶大な影響力を発揮することもある。その一例がボリス・ヴィアン（Boris Vian, 1920-59）が作詞したシャンソン、『脱走兵』である。これは大統領への手紙という形式のもと、軍国主義を批判する内容となっている。この歌は各国語に翻訳・翻案され、反戦歌として歌い継がれてきた。ちなみに最初の日本語訳は高石友也の『拝啓大統領殿』である。この社会批判の系譜で広く若者たちの支持を得たバンドがある。これがＩＡＭ（Indépendantistes Autonomes Marseillais）である。一九八九年、マルセイユで結成されたＩＡＭはヒップホップをうまく取り入れ、移民問題や若者の麻薬中毒など現代社会の抱えている問題を痛烈に批判する。さまざまな世代の思いが歌にされ、人々はそれに共感し、耳を傾けるわけだが、人生があるかぎり、それを物語るシャンソンに終わりはない。シャンソンは永遠に歌い継がれてゆく。（高橋信良）

27

写真――パリ市庁舎前のキスは本物？

刺し貫くもの――プンクトゥム

自分に親しい者、たとえば家族、恋人、友人などの古い写真を見たときに、そこに写っているのが本人だとはにわかには信じられないときがある。たしかに顔立ちや姿勢など、部分的にはその人のよく知っている特徴が見出せる。しかし全体を見るとどこかちぐはぐで、まるで知らない人がポーズを取っているかのようである。

ロラン・バルト（Roland Barthes, 1915-80）は『明るい部屋』（一九八〇）で、写真の持つこうした不思議な効果について語っている。愛する母の死後、その写真を整理しながら作者はつぶやく。「これは母ではない」と。どうしてもそこに優しかった母の面影を認めることができないのだ。ところがある一枚の古い写真、それは温室の中で兄とたたずむ少女を写したセピア色の一葉であるが、それを目にしたとき、母の実体は一挙に甦る。その写真の中で少女が見せている顔の明るさや無邪気なポーズが、まるで閃光のように彼の記憶に母そのものを現前させるのである。ときとして写真はこのように見る者の体を刺し貫くかのような鋭さを持つことがある。その力のことをバルトは「プンクトゥム」（刺し傷）と名づけている。

図1　ロラン・バルト

黎明期の写真

写真術の起源は一八三九年にフランス人のダゲール（Louis Daguerre, 1787-1851）

こうして彼女が亡くなったばかりのアパルトマンで，私はひとりランプの下で母の写真を眺めていた。母とともに私は少しずつ時を遡り，自分が愛していたあの顔の真実を探し求めていた。そしてついに私はそれを見つけた。

写真は非常に古かった。厚紙で表製本されていたが，角はすり切れ，色あせたセピア色で，かろうじて二人の幼い子どもが立っているのが見分けられた。ガラス張りの天井の温室の中，二人は木でできた小さな橋のたもとに並んで立っていた。母は当時（1898年）5歳，母の兄は7歳だった。[……]

私は少女を見つめた。そしてついに母を見出したのだ。

（ロラン・バルト　『明るい部屋』）

が考案したダゲレオタイプ（銀板写真）にさかのぼる。銀メッキを施した銅板をカメラ・オブスクラ（光学装置）に装着し、露光した後に取り出して水銀蒸気で現像する。そうすると銀板の上に細部まできれいに再現された被写体のイメージが浮かび上がる。その画像の正確さ、またデッサンや絵画に比べた際の作業時間の短さは、人々のものの見方に大きな変革をもたらした。そこに映し出されたイメージは唯一無二のものであり、誰が見ても同一のものとして知覚されるからだ。

その特性を生かすため、写真術はまず二つの方向で利用される。一つがポートレートである。自分が人からどのように見られているのかは誰もが気になるところである。それまでは自分の外見を知るには、鏡を見るか、あるいは肖像画家に仕事を依頼するよりなかった。ダゲレオタイプは手軽にこの願望をかなえてくれる。こうして肖像写真は大流行を見せ、一八四〇年代初めのパリには一〇軒程度だった写真館の数は一〇年で五倍に増える。この時期の特筆すべき肖像写真家としてナダール（Félix Nadar, 1820-1910）の名を忘れてはならない。サン＝ラザール街の小さなスタジオで彼が撮影したモデルの中には、詩人ボードレール、画家のドラクロワ、作曲家ベルリオーズなど数多くの同時代の著名人が含まれる。またナダールは気球に乗って人類初の空中撮影を行ったことでも知られている。

写真はまた旅行者や探検家からも好んで利用された。一八四九年、友人フロベールと近東を旅した作家マクシム・デュ・カン（Maxime Du Camps, 1822-94）は機材一式を持参して、エジプトやパレスチナで遺跡やレリーフの撮影を行っている。帰国後に彼が発表したオリエント写真集は大評判となった。これより人々は写真機を

図２　気球に乗るナダール

図３　アジェ「屑拾い」

携えて旅行に出かけるようになり、アフリカやインド、さらには中国、日本などから貴重なイメージが次々ともたらされる。首からカメラをさげた現代の海外旅行客の姿はこの時期に起源を持つのである。

記録か、それとも芸術か

写真は単なる記録媒体にすぎないのか、それともそれは芸術作品の高みに昇りうるのか。こうした議論は写真術の発明当初からあった。フランス写真協会の前身であるエリオグラフィー協会は一八五一年に創立されたが、その創設メンバーに画家のドラクロワ（Eugène Delacroix, 1798-1863）の名前が見える。彼は写真術に強い興味を持ち、写真家デュリュの協力を得てヌード写真の習作を制作している。また一八五九年には初めて官展《サロン》と合同の写真展が開かれるなど、写真を絵画に近づけようとする機運は次第に盛り上がっていく。このような流れに冷や水を浴びせかけたのが、詩人ボードレールである。詩人は、自然を正確に再現すればそれで芸術になるという考えを真っ向から否定する。そして写真術は「フランスの芸術的天才を貧困化するのに大いに貢献した」と批判し、写真はその本来の義務である「諸科学、諸芸術のはしため」の立場に戻らなければならないと主張する。一九世紀を通じて写真は記録と芸術の間を行き来し、その位置はなかなか定まらない。

二〇世紀に入るとフランスは「ベル・エポック」と呼ばれる未曾有の繁栄の時代を迎える。首都パリでは、科学と経済の発展に支えられた華やかな生活が繰り広げられる。その傍らで、一人の写真家が今まさに消え去ろうとする古いパリや郊外の

図４　ドワノー「パリ市庁舎前のキス」（1950年）

風景に目を向けている。近代写真の父と称されるウジェーヌ・アジェ（Eugène Atget, 1857-1927）である。アジェは古い町並みや馬車といった前時代の事物、あるいは娼婦、傘売り、研ぎ師、屑拾いといった社会の底辺で暮らす人々の姿を写真に収めた。静謐な神秘性をたたえたそれらの写真は、後にヴァルター・ベンヤミンによって「シュルレアリスム写真の先駆」と評される。アジェはパリを歩き回り、人々が見向きもしないありふれた日常にカメラを向ける。その身振りは皮肉にも、かつて「屑拾いの酒」という詩を書いたボードレールのものと重なる。写真はここに来てついに芸術の領域に入ったかに見える。しかしアジェ自身は後にマン・レイに向かって「私の写真はアートではなく記録です」と言ったと伝えられている。

一九八〇年代に入ると写真は大量生産・消費の時代を迎える。パリの街角や恋人たちをスナップしたポストカードが観光名所の円筒形の回転棚に所狭しと並ぶようになるのである。中でも有名なのがロベール・ドワノー（Robert Doisneau, 1912-94）の「パリ市庁舎前のキス」である。これはもともとアメリカの写真誌『ライフ』に載ったものだが、雑踏の中ふたりの男女が熱い抱擁を交わす姿は、パリにまつわるある種の紋切り型と結びついて世界中に広まっていく。写真が有名になるにつれてモデル論議も盛んになる。何組ものカップルが自分たちこそ被写体であると名乗り出てくる。さらには肖像権を主張してドワノーを訴える者まで現れる始末である。真相はといえば、これは写真家がモデルにポーズを取ってもらって撮影した一枚である。恋人たちの熱いキスは何と演出だったのである。

（畑浩一郎）

28

映画——ヌーヴェル・ヴァーグと「フランス映画的なもの」

図1　トリュフォー『大人は判ってくれない』

図２　『勝手にしやがれ』のラストシーンが撮影されたカンパーニュ＝プルミエール通り

「フランス映画」と「フランス映画的なもの」

「フランス映画」といってどんな映画が連想されるだろうか。パリの人々のちょっとコミカルでオシャレな日常が描かれた『アメリ』だろうか。スタイリッシュな映像に溢れた『汚れた血』だろうか。『男と女』や『禁じられた遊び』を音楽とともに思い浮かべるだろうか。それとも、独特の詩的雰囲気が漂う『巴里祭』だろうか。

「フランス映画」から連想される映画はさまざまである。したがって、「フランス映画とは何か」を明確に定義するのは難しい。むしろ不可能かもしれない。しかしそれでも、「フランス映画」を象徴する文化的概念は少なくとも一つ挙げられる。それは「新しい波」を意味するフランス語で呼ばれ、世界の映画界に大きな影響を与えたフランス発の潮流「ヌーヴェル・ヴァーグ」である。ここでは、この動きを中心に「フランス映画的なもの」の変遷を考えてみたい。

ヌーヴェル・ヴァーグの「新しさ」

「ヌーヴェル・ヴァーグ（以下、NVと略記）」とは、大手映画製作会社による大規模な分業スタジオ制作が全盛の一九五〇年代末から六〇年代当時に、フランスの若い映画狂《シネフィル》たちが、即興演出やロケーション撮影を重視した「新しい」手法によって映画制作に参入して生まれた映画運動である。この中で、シャブロル（Claude

図３　『巴里祭』におけるセットでの撮影風景

フランスのアイデンティティ／映画《シネマ》のアイデンティティ／ヌーヴェル・ヴァーグのアイデンティティ
（ゴダール『映画史』「第６章＝3B 新たな波」より）

Chabrol, 1930–2010）の『いとこ同士』、トリュフォー（François Truffaut, 1932–84）の『大人は判ってくれない』、ロメール（Eric Rohmer, 1920–2010）の『獅子座』などの一連の映画が制作・公開された一九五九年がＮＶ元年とされている。

　ＮＶの記念碑的作品として特に名高いのが、一九五九年に制作され六〇年に公開されたゴダール（Jean-Luc Godard, 1930–）の『勝手にしやがれ』である。シナリオに縛られず現場でのメモや口伝えによる指示で俳優を演技させる即興演出や、軽量手持ちカメラと高感度フィルムによる街中でのロケーション撮影といったＮＶに共通の手法による活き活きとした映像とともに、上映時間を縮めようと多くのショットを少しずつ切り詰めて編集したために生じたカットの飛躍や「つなぎ間違い」のような印象が生み出す独特のリズム、スピード感がこの映画の魅力を大いに高めている。

　ＮＶの「新しさ」は即興演出やロケ撮影、編集技法など、手法的な新しさだけではない。ＮＶを牽引した若い映画作家たちは、映画製作会社という組織に身を置きつつ助監督などの下積みを経て作品を監督するという映画界における従来のコースを経ずに、いきなり監督としてデビューするという点でも「新しい」映画の文化の中から生まれた。ＮＶの流れの中でデビューした映画作家の多くは、シネマテークに通う映画狂《シネフィル》や映画批評家として、文字通り寝食を忘れて浴びるように映画を観ていた若者たちである。その中の一人、トリュフォーが、映画批評誌『カイエ・デュ・シネマ』一九五四年一月号で「フランス映画のある種の傾向」という論考を発表する。この文章は後にＮＶの出現に先立つ宣言文と見なされるものだが、トリュフォーはこの中で、「良質の伝統」と呼ばれた当時のフランス映画の主流に対し全

この覚書の目的は，フランス映画のある種の傾向―「心理的リアリズム」と呼ばれる傾向―を明確に示し，その限界を素描しようとするものであり，それ以上のものではない。
（トリュフォー
「フランス映画のある種の傾向」）

図4　ヴィゴ『アタラント号』

否定といっていい程激しい批判を加える。

ヌーヴェル・ヴァーグが否定したもの——フランス映画の良質の伝統

トリュフォーが批判した「フランス映画の良質の伝統」とはどのようなものか。フランス映画は、一八九五年におけるリュミエール兄弟によるシネマトグラフの発明以来の歴史を持っている。トリック撮影を導入し観客を驚かせたメリエス（Georges Méliès, 1861-1938）。珍奇な見世物だった映画に演劇性や文学性を持ち込み芸術表現にまで高めたフィルム・ダール社のスタイル。『鉄路の白薔薇』のガンス（Abel Gance, 1889-1981）に代表されるフランス印象派は、映画固有の表現技法を追求することによってその芸術性を高めようとした。そして、一九三〇年代、トーキー時代の到来によって、スタジオで大型セットを用いた撮影が行われるようになると、セットの遠近の歪みから現実と非現実が微妙に混在した独特の雰囲気が映像に漂い始める。この「詩的レアリスム」と呼ばれる映像美学は、『巴里の屋根の下』や『巴里祭』のクレール（René Clair, 1898-1981）が出発点とされる。

戦後、「詩的レアリスム」はフランス映画の主流となり「フランス映画の良質の伝統」と見なされるようになるが、その流れの中で映画における脚本の優位性が高まり、脚本家が登場人物の心理や行動を思いのままに操る心理主義的傾向が強まった。トリュフォーは、先の論文で、戦後フランス映画のこの傾向を「心理的レアリスム」として激しく攻撃し「フランス映画の墓掘り人」と罵倒されることになる。「フランス映画の良質の伝統」を否定する一方で、トリュフォーらNVを牽引し

図５　ジュネ『アメリ』のカフェ「ドゥ・ムーラン」

図６　実際の「ドゥ・ムーラン」の風景と図５を比較するとCG処理（不要なものの消去など）によって映像が誇張されていることがわかる

た若者たちが積極的に肯定したのは、「良質の伝統」の枠に収まりきらなかったために評価されなかったヴィゴ（Jean Vigo, 1905-34）やルノワール（Jean Renoir, 1894-1979）ら「呪われた映画作家」の映画であり、大作の併映作として低予算・早撮りで製作されたB級ハリウッド映画である。彼らは、これらの映画を、脚本家でなく映画作家の映画と賞賛する。ようするに、NVは、「良質の伝統」に連なる当時の「正統的」フランス映画を激しく批判しつつ、フランス映画の異端やアメリカの娯楽映画を賞賛する「反フランス映画的なもの」だったのだ。

ヌーヴェル・ヴァーグ以降、そして現在

こうして「反フランス映画的」美学を掲げて出発したNVは、世界に大きな衝撃とともに受け入れられると同時にフランス映画文化の中にも受け入れられ、「フランス映画」を象徴する新たな「フランス映画的なもの」として流通していった。他方で、NVに対する批判的な流れも現れた。『ポンヌフの恋人』のカラックス（Leos Carax, 1960-）や『アメリ』のジュネ（Jean-Pierre Jeunet, 1953-）ら一九八〇年代以降に登場した映画作家は、BD（フランス語圏のマンガ）の影響が色濃く現れた装飾的映像美学で、現実性を重視するNVとは一線を画している。しかし、彼らのNVに対する批判的な美学は、NVが先行する「良質の伝統」を拒否したのとは異なり、NVを批判的に継承するものだといえる。「NVの批判的継承者」の世代は、ベッソン（Luc Besson, 1959-）やジュネのようにハリウッドとも積極的に関わりつつ、NVから継承する「フランス映画的なもの」を世界に示し続けている。（菊池哲彦）

Column 3

街角の芸術家たち

パリの街角では、楽器の演奏やパントマイム、銅像のようにじっと動かない人をよく見かける。これら大道芸のことをフランス語では路上演劇、あるいは路上スペクタクルと呼ぶ。また、フランス人にとって、街角のオルガン弾きは子ども時代を思い出す懐かしい存在である。手回しオルガンの箱には自動演奏の打楽器がついているものや音楽に合わせてからくり人形が動き出すものなどがあり、子どもたちはわくわくして見物する。

中世の動物遣いや曲芸師が起源である見世物は、縁日や定期市など、多くの露天が集まる場所で発展した。サン＝ジェルマンのような大規模な市《いち》では、芝居小屋やお化け屋敷などが仮設され、曲芸師や軽業師に混じって客寄せ道化も登場した。

その一方で、町中を巻き込む見世物も古くから存在した。祭りのパレードや、国王が入城する際の分列行進がそのルーツであるが、大きな市がフランス各地に立つようになると、旅芸人たちが協力して、ダンスやパレード、さらには移動遊園地などのアトラクションが催されるようになる。これが「市の祭り」である。

現在、路上スペクタクルは、個人技を追求したものと集団で行う大掛かりなものに大別される。前者には、ジャグラー、アクロバット、手品、パントマイム、詩の朗読、ショート・コント、マリオネットなどがあり、週末ともなれば、パリのポンピドゥー・センターなどの広場では大道芸人たちの競演が繰り広げられている。

『巨大な少女』

また、後者には、町中を巻き込む術を競い合うカンパニーが多数存在する。どれもみな、日常の風景を幻想の世界に塗り替えようと工夫に余念がない。たとえば、ロワイヤル・ド・リュクスの『巨大な少女』（二〇〇五）。これは十数メートルもの操り人形が突然町に現れるというスペクタクルで、その光景は圧巻である。フランスでは路上スペクタクルへの公的助成も積極的で、一〇〇を超えるフェスティヴァルが毎年開催されている。

（高橋信良）

第4章

生活という名の文化

カフェテラスの人々

生活を楽しむ

フランス人は生活を楽しむことにかけて貪欲である。そのことはまず、時間の使い方にあらわれる。一週間の労働時間は三五時間、夏には三、四週間に及ぶ長いヴァカンスを取り、思い思いの時間を過ごす。仕事のために生活を犠牲にするという発想は、少なくとも一般人には存在しないと言っても過言ではないだろう。日常の生活においても、おいしい料理をワインやチーズとともに時間をかけて味わい、友だちとカフェに集ってしゃべる。おしゃれもまた、生活の一部だ。高価なものを買うばかりでなく、何でもないものをうまく組み合わせて斬新に着こなしたり、古着を自分流にアレンジしたり、といった個性的なおしゃれを楽しむ。美食やワイン、モードは、フランス人の生活を彩るばかりでなく、それぞれが芸術の域に達し、奥深い一つの文化として世界中に広まっている。ドイツの批評家クルチウスは『フランス文化論』の中で、フランスにおける文化概念は「生活の全部を包括する」と述べている。彼によればフランスでは、食事、流行、礼儀作法、会話、社交、もののの書き方といった日常生活の要素すべてが、「文明の光栄を分かつ」。しかもそれらは、教養を持つ一部の人々の特権ではなく、「何人もこれを享受し得、何人も参与し得る」ものなのだという。まさに、生活を楽しむことは、貧富や教養のあり方にかかわらずあらゆるフランス人が日々享受する文化なのである。

フランスという土地への愛着

フランスの豊かな生活文化は、フランスの国土に対する人々の強い愛着と深く結びついている。中世以来、フランス人は自身の国を「うまし国フランス」と呼んで礼賛してきた。一六世紀の詩人ロンサールも、「他国に旅などせずとも、よいものはみなここで生み出される。小麦もワインも、森も、牧場も」と、フランスの豊かさを謳っている。多彩な名物料理も、香り高いワインもチーズも、まさにその豊かな国土から生み出され、長い歴史の中で人々の手によって育まれたものだ。それは、世界で注目されるフランスの服飾品についても言える。それらは、長い歴史をかけて各地で人々に受け継がれてきた手仕事の伝統に支えられている。つまり、フランス人の生活を彩るものたちは、土地に根差し、時間が醸成した究極のスローカルチャーの果実なのである。

ただ、そのフランスにもグローバル化の波が押し寄せている。街には万国共通のファストフード店が並び、かつて独特の魅力にあふれていたモードも世界に広がり、フランス本国と同じ品物が世界中のどこでも買える。迅速かつ均一な生活形態が少しずつフランスを浸食しているのだ。しかし、こんなエピソードもある。さまざまな冷凍の料理を即座に温めて提供するレストランがパリの街角にできるというニュースがテレビで報じられていたことがある。それなりにおいしい料理をどれも均一な品質で安価かつスピーディーに味わえることの便利さは確かにある。しかし、街角でインタビューを受けた紳士は、憮然として言った――「そんな料理を食べるぐらいなら私はパンとリンゴを買ってかじるよ。」こんな反骨精神を支えるのは、土地に根差した生活文化の力にほかならない。

祝祭日から見る文化と歴史

日本においてもっとも重視される休日は正月だが、フランスの新年は、かなり殺風景だ。元日は休みになるものの、次の二日からは平常どおりの勤務や授業となる。フランス人にとってより重要なのはクリスマスである。家族が集まり御馳走を囲むのもこの日で、街では日本の正月支度に似た風景が繰り広げられる。フォワグラなどの豪華な食材がスーパーでも山積みになり、子どもへのプレゼント用のおもちゃ類が売れるのもこの時期だ。しかし周知のとおり、クリスマスの重要性は、その宗教的意味に見出される。フランスでは政教分離が徹底されている。しかし、国中の教会でキリストの生誕を記念するミサが開かれるイヴの夜の様を見るにつけ、この国がカトリックの国なのだということをあらためて認識させられる。このほか三月末から四月中旬にかけての復活祭、五月下旬から六月上旬にかけての聖霊降臨祭、八月一五日の聖母被昇天祭などと、フランスの祝祭日においてはカトリックの伝統が重要な位置を占めている。一方、一一月一日の諸聖人の祝日は日本の彼岸に似て人々が墓参りに行く日であるが、その伝統はケルトから来たものであると言われている。

他方、フランスは、一七八九年の革命が勃発した七月一四日を国家記念日と定めている。このことは、革命が近代国家としてのフランスの出発点として広く国民に認識されていることを如実に示している。労働者の権利の主張と連帯を確認する五月一日のメーデーが休日となっていることも、その理念と無関係ではないだろう。さらにつけ加えれば、フランスでは五月八日の第二次世界大戦戦勝記念日、一一月一一日の第一次世界大戦停戦記念日が祝日と定められている。

このように一年の祝祭日からはフランスの伝統文化と歴史・政治意識が垣間見えるのである。

（朝比奈美知子）

29 グルメ——美食を究める

図1　パリ市庁舎で催されたルイ14世の晩餐（1688年）

図2　パリ2つ星レストランのテーブルセッティング

ヨーロッパの外交料理

「食堂には山海の珍味を並べて、いかなる西洋嫌いも口腹に攘夷の念はない、みな喜んでこれを味わう」（『福翁自伝』）。これは、幕府の使節団が宿泊したパリのルーヴル・ホテルの食事風景である。一行には通訳として福沢諭吉が参加した。時は文久二年（一八六二）、日本では坂本龍馬が土佐藩を脱藩、尊王攘夷の嵐が吹き荒れているさなかのこと。豪華なホテルでサムライたちが食べたフランス料理は、当時、ヨーロッパ上流社会を代表する第一級の料理だった。

一七世紀後半、フランス料理が成立すると、ヴェルサイユ宮殿の発信する文化や芸術、モードと同じように、西欧諸国の王侯貴族に取り入れられ、晩餐会の料理として、ひいては上流社会の料理としてヨーロッパ世界に普及していった。英国の農学者、アーサー・ヤング（Arthur Young, 1741-1820）は、著書『フランス紀行』（一七九二）の中で、「おいしい料理を食べられる余裕のあるヨーロッパ人なら誰でも、フランス人の料理人を雇っておくか、フランス料理を習った料理人を雇っている」と、証言している。

一八七三年以降、わが国の宮中晩餐会の正式なメニューはフランス料理になった。幕末から明治維新にかけて富国強兵を急いだ日本が、フランス料理を外国の賓客のための接待料理として選んだのは、フランス料理が列強ナンバーワンの外交料理だ

図3　19世紀後半のフランスの高級料理

ったからである。フランス料理は高級料理（haute cuisine）、伝統料理（cuisine traditionnelle）、地方料理（cuisine régionale）、農民料理（cuisine paysanne）の四つに大別できるが、サムライたちが食べたのは当時の高級料理。そのため、日本にはよそいきのフランス料理が最初に導入された。フランス料理のイメージが結婚式やお祝い・記念行事などのハレの日の料理に結びつくのはこのためである。

フランス料理のはじまりとフォーク

料理書が初めてフランス語で書かれたのは一四世紀、日本では鎌倉・室町時代の頃である。『ヴィアンディエ（料理人の書）』という手稿本で、著者はシャルル五世・六世の宮廷料理長だったタイユヴァン（Taillevent, 1310?-95）。だが、一七世紀まで、ヨーロッパの王侯貴族の食事は似通っていたため、本来の意味でのフランス料理のレシピが登場するのは、ルイ一四世（1638-1715）治下に出版された『フランスの料理人』（ラ・ヴァレンヌ著、一六五一）を待たねばならない。この偉大な世紀の宴の様子は、ローランド・ジョフィ監督の英仏映画『宮廷料理人ヴァテール』（二〇〇〇）が見事に描いている。その特徴は、秩序だったサービスに荘麗な料理が左右対称に並べられた食卓、何よりも視覚効果が重要視されることだった。また、太陽王はフォークを使わず指で食べることが多かったが、一七世紀、フォークはすでにフランスの上流社会に広まっていた。その契機をもたらしたのは、一五三三年、フランソワ一世の二男（後のアンリ二世）に嫁いだメディチ家のカトリーヌ・ド・メディシスといわれている。だが、食具としてのフォークをフランス宮廷に広めたの

美食術は人生すべてを支配する。

ひとは生まれてすぐより，母の乳欲しさに泣き，死に瀕してもなお，哀れにももう消化する力もないというのに，最後のひと匙を小さな歓びを感じつつ口に運ぶ。

美食術はまた，社会のあらゆる階層において必要とされる。

王侯たちが出席する饗宴を催すのにも，ちょうどいい固さのゆで卵を作るのに火入れ時間を計算するにしても，美食術のお世話にならなければならないのである。

（ブリヤ＝サヴァラン『味覚の生理学』　＊邦題『美味礼讃』）

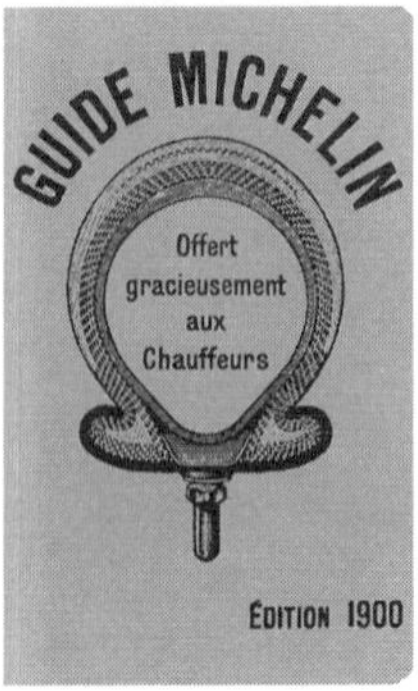

図 4 「ミシュランガイド」創刊版のレプリカ

は、その息子のアンリ三世との見方もある。一五七四年、アンリ三世がヴェネチアの宮廷でフォークを見て、流行の大きな襟飾りを汚さなくてすむと使い始めたのがきっかけだという。カトリーヌが広めたとすれば、それはデザート用だったという説がフランスでは有力だ。いずれにせよ、フォークは東方文化の玄関口だったイタリアからヨーロッパ諸国にもたらされたが、宗教やモラル、習慣の問題があり直線的に広がることはなく、ヨーロッパ中に広まるまでには長い時間がかかった。

レストラン誕生とメディアの時代

「レストラン」は一八世紀後半のパリで誕生した。そもそもレストランとは料理の名前で、滋養に富むスープを指した。その「元気回復」スープを食べさせる店が、レストランの元祖だ。それまでに居酒屋《タヴェルヌ》や旅籠《オーベルジュ》などの食べ物を提供する場はあったが、食事時間は定められ、見知らぬ者同士が座る定食用テーブルに変わり映えしない料理、安価ではあったが衛生状態も悪かった。それに対し、清潔さと居心地のよさ、上質な食材を売りにするレストランでは、客は自由な時間に個別のテーブルで、自分の注文した料理を食べる。高額とはいえ人気を博したのだった。革命（一七八九）後、亡命貴族のお抱え料理人が次々と独立し、一九世紀前半には国際都市パリにレストランが五〇〇軒ほどできたという。まさに美食の民主主義がここに始まったのである。裕福な外国人やエリート市民にまだ見ぬ美食世界の道案内をしたのが、ブリヤ＝サヴァラン（1755-1826）や、美食ガイドの先駆者の一人であるグリモ・ド・ラ・レニエール（1758-1837）などの食通たちの著作だった。また、小

図6　3つ星レストラン「ミシェル・ブラス」の創造的な料理

図5　これから切り分ける肥鶏のマスタード風味

説にも有名レストランが頻繁に登場し、「カフェ・アングレ」の伝説のシェフ、デュグレレ（Dugléré, 1805-84）は、死亡するやパリの新聞がこぞって賛辞を贈った。

二〇世紀に入ると、上流社会を中心に観光ブームが訪れる。温泉場や海辺に豪華ホテルが建てられ、ホテル王、セザール・リッツと出会ったエスコフィエ（Escoffier, 1846-1935）は、セザールのホテル事業のパートナーとなった。エスコフィエは、一九世紀に黄金時代を迎えたフランス古典料理を近代化、集大成し、その抜群の組織運営力でホテルの開業や厨房を仕切った。日本の老舗ホテルのフランス料理は、ほとんどエスコフィエの料理が基礎になっている。

二〇〇七年、『ミシュランガイド東京 2008』が日本で初めて刊行された。フランスのタイヤ会社「ミシュラン」が、快適なドライブを顧客に楽しんでもらおうと一九〇〇年に創刊した赤色のガイドだ。一九二六年よりレストラン格付けの「星」がつくが、最初は一つ星のみだった。一九六〇年代後半より、美食が産業化され大衆化すると、ライバル『ゴ・エ・ミヨ』（一九七二）をはじめとして多くのガイド本が創刊。新聞・雑誌の食評論などもこぞって美食案内をした。フランスでいちばん権威のある「ミシュラン」の星の獲得は、レストランが世界で成功する鍵だった。だが、その調査が、覆面で、実態が明かされないとなると、影響力が大きいだけに、レストランの経営者には諸刃の剣だ。星を維持するのは、過酷なレースを一生続けるのに等しい。鬱病になったり、自殺するシェフ、星を返上したり、取材を拒否するシェフもいる。しかし、その厳しさゆえに、フランス料理は三〇〇年以上も、そのブランド力を維持してこられたのである。

（岡元麻理恵）

30 ワイン——ロマネ＝コンティをどうぞ

今日，あたり一面がきらきら輝いている！
轡《くつわ》も，拍車も，手綱もないけど
いざ，往かん。葡萄酒の背にまたがって
夢のごとく神々しき天空へ！

熱に冒されふらふらになった
二人づれの天使みたいに
朝の透明な瑠璃色のなか
はるか遠くの蜃気楼を追いかけよう！

ものわかりのいい竜巻の
翼に乗ってふわふわ揺られ
二人そろって夢心地

恋人よ，からだを寄せあい泳ぎながら
ずっとこのまま逃げていこうよ
ぼくのすてきな天国にむかって！

（ボードレール「恋人たちの酒」，『悪の華』所収）

ワインは神話的な飲みもの

ワインは酔うために飲む酒ではない。フランスにおけるワインは、「トーテム的飲料」（boisson-totem）であり、それはオランダの牛乳や、英国王室が儀式的に飲む紅茶にあたる（『神話作用』）——このように主張するのは、フランスの批評家、ロラン・バルト（Roland Barthes, 1915-80）である。

たしかに、フランス人はワインを単なるアルコール飲料ではなく、食事とともに楽しむ特別な「飲みもの」と考えている。カクテルのように一、二杯飲んでおしまいというのではなく、まずワインの色を見て、鼻をグラスに近づけ、香りを確かめる。じっくりと味わいながら、料理との相性を評価しつつ、食事と共に飲むのが作法だ。食卓の主役にはならないが、なくてはならない神話的な存在なのである。二〇世紀後半より、フランス人のワイン消費量は今や半分以下だが、年間の一人あたりの消費量は米国に次いで世界一、二を争う（約四四リットル、二〇二〇年）。年間ボトル四本分ほど飲むようになった日本人のおよそ一一倍になる。

ソムリエは毒見役だった!?

フランスの国酒、ワインをレストランで給仕してくれるのが、おなじみの「ソムリエ」（sommelier）。荷物を運ぶ家畜を意味する「ソミエ」（sommier）が語源とされ

図1　15世紀の給仕の様子

図2　レストランのソムリエ

る。一四世紀、ソムリエという語には二通りの意味が派生した。一つは宮廷が移動するときの長持ちの運搬役、もう一つは修道院などの共同体で、布類や食器類、食糧、ワインなどの管理をする係りだ。その後、後者の意味が生き残り、ソムリエは王侯貴族の館で、食に関する物資の管理役になった。だが、ソムリエはまだワインの給仕役ではない。やんごとなき人々にワインを注ぐのは、八世紀以来、エシャンソン（échanson）と決まっていた。たとえば、一五世紀。栄華を極めたブルゴーニュ公家では、エシャンソンは貴族の子弟たちで構成され、酌をするだけではなく、二回の毒見（最初はソムリエにさせる）をし、大公の好みに合わせてワインの水割りを作った。毒殺の恐怖が身近にあり、公式の場ではすべてが儀式化されていた封建時代、現在のように落ち着いてワインを飲んではいられなかっただろう。われらがソムリエが登場するのは、革命（一七八九）後、ブルジョワが台頭し、レストラン文化が花開いてからである。ただし、まとまった数のソムリエが本格的にワインサービスの技術を磨き、知識を身につけるのは、二〇世紀になってから。戦前、ほとんどのワインは樽でレストランに納入されたため、ソムリエは地下酒倉《カーヴ》で瓶詰めもしなければならなかった。また、今では考えられないが、樽中のワインの劣化を予防したり、病気になったワインを治すのもソムリエの仕事だった。一九六九年、ブリュッセルで国際ソムリエ協会によるコンクールが開催された。その後まもなく、ソムリエの業界誌やワインの専門誌が出版され始めた。一九九〇年代のワインブームにのり、ソムリエという職業が脚光を浴びるようになると、コンサルタントやビジネスマンとして、国内外で数多くのソムリエたちが活躍するようになった。

図３　ローヌ地方のブドウの古樹と大きな丸石

ワイン王国フランス

ワインの歴史は八〇〇〇年といわれている。ワイン造りがフランスにもたらされたのは、紀元前一二〇〇年頃。ローマの植民都市がナルボンヌ（南西部）に建設された頃だ。ローマ軍の進軍にともないブドウ栽培がフランス内陸部に広まっていった。温暖な気候と、多彩な地形や土壌に恵まれたフランスは、まさに「神々に祝福された」土地だった。海洋性、大陸性、地中海性の三つの気候は、温暖な中でも微妙に大きな違いを生み、多種多様なワインを生む素地になっている。

名実ともにワイン大国のフランスは、兵庫県くらいの面積から、常に上位生産量（三位、二〇一二）と輸出額（一位、同年）を誇る。また、ロマネ＝コンティやモンラッシェ、ペトリュス、ドン・ペリニョン、シャトー・ディケム、シャトー・マルゴーなど、挙げればきりがないほどのスターワイン群を抱え、それらがフランスワイン全体のブランド・イメージを上げるのに役立っている。だが、フランスワインのブランド力を底辺で支えているのは「品質」である。それを保証するのが、ＡＯＣ（原産地呼称認定：Appellation d'Origine Contrôlée）という制度(1)。一九三五年に発布され、世界が手本とする厳格なワイン法である。生産地域やブドウ品種、収穫量、アルコール度、栽培方法、醸造法などが事細かに決められ、最後に官能検査にパスして初めて、ＡＯＣ、あるいは、「Appellation（原産地名）Contrôlée」とラベルに表記できる。原産地名には、地方、地区、村、畑まで表示でき（ボルドー地方は村名まで）、表示区域が狭くなればなるほど、基本的にその土地ならではの個性がワインを通して濃厚に表現される仕組みになっている。貴重な情報が詰まっているラベルは、ワ

(1)　EUの新ワイン法（2008年８月１日付）により，フランスワインの分類が2009年ヴィンテージからAOCは，AOP（Appellation d'Origine Protégée）「原産地名称保護」，ヴァン・ド・ペイ（Vins de Pays）はIGP（Indication Géographique）「地理的表示保護」，ヴァン・ド・ターブル（Vins de Table）はVins sans IG「地理的表示なしのワイン」に徐々に移行する。ただし，AOCの表記は残すことができる。

図4　ブルゴーニュ地方の18世紀から続くカーヴ

図5　向かって右からボルドー，ブルゴーニュ，アルザス瓶

インの履歴書であり、究極のトレーサビリティー（生産履歴制度）表示でもある。

フランスワインは郷土の味

フランスには一〇の代表的なワイン産地があり、その土地ならではの特徴的なワインを産出している。人気を二分するのが、ボルドー地方（大西洋側）とブルゴーニュ地方（内陸部）。この二大産地の主要なブドウ品種が、大成功を博したアメリカやチリ、オーストラリアなどの新世界の品種名ワイン（vins de cépage）の元になっている。ロマネ＝コンティを筆頭にブルゴーニュの偉大な赤ワインを生むピノ・ノワール（Pinot Noir）や世界一の辛口白ワインを生むシャルドネ（Chardonnay）。ボルドー地方の秀逸な赤ワイン品種であるカベルネ・ソーヴィニョン（Cabernet Sauvignon）とメルロー（Merlot）。これらは世界品種と呼ばれている。最北端に位置する世界最高の発泡酒の産地、シャンパーニュ地方も、ブルゴーニュ地方同様、シャルドネとピノ・ノワールが主要品種である。また、北東部に位置するアルザス地方は、フルート型のボトルで知られる。白ワインが圧倒的に多く、リースリング（Riesling）やゲヴュルツトラミネール（Gewurztraminer）などの品種名をラベルに表記するのが一般的だ。そして、最近成長著しいのが有機ワイン。まだ有機ブドウの畑が全体の一四パーセントほどしかないが、実は、我らがロマネコンティや白ワインの貴族コント・ラフォン、ボルドーの五大シャトーの中でも特に評判の高いシャトー・ラトゥール、夢のシャンパン「クリスタル」などの華麗なワインも究極の有機農法であるビオディナミをすでに実施中なのである。

（岡元麻理恵）

31 ファッション——おしゃれは時代の風

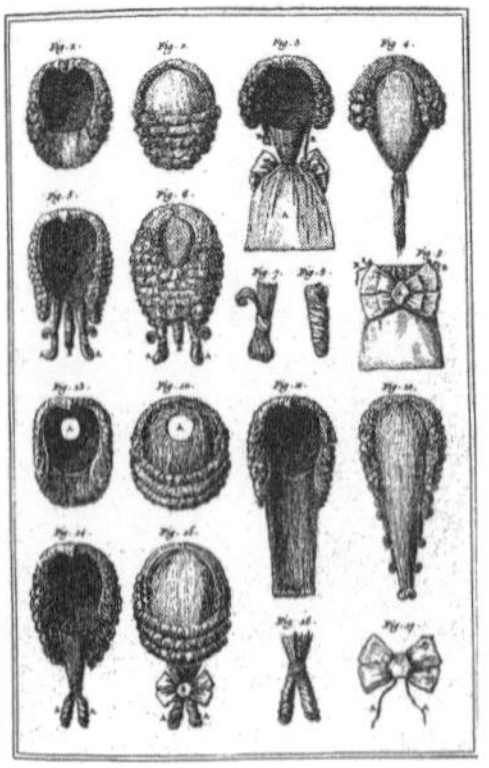

図１　『百科全書』より「かつら」

図２　高い髪形の風刺

男の方がおしゃれだった一八世紀まで

フィリップ善良公が黒服を好んだのは暗殺された父親への弔意から、アンリ三世の場合は当時流行の青白い顔を引き立たせるため、また聖職者（赤）に対する王権の独立を表すために黒を好む者たちもいた。そんな王侯のこだわりが次々と流行を生み出した宮廷社会。三〇着近い服を毎日着替えないと裕福とは見なされなかったという。薄毛と低身長に悩むルイ一四世は豪奢に波打つかつらの着用を思いつき、以後宮廷では白かつらが大流行する。王は常時四〇人以上の専属かつら師を雇っており、彼らは最高級の芸術家として遇された。真似をしたいが高価な人毛の白かつらを買う余裕のない貴族たちはこぞって小麦粉を頭に振りかけたため、それがパリのパン不足を引き起こしたといわれるほどだ。服飾とは目に見える権力であり、理念やステータスの象徴だったからこそ、男たちはおしゃれに励んだのだ。

コルセットからギャルソンヌ・スタイルまで

フランスのエレガンスはヨーロッパのファッションをけん引し続けた。女性のファッションリーダーといえば宮廷のトップレディーたちだろう。マリ＝アントワネットは高く結いあげた髪形を流行らせ、フランス軍が活躍したアメリカ独立戦争の戦勝記念として「軍艦」を頭上に載せたこともある。いわゆる「お姫様ドレス」は

図3　シャネルスーツ（1935年）

まずは技の限りを尽くしてみるの。もしあたしに飛行機を作らせたら，最初は美しすぎる飛行機を作ってしまうことでしょうね。その後に，余計なものを切り落としてゆくのよ。美しいものから出発して，その後，シンプルなもの，実用的なもの，手頃なものに降りていく。すばらしく見事に作られたドレスから始めて，既製服に到達する。ただ，その反対はありえないわ。だからモードは街中に降りていくことで自然死しているようなものなのよ。

（モラン『シャネル』，シャネル自身の言葉）

革命前の貴婦人の衣装で、たっぷりリボンをあしらったピンクの花柄ドレスを流行させたのはルイ一五世の公妾ポンパドゥール夫人だ。

外見は華やかなドレスだが、その下には窮屈なコルセットを着用しないといけない。ウエスト四〇センチの女性もいたと言われ、締めつけすぎて気絶してしまう人も後を断たなかった（それがまた「女らしい」と喜ばれた）。またナポレオン三世の皇后ウジェニー（Eugénie, 1826-1920）が妊娠中の体型を隠すために巨大なクリノリン（スカート枠）を用いたことから、ドレスの直径は一八六〇年頃に極大化し、転倒や暖炉の火によるやけどなどの事故も多発した。おしゃれは命がけだった！

技術と経済の発展にともなって、一九世紀の男性服は装飾性よりも活動性を重視する方向へと変化し、夜間の正装は黒のフロックへと画一化される。だが性的対象としての女性を飾る風潮は依然として続き、サロンや劇場に美しく着飾った妻と連れ立つことはカップル文化の基本だった。男は美から疎外され、女は美へと疎外される近代社会。だが、どうして女ばかりが窮屈な服装に耐えなければならないのだろう。二〇世紀には女性も運動や旅行の主体となり、さらに工員、売り子、タイピストなどとして職場進出を始める。ポワレ（Paul Poiret, 1879-1944）はキモノやギリシア風のドレスを発表してウエストの締めつけをなくし、人気を博した。帽子屋から成功を重ねていったシャネル（Coco Chanel, 1883-1971）は男物のツイードやニット素材を女性服に取り入れ、シャネルスーツなどの簡素で機能的なデザインを世に送り出した。裾を引きずっていたスカートが膝丈まで上がり、走ったり飛び跳ねたりできるようになったこと、それは当時としては革命的なことであり、まさに女

図４　カフェのモダンガールたち

図５　糸をつむぐ女たち

性を「見られるモノ」から「活動する主体」へと変貌させたのだった。経済力を持ち、自分らしいおしゃれを追及するモダンガールの登場である。一九二〇年代には「ギャルソンヌ」(garçonne, 男の子みたいな女の子）と呼ばれた短髪のボーイッシュな娘たちがシャツにネクタイをなびかせ、煙草をふかし、パリの街を闊歩した。

仕立てから既製服へ

糸を紡ぎ、機を織り、家族の服を縫うのは伝統的に女たちの仕事だった。専門の服作りの歴史は中世のギルドに遡り、本来は一人ひとりに合わせて「仕立て」られるものだった。一着を完成させるためには、デザインをするクチュリエ、パタンナー、お針子、さらには刺繍やレース職人などさまざまな人手を要する。だが革命後はギルドが廃止され、自由な服装や自由な服作り・販売が認められるようになった。一八二四年パリソーが古着よりは高いが仕立てよりは安い「でき合い」(confection）の服を売ることを思いつき、貧しい労働者階級はこれに飛びついた。五五年のパリ万博ではイギリス渡来のミシンが紹介され、縫製作業を迅速化するものとして期待を集めた。その一方で自分たちの職を奪う珍奇な機械に対して仕立労働者たちは猛反発して大騒ぎとなり、パリソー自身もミシンを地下に隠していたほどだった。また、わかりやすいイメージを提示して消費者の購買欲をそそるためにモード雑誌や通販カタログも早くから普及した。ただし日本人のように雑誌の真似に終始するのではなくて、古着をリメイクしたり小物（ビーズやボタン）にこだわったりして自分だけのおしゃれを楽しみ、絶対に人と同じ格好をしないのがフランス

図6　ヴィオネのドレス（1938年）

図7　ディオールの「ニュールック」（1947年）

式なのだ。

オートクチュールとプレタポルテ、そしてパリ・コレ

オートクチュール（haute couture, 高級仕立て）の概念とシステムを確立させたのは、英国からパリに渡ったヴォルト（Charles F. Worth, 1826-1895）だ。彼が一八五七年に開店した店は「ア・ラ・モード」（à la mode, 流行の）をキャッチフレーズに、社交界メンバーを顧客に取り込んで大成功を収めた。人形ではなく生身のマヌカンに服を着せてサロンの客に見せるという今日のショーの原型を作ったのも彼である。

だが仕立服を作る余裕のある女性はほんの一握りだ。販路拡大を求めて各店は一九四〇年代頃から高級プレタポルテ（prêt-à-porter, 既製服）部門に力を傾注する。ディオール、ジヴァンシーなど戦後の新しいクリエーターたちが次々と新作を発表し、世界の女性を熱狂させた。世界最大規模のファッションショー、通称「パリコレ」は本来のパリ・オートクチュール・コレクション（一月と七月）とパリ・プレタポルテ・コレクション（三月と一〇月）の双方を指す。ルーヴルの地下ホールなどを舞台に、毎年演出や音楽に粋をこらした一大芸術ショーが繰り広げられ、世界中の注目を集めている。近年はデザイン性を保ちながらも現実性のあるリアル・クローズが一般化するとともに、日本アニメの影響で一部の若者の間ではコスプレなども流行し、自在なアイデンティティー改変の手段として、ファッションは機能し続けている。

（横山安由美）

32 ブランド——上流階級の証

図１　ゾラ『ボヌール・デ・ダム（奥様天国）百貨店』挿絵

図２　ギャルリ・ラファイエット

庶民の夢「百貨店」と上流階級の証「高級ブランド」

広い売り場にさまざまな商品が並ぶ今日の百貨店（grand magasin）の原型を作ったのはブシコー（Aristide Boucicaut, 1810-77）で、一八五二年にボン・マルシェを誕生させた。今もフランス各市に支店をもつオ・プランタンは六五年の創業だ（一九八四年に銀座にも進出）。買うつもりのない人も自由に出入りできるということ、安心して買える定価表示制をとったこと、この意味で百貨店は画期的な発明だった。これまでの店舗は特定階級の顧客のためだけに存在したのだが、都市への人口集中、乗り合い馬車などの公共輸送機関の発達、機械による大量生産などのおかげで百貨店における一般大衆の集客と大量販売が可能になったからだった。ゾラの小説『ボヌール・デ・ダム百貨店』は近隣の小売店を犠牲にしながら近代的な百貨店が発展してゆくさまを描いている。現在もデパートは都市部で根強い人気を保っており、特に年二回のソルドの時期は値引き商品を求めて多くの客が押し寄せる。

産業革命によって経済的に飛躍した第二帝政期は、収入を得たブルジョワや労働者階層が消費の大衆化に寄与したと同時に、それと差別化を図る意味で高級路線もまた進んだと考えられる。ナポレオン三世夫妻の社交界には世界中の名士が集まり、一九世紀半ばから、こうした面々のための服飾、宝飾、美食のメゾンが次々に開店していった。「生活術」や「実用性の中での美の具現化」の伝統を持つフランスに

図3　ヴィトンの製作風景

「陛下のご旅行先はサン＝クルーですか？それともコンピエーニュ？フォンテヌブロー？」職人ヴィトンは，細心の注意を払って膨大なワードローブの荷造りを始める。緊張で手が震える。だがうれしいことに皇后ウジェニー自身がドレスの梱包をじっと見守ってくれている。皇后はたいへんなこだわり派なのだ。彼女の行くところ，いつも十個ほどの箱が後についてくる。ルイはその中に，衣装一式と，手紙，本，置物といったご愛用の品々をうまく詰め込まねばならなかった。彼女の好きなバラ色やパールグレーや薄紫色のドレスを，一枚一枚このうえなく丁寧に折りたたんでゆく。ルイ・ヴィトンの仕事ぶりの細やかさ，巧みさ，そして迅速さに皇后は心打たれた。

（ボンヴィシーニ『ルイ・ヴィトン』）

はギルド以来の厚い職人の層が存在し、古くから徒弟制度による技芸の伝承が行われ、さらに一八世紀には国力発展のために王権がその保護に乗り出したからこそ、贅沢産業が成立しえたのである。顧客の注文に対し、店側はプライドをかけて、デザイン、品質、耐久性そのすべてにおいて完璧な製品を作り上げる。「時間は良いものを作る」の言葉通り、職人たちは何カ月もかけて手作業で仕事をする。

馬車全盛時代の一八三七年に創業されたエルメスは馬具工房を母体とし、やがて鞍を縫う技術を活かして皮革かばんの製造を始めた。当時絹製の小さなポーチしか知らなかった貴婦人たちにとって、丈夫で縫い目のはっきりしたデザインは斬新だった。今日でもケリー・バッグ（モナコの王妃となった女優グレース・ケリーにちなむ）やバーキンの人気は高い。子育て真っ最中でごちゃごちゃのかばんに悩んでいた歌手ジェーン・バーキンとたまたま飛行機で隣り合った社長が、なんでも入る容量の大きいかばんを提案し、製作したことが、バーキン誕生のきっかけだ。皺のない上質の皮革を確保するために、一頭の牛からは一つのバッグしか作られない（環境保護団体の批判の対象）。

馬車から鉄道へと旅行形態が変わることを見越して、積み重ね可能な四角いトランクを発明したのはルイ・ヴィトン（一八五四年創業）であり、近年はデザイナーのマーク・ジェイコブズの起用や村上隆とのコラボレーション（モノグラム・パンダなど）が話題を呼んでいる。カルティエ（一八四七年創業）は「王の宝石商、宝石商の王」と呼ばれ、英国のエドワード七世をはじめとする王族の御用達だった。若手芸術家を支援するカルティエ現代美術財団など、ブランド企業の担うメセナ活動も

図４　日本でもお馴染みのフランス製品

年々重要になってきている。そのほかにもクリスタルのバカラ、銀食器のクリストフル、ほうろう鍋のル・クルーゼ、アップル・ティーで有名な老舗惣菜屋フォション、紅茶のマリアージュ・フレール、最古のミネラルウォーターブランドのコントレックス、チョコレートのメゾン・デュ・ショコラ、ヨーグルトのダノンなど、さまざまなブランドが世界的に知られている。なお近年は企業どうしの買収・合併が加速しており、ＰＰＲグループ（Pinault-Printemps-Redoute）とＬＶＭＨグループ（Moët Henessy-Louis Vuitton）の二大勢力が覇権を争っている。

図５　マリリン・モンローとシャネルの５番

記号の消費

それにしても、人はなぜブランド品を買い求めるのだろうか。モノには四つの価値がある。実用的な道具としての「使用価値」、商品としての「交換価値」、贈与の論理における「象徴」（騎士叙任の際に王が渡す剣など）、そして身分や地位を表すための「記号」だ。『消費社会の神話と構造』（一九七〇）の著者ボードリヤール（Jean Baudrillard, 1929-2007）はこの記号という側面に注目し、自分を人と「差異化」し、そうやって身分やステータスを表現するために消費する現代社会の構造を解き明かした。高度大衆社会において大衆は基本的に無名であり、だからこそ自分を棚に上げて自由に憧れのイメージに参与することができる。企業側は広告によって消費者の「買いたい」という欲望を無限に喚起し続け、やがてシミュラークル（見せかけの記号）だけが現実になる。「高級」「最新」「限定」、そんな売り文句に踊らされる消費活動は「差異のたわむれ」でしかない。もっとも極端なのが香水で、

図６　A.ヘップバーンはジヴァンシーを愛用

図７　コピー商品防止キャンペーンで偽ブランド眼鏡を廃棄するコルベール委員会

匂いそのものではなくて、広告やパッケージデザインが作る商品イメージが売り上げを左右し、それがブランドの人気度を直接反映する。だからこそ各社はプライドをかけて香水に力を入れるのだ。「夜眠るときに何を身につけていますか」と聞かれて「シャネルの5番」とマリリン・モンローが答えた同名の香水が有名だ。

フランス語でブランドは「マルク」（marque, 商標、印）と言う。本物の顧客は頭からつま先まで同一ブランドで統一し、そういう自分そのものを誇りに感じるのに対し、商品のロゴだけにこだわる海外ファン層も少なくない。ＬＶ（ヴィトン）やＰＣ（カルダン）といったモノグラム商品を好む消費者は、それ自体が歩く広告塔の役割を果たすことになる。また記号であるがゆえに模倣も容易であり、輸出依存度の高い各社は違法なコピー商品への対応に頭を悩ませ続けている。早くは一九世紀にヴォルトが各メゾン（企業）の集合体としてのシャンブル・サンディカを組織し、商品のコピー規制に努めた。他方シャネルのように模倣を宿命と捉え、デザインが各国で安価に模倣されればされるほどオリジナルの価値が高まると考える者もあった。高級ブランド七五社が一九五四年に発足させたコルベール委員会は「質と創造力のフランス伝統の中から、最良のものを保存し、より多くの人々にその喜びを伝える」という理念のもと、各国政府への陳情を含め、商標権や知的財産権の保護に努めている。近年では香水の「香り」に著作権を与えるかどうかで、破毀院の否定判決に反してパリ控訴院の肯定判決が出るなど、法制面での動きも注目されている。

（横山安由美）

図1　カフェ「プロコープ」(19世紀)

33

カフェ――コーヒー片手に哲学する

カフェのはじまり

カフェはフランスの風景になくてはならないものの一つだ。友人との語らいや待ち合わせに使う人、一人読書をする人、店主やギャルソンと言葉を交わす馴染み客。旅行者が軽い昼食を取るにもカフェは便利な場所だ。店のランチを取るのもよいし、ボリュームたっぷりなサラダを取るとバスケットに盛られたパンがついてくる。ちなみにカフェの料金は、カウンター、屋内サロン、テラスといった場所により変わってくる。気候がよい季節にはテラス席の屋根の蓋いが取り払われ、青空の下で会話を楽しんだり通りを眺めたりする客で一日中賑わうことになる。そこはまさにフランス人の「社交性《ソシアビリテ》」が生きている場だ。

フィエロ『パリ歴史事典』によれば、アラビアを原産地とするコーヒーがフランスに伝えられたのは、一七世紀のことである。一七世紀中葉にはコーヒーの小売店がパリにできるが、この飲み物が嗜好品というよりも一種の薬と見なされる面もあったことから、当初大した反響はなかった。今日のカフェの形態の店としてパリでもっとも古いものは、パスカルという名のアルメニア人が一六七二年にサン＝ジェルマン大市に開いた店であるという。その後、カフェはしだいに街に広まっていく。ちなみに一七四四年に刊行されたジャック・サヴァリー著の『商業百科事典』には、パリのカフェの多くは大理石や鏡やシャンデリアで豪華に飾られた一種のサロンで、

私は私の精神を自由気ままにさせておく。正気であろうが狂っていようが浮かんできた観念にそのまま従わせておく。[……] 私の思考は私の娼婦だ。あまりに寒いときや雨が降るときには，カフェ・ド・ラ・レジャンスに逃げ込み，チェスの対戦を見て楽しむ。パリは世界中でいちばん，カフェ・ド・ラ・レジャンスはパリでいちばんこの遊びを楽しめる場所である。[……] ある日の夕食後，私はそこにいて，ほとんど話もせず，できるだけ何にも耳を傾けないようにしながら，見ることに熱中していた。そんなとき，神の思召であまたの奇人がいるこの国でもきわめつけの奇人の一人に話しかけられたのだった。
（ディドロ『ラモーの甥』）

教養ある紳士が集まる社交場となっているという記述がある。

文学カフェ

カフェはまた、文化創造の源ともなってきた。さまざまな時代の文学者や芸術家、あるいは思想家たちが、あるときは仲間と議論を闘わせ、あるときは一人夢想に耽りながら、カフェで時間を過ごしてきた。ところで、カフェがまだフランスに存在しなかった中世やルネサンス時代、そうした集いの場となっていたのは、タヴェルヌと呼ばれる居酒屋や、料理とワインを提供する店キャバレー（レストランの前身）だった。中世末期の詩人ヴィヨン、ルネサンス時代のラブレー、あるいは、古典主義時代のモリエール、ラシーヌらはそういった場所で、ワインと料理を囲み、ときに酩酊しながら文学・芸術を語りあったという。が、カフェの発展とともに、そうした社交と文化交流の場は、タヴェルヌやキャバレーからカフェへと移っていく。

パリのサン＝ジェルマン＝デ＝プレの一角で今でも営業しているカフェ「プロコープ」は文学カフェの草分けである。これはシチリア出身のフランチェスコ・プロコピオが一六八六年に開いた店であるが、八九年に同じ界隈にコメディ＝フランセーズの新劇場が完成すると演劇関係者が足繁く通うようになり、文学カフェとしての地位を不動のものとしていった。一八世紀にはルソー、ヴォルテール、ディドロ、ダランベールらの哲学者がこの店に集い、議論を重ねた。『百科全書』の構想が生まれたのもこの店であったと言われる。カフェは革命思想の揺籃ともなり、当時はどのカフェに行くかでその人間の政治的傾向がわかったらしい。レチフ・ド・

ラ・ブルトンヌ（Rétif de la Bretonne, 1734-1806）『パリの夜』によれば、カフェは何よりも自由な人間が集まり語らう場であった。文学であれ、政治であれ、さまざまな知性の交流により文化が創造される場、それがカフェなのである。

カフェの変遷

革命後カフェは増加・大衆化の道をたどる。メルシエ（Sébastien Mercier, 1740-1814）は『タブロー・ド・パリ』において、カフェに入り浸ることはもはや立派なことではなく、そこは暇人の避難所、文なしの隠れ家と化し、自分の家の薪を節約するためにカフェで暖をとる者もいる始末だと嘆いている。一九世紀以降には、歌謡カフェ《カフェ・シャンタン》、演芸カフェ《カフェ・コンセール》などが出現して営業形態が多様化するとともに、多くの客を集める人気のカフェの場所も時代とともに変わっていく。王政復古期から七月王政期に花形カフェがあったのは、パリ中心部のパレ・ロワイヤル周辺であったが、一八三〇年代以降には、セーヌ右岸のグラン・ブールヴァール沿いにある「カフェ・アングレ」「カフェ・ド・パリ」などが賑わいを見せる。第二帝政期にはモンマルトルに開発の波が及んで人気のカフェができ、文学者・芸術家を集めるものの、二〇世紀に入ると芸術家たちはむしろ左岸のモンパルナス地区の「ロトンド」「クーポール」などのカフェへと移っていった（フィエロ『パリ歴史事典』）。

こうした変遷の中で知性の集まる場としての伝統を守ってきたのが、カルチエ・ラタンからも官公庁からも近くにあるサン＝ジェルマン＝デ＝プレ地区である。レオン＝ポール・ファルグは、国や社交界や芸術の内幕を知る人間が集うこの場所こ

実際サン＝ジェルマン広場は，今日国の諸制度と同じぐらいよく知られた3つのカフェであるドゥー・マゴ，カフェ・フロール，ブラスリー・リップのおかげで生き，呼吸し，胸をはずませ，眠っている。これらの店にはそれぞれなじみの高級官僚，部課長や，将来26の言語に翻訳されるかもしれない三文文士，アトリエのない画家，欄をまかせてもらえない批評家，部署のない大臣がいる。そこでは芸術と政治が手を取りあい，成功をねらう者と成功者が肘を突き合わせ，師と弟子がしきりに挨拶を交わしながら，どちらが勘定を払うのかを探っている。

（レオン＝ポール・ファルグ『パリの散歩者』）

図2　カフェ「ロトンド」（1860年頃）

図3　シャンゼリゼにある歌謡カフェ（1851年）

図4　カフェ「ドゥー・マゴ」

そ、パリでいちばん時流を感じられる場所だと述べている。この地区には前述の「プロコープ」のほか、「ドゥー・マゴ」、「カフェ・フロール」などといった名店が並ぶ。ちなみに「ドゥー・マゴ」は、一九世紀の詩人ヴェルレーヌやランボー、画家ピカソ、アメリカの作家ヘミングウェイ、哲学者サルトルとボーヴォワールらが通ったことで知られる。散歩の折にふらりと立ち寄ってみるのもよいだろう。

哲学カフェ

グローバル化が進みコミュニケーションのあり方も急激に変貌する現代にあってカフェは斜陽の時代を迎え、かつての文学カフェの勢いは失われつつあると言われることもある。しかしながら、自由な人間の集まり、議論の場としてのカフェを現代に甦らせる興味深い催しが、一部のカフェで実施されている。すなわち哲学カフェである。これは一九九二年に哲学者マルク・ソテがバスチーユの「カフェ・デ・ファール」（ファールは灯台、啓蒙という意味）で始めた催しで、毎週日曜の一一時から議題を決めて討論をするというものである。参加に特別な資格は必要なく、大学教授から浮浪者に至るまで、出されたテーマに関心があって議論をしようという者なら誰でも参加できる。「世界を新たに造る」という理念を掲げて革命発祥の地バスチーユから発信されたこの試みは、人間疎外、インターネットなどの普及による没交渉化に対する一つの抵抗であるとも言えるかもしれない。また、そこには、人間に強い興味を持ち社交によって文化や思想を創造してきたフランスの伝統が生き続けているとも言えるのではないだろうか。

（朝比奈美知子）

34

マルシェ――「パリの胃袋」と蚤の市

色とりどりの食品に出会う食料品小売市場

外国の街を旅するとき、時間の余裕があったら市場《マルシェ》を訪れてみるとよい。パリには約八〇の食料品小売市場があり、常設店舗が並び屋根のある市場（marché couvert）、曜日を決めて仮設店舗が立つ市場（marché découvert）に分類される。市場はパリの各地に点在し、仮設店舗市場の場合は開催日になると通りや広場にテントが並び立ち、八百屋、肉屋、パン屋、チーズ屋などさまざまな店が所狭しと軒を並べる。彩り豊かで新鮮な野菜や果物の中から少量を買ってみるのもよいし、ソーセージやパテなどの伝統的な惣菜類を試すのもよいだろう。肉屋の店先には、豚の足や皮をはいだウサギがぶら下がっていたり、羊の脳みそがトレーに入れて並べられたりしていて、見慣れない者はぎょっとする。季節には、キジやウズラなど、日本人には珍しいジビエ（＝野生の鳥獣肉）が並ぶ。異様な匂いですぐわかるのはチーズ屋である。色も形も熟成度も異なるチーズは、まさに生き物だ。市場の散歩の魅力は、さまざまな地方からやってきた生命力にあふれる食材に接することで、フランスという国の豊かさを実感できることにある。

図１　モンジュ広場の市

パリの中央市場

パリの南約七キロには、首都の食卓を支える卸売市場であるランジス市場がある。

図2　パリ中央市場（1860年）

図3　中央市場での魚の競り売り（1861年）

野菜や果物、食肉、魚からチーズなどに至るまで、あらゆる食品を取り扱う世界最大級の食料品卸売市場である。この市場が現在の場所に開設されたのは一九六九年。それ以前、パリの中央市場は、市の中心部、現在の地下鉄のレ・アール（＝市場という意味）駅の一帯を占めていた。その歴史は中世に遡る。中世初期からシテ島には食料を扱う市が存在していたが、一一三四年にルイ六世が当時シャンポーと呼ばれていたこの区域を買収して小麦市場を開設すると、そのまわりに食肉、魚、野菜、果物など各種食品の市場が集まりはじめる。以後、増設や移転を重ねながら市場は少しずつ拡大していくが、一九世紀半ばに大きな転機が訪れる。首都の人口増加にともない、市場のさらなる拡充の必要性はかねてから何度も議論されてきたが、七月王政下の一八四二年、当時のセーヌ県知事ランビュトー主催の審議会においてフェリックス・カレ、ヴィクトル・バルタールという二名の建築家の共同案が採択され、一八四七年の勅令により、この区域における新市場の建設が決定されたのである。この一帯は昔ながらの古い街で、その一角にあった聖イノサン市場は墓地に隣接していた。マクシム・デュ・カン（Maxime Du Camp, 1822-94）の大著『パリ、一八七〇年までのその機構、機能、生活』によれば、イノサンの墓地はもともとさまざまな教区の共同墓地で、貧しい人々の死体を埋める巨大な穴が掘ってあり、いつも死体が積み重なっていた。死体が増えて詰めきれなくなると、比較的古い遺骸が掘り出され、墓地の広場を取り囲むように配置された納骨堂に収められた。その悪臭には強烈なものがあったらしい。それでも、納骨堂のすぐ裏には貧しい人々が居を構え、生活のためにさまざまな商売をしていた。この場所には昔ながらのコミ

そして燃えるような朝の光がランビュトー通りの奥に炎の噴出となって昇るにつれて，野菜たちはさらに目を覚まし，地上に漂う広大な青みの中から姿を現わしてくるのだった。まだ腐植土をつけたまま葉を開いているサラダ菜や，レタスやキクヂシャやチコリがまばゆい芯をのぞかせていた。ホウレンソウの束，オゼイユの束，アルティチョークの束，インゲンやエンドウの山，藁で縛ったロメインレタスの山が，漆を塗ったような鞘の緑から葉の濃い緑にいたるまで，緑のあらゆる色調を歌い上げる。その強い色調はやがて，セロリの茎元やネギの束のまだらとなって消えていく。しかしとりわけ高く鋭い声で歌っているのは，市場中にふんだんにまき散らされたニンジンの強烈な赤とカブの純白だ。その二色が入り混じり市場全体を輝かせていた。（ゾラ『パリの胃袋』）

ユニティの暮らしがあったのである。新市場の建設にともない、墓地は一掃され、界隈の風景も大きく変化していくことになる。

一八四八年に二月革命が勃発したことで、新市場の建設は実質的には第二帝政期に行われた。最初の棟が完成したのは一八五二年である。重々しく威圧的な外観を持つその棟はジャーナリストや風刺作家から城塞に喩えられ、はなはだ不評であった。皇帝となったのち一八五三年に現場を視察したナポレオン三世も失望し、工事を中断させる。一方、セーヌ県知事オスマンの回想録によれば、皇帝はその少し前に完成したパリ北部の鉄道駅である東駅の意匠をいたく気に入り、市場にも同じようなデザインを取り入れるよう指示したという。バルタールははじめ抵抗を示したが、オスマンの説得により皇帝のイメージを反映した案を提出、それが採用され、以後、鉄とガラスを用いたきわめてモダンな棟が次々に建設されることになるのである。「パリの胃袋」とも呼ばれたこの市場は、さまざまな産地から流れ込む多種多様な食物の殿堂と化した。ゾラ（Emile Zola, 1840-1902）は小説『パリの胃袋』において色とりどりの食物の氾濫を絵画的手法で描き出し、そこで働き肥え太る人々、溢れかえる食物の強烈な色や匂いに耐えきれず嘔吐を繰り返す流刑地帰りの青年フロラン、食物の生《なま》の描写に新たな芸術の霊感を求める画家クロードなどさまざまな人物を配置して、近代化の熱狂の只中で歪みを抱え込んで進行する第二帝政期の一断面を描いた。

一九六九年に中央市場がランジスに移転した跡地には、前衛的な外観を持つ巨大なショッピングセンターが建ち、現在も若者を中心に多くの人々を集めている。

さらにごく最近のある日曜日，友人とサン＝トゥーアンの《蚤の市》に出かけたときのことだ。（私は，ほかのどこにもない，流行遅れの，切れ切れの，使いみちのない，ほとんど理解しがたい，そして，私が了解し愛する意味においていかがわしいものを求めてしばしばそこに通っている。たとえば，このいびつな形の白い半円筒形のもの，それにはニスがかけられ，私には意味不明の浮彫と凹凸押出模様が施され，[……]）私たちは，ぼろ布や前世紀の黄ばんだ写真や値打ちのない本や鉄の匙などの貧弱な陳列品に埋もれた一冊の真新しいランボー全集に二人同時に目を止めたのだった。　（ブルトン『ナジャ』）

図4　蚤の市（ブルトン『ナジャ』）

鳥市、花市、蚤の市

そのほかにも、パリにはさまざまな市が立つ。シテ島に立つ花市や鳥市をのぞいてみるのも面白いし、本の好きな人は、パリの南部のジョルジュ・ブラッサンス公園に立つ古本市に行って好きなジャンルの本を探すのもよいだろう。骨董に興味があるならば、蚤の市を訪れてみるとよい。パリの蚤の市は概して市の周縁部に立つ。中でも有名なのは、市の北端のクリニャンクール門の外に立つサン＝トゥーアンの蚤の市である。パリっ子のみならず世界中から大勢の観光客が訪れるこの市場の規模は驚くべきものである。店舗数はあらゆる種類を合計すると約三五〇〇にもなり、とても一日では回りきれないほどだ。扱う商品もきわめて多様である。一口に骨董といっても、時代ものの高級家具や銀食器、装身具や珍しい民芸品から、古びた葉書や煤けたスプーン、ただのガラス瓶としか思えないような代物まで選択に困るほど種類があり、値段もピンからキリまである。またここには、骨董品ばかりでなく、新品の衣類や靴などを売る店も多い。財布の中身に相談しながら気に入った品物の値引き交渉をするのは蚤の市の醍醐味だが、得体の知れない雑多なものたちを眺めながら歩くだけでも楽しい散歩になる。それゆえ、蚤の市は夢見る空間ともなる。アンドレ・ブルトンらシュルレアリストたちもこの蚤の市を好んで散策した。いかなる有用性も持たない奇想天外な品物が雑然と並ぶこの空間は、未知なる夢との出会いの場、日常の風景に潜む驚異の入り口であったのだ。

（朝比奈美知子）

35

ヴァカンス――何もしないという贅沢

図1　ペロス＝ギレック（ブルターニュ）の海岸

ヴァカンスの重要性

パリで隔週発行されている日本人向け情報誌『オヴニー』の中に次のようなエッセイがあった。エッセイの書き手がヴァカンスで訪れた海辺で知り合ったフランス人に職業を尋ねたら、「失業者」と答えたというのだ。この書き手は、求職よりもヴァカンスを貪欲に楽しむことを優先するフランス人気質に驚きを表明しつつ、ヴァカンスが彼らにとって深く根づいた大切な習慣であることを強調していた。このように現在のフランス人にとってヴァカンスは人生の中で大きな割合を占めており、実際、彼らの日常会話のテーマはヴァカンスに関するものが圧倒的に多い。

ヴァカンスの歴史

フランスは現在、法的にも実質的にも世界でもっとも長い有給休暇を誇っているが、労働者の労働条件が大幅に改善されてヴァカンス大国になったのは比較的最近のことである。一九世紀を通じて劣悪な労働条件は徐々に緩和されていったが、飛躍的な改善は二〇世紀を待たなければならなかった。たとえば、週休が義務化されたのが一八九二年、一日一〇時間労働が導入されたのが一九一二年である。そして一九三六年、労働者階級がゼネストを含む全国的な闘争を展開したことを受けて、左翼政権である人民戦線内閣が週四〇時間労働とともに二週間の有給休暇を認める

年	%
1964	43
1970	46.1
1975	52.5
1980	57.2
1985	58.2
1990	59.8
1994	62
1999	64.6
2004	63.9
2008	63.6

図3　ヴァカンスに出かける人の割合

図2　1939年の海辺の光景

法案を導入してからは、さらに事態が大きく変化した。はじめは労働者を保護する目的で制定されたこの法律は、以降、休暇期間を延ばす方へと改正され続け、一九五六年に三週間、一九六九年に四週間、そして一九八二年には五週間という日本人には想像できないほどの長い有給休暇が法律によって保証されることになった。

どこで何をするのか

ではフランス人は長い休暇の間、どこで何をしているのだろうか。ヴァカンスの目的は、かつては３Ｓ（Soleil, Sable, Sexe＝太陽、砂浜、セックス）という表現で要約されていた。実際に、ヴァカンス中の海辺の恋の話は、フランソワーズ・サガンの『悲しみよこんにちは』（一九五四）のような文学作品やエリック・ロメールの『海辺のポーリーヌ』（一九八三）のような映画など、多くの作品に題材を提供している。一方、太陽と砂浜に関して言えば、実際にロワール川より北に一年以上暮らしてみると、フランス人の太陽光に対する渇望が理解できるようになる。パリの緯度はサハリンと同じくらいで、冬は日照時間が短く曇天の陰鬱な日々が続く。さらに、石を中心に作られた建造物は圧迫感をもたらし寒々とした印象を与える。そのためか、七月一四日の革命記念日を皮切りに、パリとその近郊の住民が、太陽を求めて海や山へ殺到する。国立経済統計研究所（ＩＮＳＥＥ）によると、フランス人の四割が海へ、三割弱が田舎へ、二割弱が山へ行く。外国でヴァカンスを過ごす人も一割程度はいるが、その滞在先の多くは近隣のヨーロッパ諸国やフランスの植民地であった北アフリカの国々である。あるいは、子どもたちは臨海学校・林間学校

	1995　　%	2007　　%
海	37.4	39.6
山	19.8	14.1
田舎	32.4	31.5
都市	26.2	30
湖	5.7	5.4

＊複数解答可なので，合計は100％を超える。

図４　ヴァカンスの行き先

2007年夏	%
ホテル	10.8
キャンプ場	10.7
民宿，ホームステイ，旅籠屋，山小屋，ペンションなど	7.3
賃　貸	9.6
その他	6.7
合　計（商業ベースの宿泊先）	45.1
別　荘	15.4
家　族	31.7
友　人	7.7
合　計（非商業ベースの宿泊先）	54.8

図５　ヴァカンスの宿泊先

という集団キャンプに出かけて自立心を養い、両親は子どもを気にかけずにヴァカンスを楽しむというケースも少なくない。

さらに、多くのフランス人は倹約を心がける。交通手段としては全体の八割がマイカーを利用し、宿泊費用もキャンピングカーや親類の家、友人宅で安くすませることが多い。この倹約は、同時に家族や友人の再会の機会も兼ねており、家族の交流を大事にするフランス人にとっては、一石二鳥である。

では、フランス人はヴァカンスに何をして過ごしているのか。たとえば海派であれば、地中海沿岸のリゾート地にキャンピングカーで出かけて、サーフィンやヨットのようなマリンスポーツを楽しんだり、ひたすら海岸に寝そべり冬の分まで日光浴をしたりする。山派であれば、アルプス山中の貸別荘を借り、美しい眺めを満喫しながらハイキングをして、その土地の味覚に舌鼓を打つ。田舎派は、南仏の民家を数週間借りて、自然とのふれあいを堪能する。海派、田舎派、山派、外国派を問わず共通しているのは、日常の居場所から遠く離れ、日々の労働から解放されて、自由時間を気ままに過ごすということである。それは、「空っぽ、閑暇」を意味するラテン語のヴァクム（vacuum）というヴァカンスの語源にもかなっている。実際、一九世紀のフランスでは、ヴァカンスは貴族とブルジョワ階級の特権であり、日々の糧に困らない人が何もしないでいる時期を意味していた。

しかし、近年ではヴァカンスの過ごし方も多様化が進んでいる。休息の確保よりも、より活動的で自己投資に向かう人々のヴァカンスの過ごし方は、従来の３Ｓに代わって３Ｄ（Détente, Divertissement, Développement, 休息、娯楽、向上）と言われる。

図6　ジャック・タチの映画『ぼくの伯父さん』のワンシーン

図7　ジャック・タチの映画『ぼくの伯父さん』のポスター

ヴァカンスの光と陰

ところで、フランス人のすべてがヴァカンスの過ごし方に長けているわけではない。エリック・ロメールの『緑の光線』（一九八六）という映画では、ヴァカンスを楽しまなければならないという強迫観念に振り回される不器用な独身女性デルフィーヌが主人公である。彼女は、日没の一瞬前に現れる「緑の光線」を理想の恋人と一緒に見ることを夢見ている。ヴァカンスをともに過ごすはずだった友人に土壇場でキャンセルされたデルフィーヌは、閑散としたパリで一人鬱々となる。見かねた別の友人がシェルブールに連れて行ってくれるものの、友人たちとなじめずに数日で帰ってしまう。続いてアルプスに出かけるが、またその日のうちに帰って来る。海辺にも出かけるが、そこでの軽薄な恋愛遊戯にも耐えられない。そしてとうとう、予定を切り上げて早く帰ろうとしたまさにそのときに、理想の恋人に出会い緑の光線を見るという僥倖に巡りあう。右往左往するデルフィーヌの当惑ぶりを見ると、ヴァカンスの過ごし方にも知恵と工夫が必要なのがわかる。

ところでフランスにも、職業上の理由や経済的な理由で五週間のヴァカンスを享受できない人々が四割ほど存在する。こうした人々を意識したのか、二〇〇二年から「パリ・プラージュ」という催しが夏の間に行われている。セーヌ河岸に砂をまいて砂浜をつくり、海の家のような施設を設置して、市民が海辺にいるような感覚で日光浴を満喫できるようにするというものだ。フランス人の「何もしないという贅沢」は、短い休みに疲労困憊するほどイベントを詰め込む日本人のせわしない休暇の過ごし方に再考を迫るだろう。

（神田浩一）

36

交通機関——ＴＧＶからヴェリブまで

図１　TGV

超高速化するＴＧＶ

一口に交通機関といっても、海上を行く船、空を行く飛行機、陸を行く鉄道などいろいろある。しかし、フランス人の日常生活を支えるもっとも身近な交通機関といえば、マイカー・バス・タクシーなどを含めた自動車交通、そして、地下鉄や路面電車を含めた鉄道交通ということになるだろう。フランスの道路地図や鉄道路線図を見ると、主要幹線がパリを中心に放射線状をなして広がり、それと交わるかたちで各地を横に結ぶ路線が張り巡らされ、さながら巨大なクモの巣のようである。

一九世紀後半に鉄道路線網を確立したフランスは鉄道大国である。フランス国鉄（ＳＮＣＦ）の営業路線総延長は、一九三二年に四万二六〇〇キロでピークに達し、戦後の自動車と航空機利用の伸びにより一九八二年には三万四六〇〇キロまで減少した。しかし、フランス国鉄の技術は日本のＪＲと並んで世界最高水準にあり、その象徴がフランスの新幹線ＴＧＶ《テージェーヴェー》（Train à Grande Vitesse）である。

一九八二年にパリとリヨンの間で営業を開始したＴＧＶは、その後フランス各地に路線を広げ、その長い芋虫のような列車の姿もすっかり身近なものになっている。開業前の試験走行で時速三八〇キロを記録したＴＧＶはその後も記録更新を続け、二〇〇七年、パリとストラスブールを結ぶ新線でのテストでは時速五七五キロを記録。ちなみにＪＲ東海のリニアモーターカーは試験走行の最高速度が時速五八一キ

図2　パリ環状鉄道跡

図3　パリのトラム

ロである。日仏間の超高速列車開発競争はほぼ互角の戦いと言えるだろう。

路面電車の復活

二〇世紀初頭から前半まで、地下鉄と並ぶ大都市交通の花形といえば、それは路面電車だった。しかし、その後、マイカー――タイヤ・メーカーのミシュランが旅行ガイドを発行したのは自動車利用を促すためだった――やバスの急増にともない、路面電車は次々と廃止に追い込まれていった。路面電車の廃止は、当時、「自動車によって体現される近代化の象徴」（フィエロ『パリ歴史事典』）と受け止められた。

ところが、一九九〇年代以降になると、静かで大気汚染も少ない点が再評価され、路面電車――Tramwayを略して「トラム」（Tram）と呼ばれる――は新たな都市交通手段として、ナント、ルーアン、リール、ストラスブール、リヨン、グルノーブル、マルセイユ、モンペリエなど各地で敷設が進み、建設中や計画中の都市も数多い。首都パリの路面電車も全国的なトラム再評価の流れに乗って復活した。まずパリ郊外の二路線が開業したのち、二〇〇六年の暮れ、パリ市内南東部から南西部に至る七・九キロの区間で、パリ外周道路と並行する路線が開業して話題を呼んだ。全国的なトラム導入の動きに合わせて、パリのトラムも路線の拡大が見込まれている。

かつては、前時代の遺物として疎まれたトラムが、二一世紀の今では、エコを体現するモダンな乗り物と評価されるようになっている。時代の価値観によって乗り物の評価も大きく変わる。トラムは今が旬の乗り物と言えるかもしれない。

図4　ヴェリブ

図5　サン゠テグジュペリ（リビア砂漠の事故の後で）

エコライフは自転車で

二酸化炭素を排出しない乗り物、エコの精神を最大限に発揮した乗り物、それは言うまでもなく自転車である。毎年七月、世界中の人々に注目される自転車ロードレース「ツール・ド・フランス」は一九〇三年に始まった。三週間をかけて距離三六〇〇キロ、高低差二〇〇〇〇メートルのコースをおよそ二〇のステージに分けてチームで走りぬくこのレースは、自転車好きなフランス人にとって、夏の最大のイベントとなっている。黄色のジャージ「マイヨ・ジョーヌ」を与えられる総合成績一位の選手は、国民的なスターとして称賛される。

このようにフランス人に馴染みの深い自転車が、最近では、大都市の交通渋滞や大気汚染を追放する環境政策の切り札として、改めて注目されるようになっている。セルフサービス式の大規模なレンタサイクルシステムの導入がそれである。このシステムは、まず二〇〇五年、リヨンで導入された。一日に一万五〇〇〇台の自転車が貸し出され、自動車交通の抑制、つまり大気中への二酸化炭素の排出削減に大きく貢献したという。

リヨンでの成功に倣い二〇〇七年にはパリでも同様のシステムが導入され、「自転車」を意味するvéloと「自由な」を意味するlibreを組み合わせて「ヴェリブ」(vélib)と名づけられた。鉄道や地下鉄駅の近くなど市内一五〇カ所以上に、貸し自転車がずらりと並んだスタンドがある。利用者は最寄りのスタンドで自転車を借り、目的地に近いスタンドで返せばよい。一年間の契約から、一週間、一日のチケットがあり、年中無休二四時間利用することができる。パリでは自転車を使った宅

ファビアンは，不思議な冥府に達したのだと思った。なぜなら，彼の両手も，着衣も，機翼も，すべてが光を放ち始めたからだ。光は星から来るのではなくて，彼の下の方から，彼の周囲から，そこにひろがったその白いものから，差していた。
彼の下にある雲は，月から受ける雪のような光をことごとく反射していた。塔のように高い左右の雲からも同じく光が反射していた。あたり一面を満たして，光の牛乳が流れていた，そしてその中で，機がゆあみをしていた。
（サン＝テグジュペリ『夜間飛行』）

配サービスも見られるなど、エコ推進の動きは着実に広がりつつある。

冒険を支える乗り物たち

一方、乗り物は冒険と切り離すことのできない手段でもある。人類が最初に空を飛んだのは熱気球による。一七八三年、リヨンのモンゴルフィエ兄弟が製作した熱気球は、二人の志願者を乗せ、ゴンドラの中で藁を燃やしながら、一〇〇メートルまで上昇後、パリの広場から近郊まで九キロを二五分間にわたって飛行した。一九世紀の小説家ジュール・ヴェルヌ（Jules Verne, 1828-1905）の冒険小説『気球に乗って五週間』（一八六三）では気球が、また『八十日間世界一周』（一八七二）では船と鉄道が移動手段となっている（後者の主人公フィリアス・フォッグの旅程を実際にたどる試みはこれまでに何度も行われている）。

そして、忘れてはならないのが『星の王子さま』（一九四三）の作者として知られるサン＝テグジュペリ（Antoine de Saint-Exupéry, 1900-44）である。パイロットとして活躍する傍ら、自らの経験を生かした小説『夜間飛行』（一九三一）やエッセー集『人間の大地』（一九三九）など、詩情あふれる作品を発表した。フランスの航空路線開発の黎明期を生きたサン＝テグジュペリは、一九三五年末、パリ・サイゴン間の長距離飛行記録に挑戦するが、リビア砂漠に不時着し、奇跡的に生還する。水を求めて砂漠を歩き続けた極限体験は「星の王子さま」の台詞「砂漠がきれいなのは、どこかに井戸をひとつ隠しているからだよ」にも反映されている。

（今井　勉）

37

動物――いとおしき伴侶たち

図1　犬の散歩マナーを喚起するパリの看板

図2　すぐそばに落ちている犬の糞

ペット大国フランス

人類の歴史が始まって以来、日々の食糧を供給する家畜としてはもちろん、人力を超えた労働力としても、動物は人間の生活になくてはならない存在であり続けてきた。耕作に不可欠な牛馬は今日では機械に代わったが、しかし、動物は現代人の生活に不可欠な心の友として家族の重要な一員であり続けている。「ペット」は、フランス語で animal de compagnie、すなわち「伴侶の動物」なのである。

フランスはペット大国である。二〇〇八年の統計によると全国で飼われているペットの数は六一六〇万ともいわれ、フランスの総人口に匹敵している。そのうち、猫が一〇七〇万、犬が七八〇万といわれる。複数のペットを飼う家庭も多いため、正確な数字を挙げることは難しいが、それでも、半数以上の世帯がなんらかの動物を飼っているという。もっとも多いのは、やはり犬と猫である。少なくとも一匹の犬を飼っている世帯は二四パーセント、同じく猫を飼っている世帯は二七パーセントにのぼる。特にフランスの場合、伝統的な農業国である一方、狩猟も古くから盛んであり、群れを追ったり、獲物を追ったりする犬との結びつきはとりわけ深いものがある。

一般にフランスの犬は飼い主による躾が行き届いているといってよい。しかし、散歩のマナーとなると、まだまだ徹底されていないのが現状である。公園や道路に

みんな見ていた。化物がその最後の拷問を待っていた轍《わだち》のなかを進んできたロバは，その瞬間，ヒキガエルを見た。悲しげに，——ああ！　ロバは自分よりもっと悲しげな者，鈍重で，手足はちぎりとられ，生気のない，傷だらけの者のうえに身をかがめたのだ。頭を垂れてロバはヒキガエルに鼻を寄せるようにした。この徒刑囚，この罰せられた者，この受刑者は，瀕死のヒキガエルに恩寵を施したのである。ロバは消えかかった力をふりしぼり，血走った筋肉を締めつける鎖と首輪をぴんとこわばらせ，「進め！」と叫ぶロバ引きに抵抗したのだ。[……] 荷車を引き，荷物を担ぎながら，狂ったように，ロバは，容赦なく転がる車輪の向きを変えたのである。後にはあの可哀相な者を生きたまま残して，ロバは鞭を浴びて，再び道を進んでいった。

（ユゴー「ヒキガエル」，『諸世紀の伝説』所収）

はマナーの遵守を喚起する看板が至るところに見られるが、すぐその近辺に犬の糞がころがっているという光景は日常的である。動物虐待を禁じる法整備が進んだ一方で、各自治体は飼い主の責任を重くし、犬の排泄物の不始末に対する罰金を値上げするなど、対応を強化している。

すでに定番といってよい犬や猫、また、金魚、カナリア、カメ、ハムスターなどに加えて、最近では、ペットに対する嗜好も多様化し、新たな流行が見られるようになっている。ボアのような大型爬虫類や毒グモはＮＡＣ（「新種のペット」Nouvel Animal de Compagnie の略）と呼ばれ、人気を呼んでいるという。しかし、毒グモに咬まれて救急病院に担ぎ込まれるケースも見られ、専門家の中にはＮＡＣのＮは Non つまり「非ペット」（Non Animal de Compagnie）だとして、安易な流行に警鐘を鳴らす者も多い。

フランス文学の中の動物たち

動物はしばしば文学に登場し、人間教育に生かされる存在でもある。イソップ物語のフランス版、ラ・フォンテーヌ（Jean de la Fontaine, 1621-95）の『寓話』（一六六八〜九四）には、動物になぞらえて語られる教訓物語が数多く収められている。その第一話「セミとアリ」では、夏に歌ってばかりいて働かなかったセミに対して、アリは「夏のあいだ歌っていたのだから、こんどは踊っていなさい」と冷たくあしらう。日本では「アリとキリギリス」として親しまれ、「可哀相に思ったアリはキリギリスに食べ物を分けてやりました」となるが、それに比べるとフランスの『寓

図３　猫好きの老婆

図４　ラ・フォンテーヌ

図５　ファーブル

話』の末尾はハードボイルドである。また、第二話「カラスとキツネ」では、チーズをくわえて枝に止まるカラスに、キツネが「あなたの声が美しければ森一番の鳥ですね」というと、カラスは一声をあげ、口からチーズを落としてしまう。すかさず拾ったキツネは「お世辞を言う者には気をつけようね」といって逃げ去る。フランスの子どもたちは幼い頃から『寓話』に親しむことで、頼りになるのは自分自身であること、むやみに人を信用しないことを学ぶのである。

一九世紀の詩人ボードレール（Charles Baudelaire, 1821-67）の詩集『悪の華』（初版一八五七、第二版六一）には猫をうたった詩が三編ある。愛猫を恋人の姿と重ねたり、妖精や天使に喩えたり、果ては「砂漠の奥に横たわる、大スフィンクス」に喩えたりと、ボードレールは猫に並々ならぬ愛情を注ぎ、同時に、創作の霊感の源を見出している。ちなみに、「猫たち」と題された一編は、一九六二年に言語学者のヤコブソンと人類学者のレヴィ＝ストロースがこの詩について共同で発表した構造分析の論文が多くの論争を巻き起こしたことでも有名である。猫の神秘性は多様な解釈を誘わずにはおかないということだろうか。

このほか、生物学者で詩人のファーブル（Jean-Henri Fabre, 1823-1915）による『昆虫記』（一八七九〜一九〇七）も、根強い人気を誇る名作である。『昆虫記』が世界中で、とりわけ少年少女に親しまれるのは、それが科学論文の乾いた文体ではなく、詩情あふれる文学的な文章によって書かれている点に加え、たゆまぬ努力と忍耐、そして何よりも深い愛情をこめて虫を観察し、推理と実験を重ねて昆虫の本能と習性をつきとめていくファーブルのスリリングな探究姿勢が若い知性をひきつけ

図6　『象のババール』

図7　『リサとガスパール』

てやまないからであろう。その意味では、『昆虫記』もまた、ラ・フォンテーヌの『寓話』と同じく、教育的な効果を十分に含んだ第一級の動物文学であるということができるだろう。

絵本の中の動物たち

日本にドラえもんやポケモンがいるように、フランスにも想像上の人気動物キャラクターがいる。フランスの絵本作家ブリュノフが一九三一年に発表した絵本『象のババール』はその後アニメ化されたことによって広く知られた作品である。象の国を出てパリに来たババールが老婦人と友達になり、服を着て学校に通う。立派に教育を受けたババールはやがて象の国に戻って国王となり、フランス文明を移植して国に繁栄をもたらす、という話である。第二次世界大戦以前の作品であり、そのストーリーに時代の空気、とりわけ植民地主義のにおいを嗅ぎとる見方もある。絵本が一つのイデオロギー教育の役目を果たしうることを示唆している点で興味深い指摘といえるかもしれない。

最近では、アン・グットマンが文を、夫のゲオルク・ハレンスレーベンが画を担当した絵本『リサとガスパール』（第一作、一九九九）の人気が高い。リサとガスパールはウサギでも犬でもない架空の動物で、パリの人間界に暮らしている。絵本では彼女たちとその家族を中心とした日常がほのぼのと描かれ、鮮やかな色彩の絵の具をたっぷり使った独特のタッチと愛らしいキャラクター、ユニークなストーリー展開によって、日本でも人気のシリーズである。

（今井　勉）

チーズ

白カビ、青カビ、シェーヴル、フレッシュチーズ、表面がねっとりしたウォッシュタイプ、中身が硬い（セミ）ハード……美食の国フランスは、チーズ王国でもある。「一つの村に一つのチーズ」（Un village, un fromage）といわれるくらいチーズの種類は多く、その数、約四〇〇種類。毎日種類の異なるチーズを一年中食べることができる。

チーズの歴史は古く、数千年前の古代オリエントが発祥の地とされる。フランスにチーズ作りが伝わったのは、紀元後一世紀、ローマ軍のガリア侵攻による。チーズの原料となる乳は、現代ではウシ（vache）の乳が一般的だが、チーズが誕生した古代世界では、どんな気候にも適応し、わずかな雑草を食べて生きるヤギやヒツジの乳が中心だった。フランスでは、昔ながらのチーズ作りの伝統が守られているため、ヒツジ（brebis）の乳（一二パーセント）とヤギ（chèvre）の乳（三パーセント）のチーズが比較的多く残っている。

南仏の有名な青カビチーズ、ロックフォールは、二千年の歴史を持つフランス最古のチーズの一つで、羊乳から作られる。ディドロらの『百科全書』（一八世紀）には、「ヨーロッパ随一のチーズ」と謳われている。また、美しい城が点在するロワール地方は千年以上も前からヤギ乳チーズを作っている。ヤギは、ポワチエの戦い（七三二）でウマイヤ朝イスラム軍敗走時の置き土産といわれる。

「王のチーズ、チーズの王」と称されるのは、パリ周辺で牛乳から作られる白カビチーズ、ブリー。中世から僧侶により作られ、八世紀、フランク王国国王、シャルルマーニュ（カール大帝）が愛でて以来、歴代のフランス国王に愛されてきた。日本でもよく知られる白カビチーズ、カマンベールの歴史は、意外に浅く二百年ほどである。

一九世紀後半、パスツールが低温殺菌法を発見すると、工業生産のチーズが市場を席巻し始めた。地域に根づく乳用の畜種を存続させ、伝統製法の高品質なチーズを保護するため、チーズにもワインのようにAOC制度[1]を適用。一九二五年、ロックフォールが最初に認定される。AOCチーズは現在、四六種類（二〇一八年九月）。今や歴史文化遺産としての顔も持つ偉大な風土食である。（岡元麻理恵）

注（1） AOC（原産地呼称認定 Appellation d'Origine Contrôlée）は、二〇〇九年五月以降、EUの品質保証制度であるAOP（原産地名称保護 Appellation d'Origine Protégée）に移行中。また、従来の赤ラベル（Label Rouge）のような、AOCより少し規定が緩やかではあるが、高品質を保証する制度はIGP（地理的表示保護 Indication Géographique Protégée）と表示される。ただし、市場ではまだ表示ラベルが混在している。

第5章

現代社会の諸問題

凱旋門とシャルル・ド・ゴール広場

揺れるフランス第五共和政

フランスの現代社会は、大革命以来の共和国の伝統である平等や政教分離などの普遍的な根本原理を守り続ける一方で、移民問題（荒れる郊外の問題やイスラム教徒のスカーフ問題）において典型的に見られるように、差異の統合を図ろうとする普遍主義の限界にも直面している。

国際的には、経済のグローバル化や欧州連合（EU）の拡大といった、国を取り巻く環境の変化にさらされ、国民国家の主権をどこまでEUに譲れるのかという根本的な大問題を突きつけられている。フランス共和国は今まさに、内外ともに大きな歴史のうねりに翻弄されていると言っても過言ではないだろう。

第五共和政のフランス政治は、一方で共産党の長期低落と社会党を中心とした左派の糾合、他方で保守中道の安定多数化という左右二大勢力の均衡の道をたどった。その構図の中で、時の経済情勢や国際情勢の影響を受けながら、移民の排斥を唱える極右政党が台頭したり、EUの中のフランスのあり方を模索する環境新党が躍進したりといった新たな動きを示してきた。

一九五八年に成立した第五共和国憲法は大統領に絶大な権限を与える一方で議院内閣制も重視しているため、議会与党と首相の力も大きい。選挙の結果次第では、大統領と首相が互いに反対勢力を代表する敵同士となることも起こりうる。こうした保革共存政権の経験は、左右二大政党化の構図を改めて浮き彫りにしたとも言えるだろう。

一方、フランスの外交政策は、対米関係で独自路線を貫いている。二〇〇三年春、フランスは、イラク攻撃を正当化する国連決議を求めるアメリカを徹底的に非難した。これは、フランスの伝統的な対中東宥和政策の現れでもある。また、対EUではドイツとともに統合の牽引役を担っている。しかし、二〇〇五年の欧州憲法条約の批准否決は、牽引の加速にブレーキをかけるかたちとなった。このほか、フランスは、英語一極支配への対抗もあり、旧植民地諸国を含むフランス語圏の政治的・経済的・文化的連帯のいっそうの強化に努めている。

内政・外交とも問題の山積するフランスでは、官僚の力がきわめて強い。フランスの官僚制度はルイ一四世時代以来の長い歴史を持っている。大革命によって身分制度が崩れた後も、国家によるエリート養成機関の出身者たちが高級官僚となって中央行政を取り仕切るという構図に今も大きな変化はない。ドイツやアメリカと比べてはるかに強固なフランスの中央集権体制を支えているのは彼らなのだと言えるかもしれない。

経済・雇用・教育

第二次世界大戦後のフランス経済は、「栄光の三〇年」といわれる高度成長期を経て、一九七三年のオイルショック以降は低成長の時代に入った。国内には、高成長期に入国した大量の移民が、低成長期には失業者となって失業率が上昇し、雇用政策が政府の最優先課題となる。二〇〇〇年には一〇パーセントを超える失業率を記録し、その後もそれに近い数字を記録しているフランスでは、とりわけ若者へのしわ寄せが大きい。労働時間の短縮（三五時間労働制）によるワーク・シェアリングの導入は雇用創出の切り札だったが、若者の雇用は相変わらず不安定なままとなっている。

二〇〇六年春、フランス社会を揺るがしたのが、いわゆる「初期雇用契約」（CPE）法案に対する激しい抗議デモであった。CPEは二六歳未満の若者を対象に、初回の雇用契約に限り試用期間中は企業に解雇の自由を認め、若者を雇用しやすくさせるのが狙いの、本来は若者向け失業対策の切り札のはずだった。しかし、正式雇用を求める学生や労働組合が大規模な抗議デモを全国的に展開した結果、この法案は結局、撤回を余儀なくされたのである。

若者の雇用を取り巻く状況はたしかに厳しい。その背景の一つとして、国の経済状況とは別に、一部のエリート校出身者と一般の学校出身者との就職格差の拡大、両親の学歴や収入の格差によって社会的な階層が固定化する傾向など、フランスの教育・社会制度の中で進みつつあるヒエラルキー化の問題も大きく影を落としていることが指摘できるだろう。

権利を主張する共和国市民

しかし、CPE反対デモに見られるように、生活の権利を巡る国民の意識はきわめて高い。フランス国民には、最終的な権力は自分自身が握る一票の選挙権のうちにあるのだという気持ちが非常に強いのである。大統領選挙や国民議会選挙（総選挙）で投票率が八割前後に達するという事実が示しているのは、フランス共和国市民の政治参加意識の高さにほかならない。

時の政権が打ち出す政策に対する国民の関心も常に高く、政治はフランス人にとって日常的な話題である。共和国の理念や人権に関わる問題が少しでも明らかになれば、国民は敏感に反応し、時に激しい抗議行動を起こして、法案の撤回に追い込むこともしばしばである。フランス現代社会の底流には、フランス革命で勝ち取った人権意識が脈々と流れている。

（今井　勉）

38 政治――大統領と中央集権

図1　ミッテラン

図2　ミッテランとコール独首相

強大な大統領権限

一九五八年に成立した第五共和国憲法は大統領に絶大な権限を与えている。フランス大統領は、国民議会の信任を必要とせずに首相を任命することができる。国民議会に対しては解散権を行使することができる。法案を、国会審議にかけることなく直接、国民投票に付すことができる。また三軍の長として核兵器の使用についての決定権を持ち、外交の指揮権を有している。二〇〇二年には、それまで七年だった大統領の任期が、国民議会議員と同じ五年に短縮されたが、国民の直接選挙によって選ばれる大統領が、国民の多数意思の体現者として、国家権力の頂点を占めることに変わりはない。

他の先進諸国に例を見ないこうした強い大統領制は、一七世紀のルイ一四世、一九世紀のナポレオン一世といった国父的な元首による強いリーダーシップに期待する、フランス人の伝統的なメンタリティに根差すものといえるかもしれない。実際、戦後のフランスを強力に指導した第五共和国初代大統領ド・ゴールは、まさにカリスマ的な大統領の典型だったといえるだろう。また、一九八一年から二期一四年を務め、国民から「トントン」（おじちゃんの意）の愛称で親しまれたミッテランは、ド・ゴールに次ぐ最後の国父という評価を得ている。

もちろん、大統領の独裁を抑制するために、憲法は議院内閣制を尊重している。

図 3　大統領府

図 4　サルコジ

国政を担う政府は首相が担当するものと定め、また、首相を不信任で辞めさせる力を国民議会に、さらに、反逆罪の大統領を弾劾する力と憲法改正を可決する力を両議院（国民議会と元老院）に付与している。また、三度にわたり、大統領と首相の所属政党が対立する「ねじれ」（保革共存政権《コアビタシオン》）を経験したことによって、権力の二重構造を指弾されたこともある。しかし、首相任命権を持つのはあくまでも大統領であり、大統領に国家権力が集中しているという根本的なシステムは不変である。

中央集権国家フランス

大統領権限が強いことにもうかがわれる通り、フランスは先進国の中でももっとも強固な中央集権国家である。これは、国名そのものに地方分権主義が表明されているドイツ連邦共和国やアメリカ合衆国と比べると際立った特徴であるといえるだろう。ドイツは歴史的に見ても諸侯分立の領邦国家の時代が長く、中央集権が実現したのは唯一、ヒトラーによるナチス・ドイツの独裁体制下においてのみであった。ドイツには各州に憲法と法律があり、各州は独自の行政権を持ち、司法権も各州の権限が強い。アメリカ合衆国も同様に、連邦政府（国）ではなく州政府（地方）が、高い独自性と決定権を有している。しかし、ドイツやアメリカとは対照的に、フランスは、地方よりも国の権限のほうがはるかに強い、典型的な中央集権型国家体制を特徴としてきた。

その背景にあるのがフランス革命である。革命の理念は、単一で平等な身分、すなわち国民以外の集団を認めない。この理念は、必然的に、地域主義ではなく中央

図５　国民議会の様子

図６　役所のフランス共和国ロゴマーク

集権主義を正当化することになる。国民は地域人である前に「フランス人」であるとされ、その結果、フランス各地に残る少数言語を抑圧するかたちで、国民語としてのフランス語が優先された。さらに、第三共和政期の徴兵制度や教育制度は、「フランス人」という意識を明確にする国民統合の手段として効果を発揮し、共和国の普遍的な価値を国のすみずみまで行き渡らせたのである。

しかし、こうしたフランス革命の理念に基づく徹底的な中央集権化に対して、第二次世界大戦後になると、経済成長を背景に、地域の多様性を再評価しようとする動きが次第に大きな広がりを見せるようになっていく。地域主義の復興、地方分権化（décentralisation）の加速である。

地方分権化の進展

フランスの地方行政の単位は県である。フランスには海外県を含めて一〇〇の県がある。一九八一年にミッテラン政権が誕生する以前、フランスの県知事は、戦前の日本と同じように、国からの任命によって決まっていた。県知事は県民の直接選挙によって選ばれる政治家ではなく、内務大臣の提案に基づいて大統領が任命する行政官、つまり役人だったのである。ここに見られるのは、国が地方自治体を監督するという強力な中央集権の構図にほかならない。

ところが、一九八二年、地方分権化を唱えるミッテラン社会党政権により、それまでの構図は一変する。まず、県知事は国の任命から、議会による互選へと変わり、県会議長が県知事となった。次に、これまで伝統的に存在はしていたがほとんど権

（フランス第五共和国憲法より）
第一条　フランスは，非宗教的，民主的，社会的な単一不可分の共和国である。フランスは，生まれ，人種，宗教の区別なしに，すべての市民の法の前の平等を保障する。フランスは，あらゆる信条を尊重する。
第二条　共和国の言語はフランス語である。国の象徴は，青・白・赤の三色旗である。国歌は「ラ・マルセイエーズ」である。共和国の標語は「自由・平等・博愛」である。共和国の原理は，人民の人民による人民のための政治である。
（第二条の「共和国の言語はフランス語である」という条項は1992年の改正で追加された。このほか，国民主権を記した第三条に「法律は，議員の職，および選挙によって選ばれる公職への男性と女性の平等なアクセスを促進する」という条項が1999年の改正で追加された。）

限を持たなかった地域圏（ドイツやアメリカの州に相当し，フランス本土の九六県を二二の地域圏へと再編するもの）が地方自治体として位置づけられ、住民の選挙による地域圏議会が誕生し、議長が地域圏の執行権者となった。同時に、財源の移譲や国の出先機関の移管も行われ、地方自治体が自前の財政政策をとることができるようになった。もちろん、ドイツやアメリカのような立法・行政・司法の各面での自立性の高さを保持するレベルには遠く及ばないまでも、これまでの極度な中央集権から緩やかな地方分権へ、フランスが大きな転換期を迎えたことだけは確かであろう。

こうした地方分権化の動きの一環として、地域文化の復興がはかられ、たとえば、少数言語（ドイツ国境のアルザス語、ブルターニュ地方のブルトン語、ピレネー地方のバスク語、スペイン国境のカタルーニャ語など）が残る地域では、道路標識などがフランス語との二言語表記になっていたり、公教育の場で学ぶ機会が設けられたりしている場合が多い。しかし、国民の言語はあくまでもフランス語であるというのがフランス共和国の理念である。フランス第五共和国憲法第二条は「共和国の言語はフランス語である」と明記しているが、これは、一九九二年の改正で追加された条項である。それまで記されていなかった国の言語規定を憲法上で明確に行ったことについては、地方分権に一定の限界を設け、あくまでも革命の理念に基づいた中央集権を原理とするフランス共和国の意思確認の意味が含まれていたかもしれない。地方分権と中央集権の綱引きは、まだまだ続きそうである。

（今井　勉）

39

教育——エリート教育と平等教育の矛盾

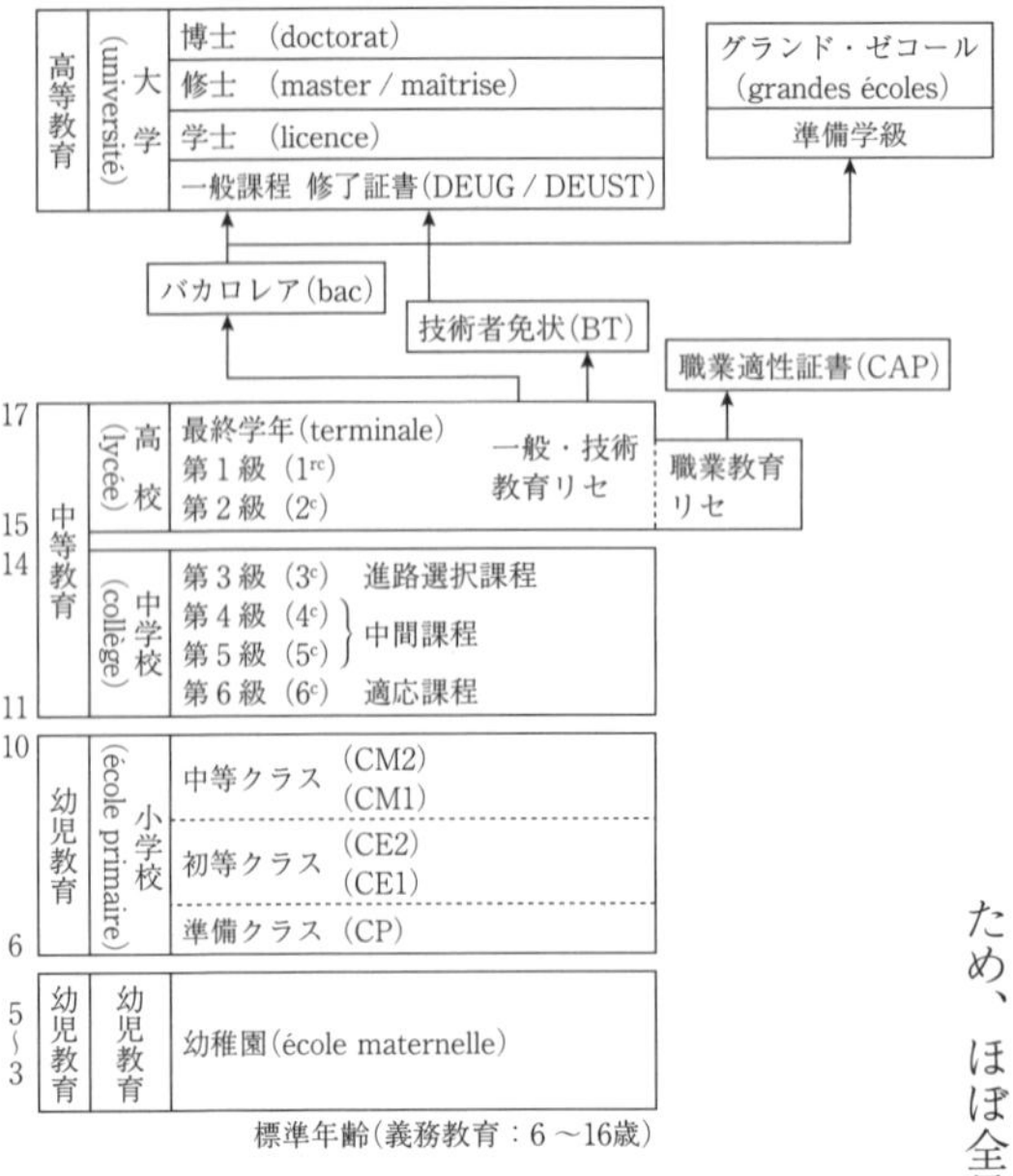

図1　フランスの教育制度

日本とフランスの違い

フランスの教育制度は日本と似ているが相違点も多い。まず特徴的なのは幼稚園である。そのほとんどが国立であり、三歳から五歳までの子どもが無償で通うことができる。義務教育ではないものの、子どもを持つ女性の多くが仕事を持っているため、ほぼ全員の子どもが三歳の時点で入園している。入園条件は「おしめがとれていること」である。一見、子どもの遊びにしか見えないようなプログラムの中に、さりげなく数学的思考や言語能力の発達を促すような内容が織り込まれており、世界的にもその評価は高い。一方、フランスの義務教育は六歳から一六歳までで、こちらも原則として無償である。飛び級と落第がある点が日本の学校制度とは大きく異なっており、特に落第の比率は驚くほどである。この落第と進学については、教員や保護者、生徒の代表で構成される毎年六月の評議会で決定される。教師は評議会の前にも保護者と話し合いを持つが、そこでは無理に進学することよりも留年して学習し直すことを勧められることが多い。その他、日本の学校との違いは、入学式や卒業式などの儀式的な行事、制服や校歌、また生徒会活動やクラブ活動がないこと

図2　小学校の授業風景

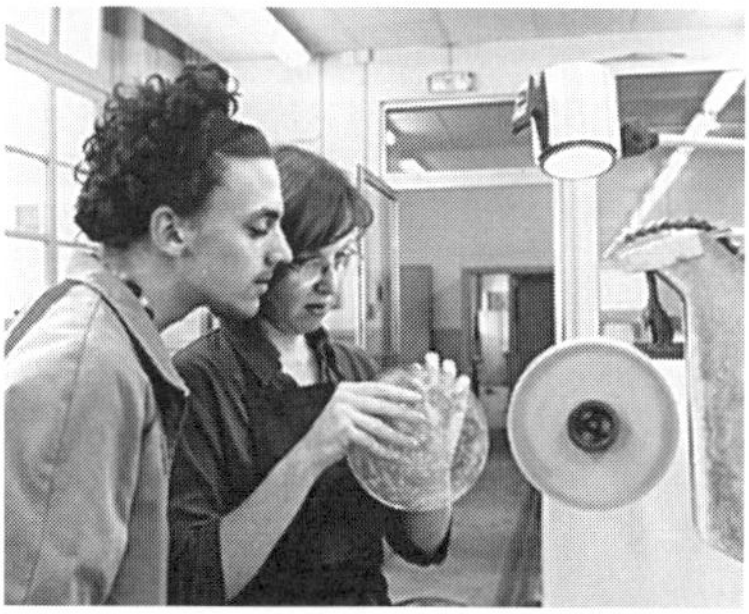

図3　職業高校の授業風景

である。フランスでは学校は何よりもまず学科を教えるところなのだ。

大学に関しては、日本のように大学が偏差値によって序列化されるということはない。原則として、バカロレア（baccalauréat）に合格したものは希望する大学に進学することができる。バカロレアはフランス独自の試験制度であり、毎年六月に全国で一斉に実施される中等教育修了資格と大学入学資格を兼ねた国家統一試験である。現在、一般バカロレア、技術バカロレア、職業バカロレアがあり、またそれぞれが人文、社会、自然科学などのさまざまな分野に分かれている。筆記試験と口述試験が行われるが、筆記試験はすべて論述形式である。受験科目数は八科目から一〇科目ほど、一日の試験所要時間は二時間から四時間で、これが四日間も続くため、受験生の精神的負担は大きい。取得者の割合は、一九六〇年頃までは同世代全体のわずか一〇パーセントにすぎなかったが、七〇年代初頭には三〇パーセントになり、二〇〇三年には六三パーセントにまで達している。

エリート教育と平等教育

以上、フランスと日本の教育制度の違いを見てきたが、フランスの教育制度を何よりも特徴づけるのはグランド・ゼコールの存在である。大学とは異なる高等教育機関であり、さまざまな機関が存在するが、狭義のグランド・ゼコールといえば、フランス最高のエリート養成校と言われるEcole Polytechnique（理工科学校）、高級官僚、政界、財界への登竜門と呼ばれるＥＮＡ（国立行政学院）、フランスのハーバード・ビジネススクールと形容されるＥＳＳＥＣ（高等商業学校）、フランスを代

図4　パリ第2大学

図5　休憩時間の大学生たち

表する知識人を輩出したENS（高等師範学校）などを指す。バカロレアに受かれば原則としてどこにでも入学できる大学とは違い、グランド・ゼコールに入学するためにはきわめて難しい入学試験を突破しなければならない。卒業生には各界の重鎮がいて、グランド・ゼコールの卒業生たちによって形成される人脈がフランス社会を動かしていると言っても過言ではない。

しかし、フランスの公教育を支えているのは、革命期に打ち立てられた、教育の機会はすべての人に開かれるべきだという教育理念である。革命政府は、国民主権国家を支える市民を育成するため、社会で必要になる基本的道徳や能力を子どもに身につけさせるために重要な役割を果たす小学校教育と、批判精神を成長させ、また産業を促進する科学・技術教育を重視した。一方ナポレオンは、その後、身分や経済力に関係なく、努力した者こそが社会的な栄冠を手にするべきだという理念と、富国強兵、殖産興業の担い手となる人物を養成するという実際的な要請から、グランド・ゼコールを創設する。こうしてフランスでは平等教育とエリート教育が矛盾をはらみつつ発展していく。なお、平等教育に向けたその後の重要な改革としては、初等教育の無償化や公教育の政教分離原則を謳った一八八〇年代初頭のジュール・フェリー（Jules Ferry, 1832-93）による変革が挙げられる。

さまざまな問題

こうしてフランスでは、エリート教育と平等教育という相容れない教育理念が併存しつつ今日に至っているが、六〇年代以降の中等、高等教育の急激な大衆化と移民問

図6　ENAの授業風景

題に代表される現代社会の問題によってこの矛盾が増幅され、深刻な問題を生み出している。グランド・ゼコールへの入学や大学における学位の取得には、学生の家庭環境や友人関係といった生活基盤の充実が大きく影響する。つまり、生まれ育った家庭に、知的、経済的、文化的資産があるかどうかが、教育における成功、ひいては社会的な成功を大きく左右するのだ。その結果として、エリート養成の教育制度は社会階層の固定化を引き起こし、社会に閉塞感をもたらしていると言われる。

できるだけ多くの人が中等、高等教育の恩恵にあずかるべきだという平等教育の理念に基づく努力のおかげで、六〇年代以降、高校と大学への進学者は目覚ましく増加した。しかし、特に大学に関して言えば、進学者の急激な増加に見合った設備と制度の充実をともなっていないために、機能不全に陥っている。

一方で、現在、大学へ進学する年齢となった移民の二世や三世が、バカロレアどころか高校や中学校すら満足に終えることができないことも社会問題化している。フランス語で教育を受け、フランス語しか話せず、生まれながらにフランス国籍を持ちながらも、差別されてきたアラブ系フランス人が抱える問題は深刻である。

生徒数が一三名しかいない田舎小学校教師と生徒たちの交流を撮影したドキュメンタリー映画『ぼくの好きな先生』が異例の大ヒットを記録したこと、また現地の中学生を俳優として採用したドキュメンタリー色の強いフィクション映画『パリ二〇区、僕たちのクラス』が二〇〇九年のカンヌ映画祭でパルム・ドール（最高賞）を獲得したことは、さまざまな問題を抱えているがゆえに人々が教育に関心を持たざるをえないフランスの現実を映し出している。

（神田浩一）

40

ストとデモ——自己主張する国民性

スト、デモに理解のあるフランス人

二〇〇七年一〇月、フランス全土の交通機関は麻痺状態に陥った。ニコラ・サルコジ大統領が推し進める特別年金制度改革に反発し、フランス国鉄をはじめとした鉄道職員が大規模ストライキに突入したのである。一九日、リヨンではわずか四本の新幹線TGVと二本の地方急行TERが運行されただけにとどまる。マルセイユでは早朝から列車を待つ人で駅はごった返すが、肝心の列車はいつまでたっても姿を現さない。パリでは市内と郊外を結ぶ高速鉄道RERのA線、B線が完全に運行を停止し、郊外に住むサラリーマンや学生たちの通勤・通学の手段が絶たれた。メトロやバスも大幅な間引き運転（メトロ八番線、一〇番線、一二番線は六本に一本のみ）となり、代わりにマイカーで移動しようとする人が大渋滞を引き起こす。人々は不運に悪態をつきながら、ある者は徒歩で、ある者は自転車で、またある者はローラースケートでそれぞれの目的地をめざしたのである。

図１　パリ北駅を封鎖するデモ参加の若者たち（2006年）

ストライキはフランス人の日常に定期的に打撃を与える。ストのたびに、社会は混乱し、経済に損失が生まれ、何より市民生活に大きな影響が出る。しかしわれわれ日本人にとって奇妙に思えるのは、こうした労働者の抗議活動に対してフランス人が必ずしも批判的でないということである。実際、このときの世論調査によると、たしかに半数を超える六一パーセントの人がストを「正当化できない」と批判して

図2　メーデーに集まった労働者たちに発砲する警察(1891年)

図3　年金制度に反対するデモ参加者(2003年，マルセイユ)

いるが、その一方でストを支持する人の割合も五四パーセントにのぼる。これこそがフランス人が大切にする「連帯」の精神の表れである。他人の権利が侵害されることを、彼らはあたかも自分自身の権利の侵害のように見なすのである。

砂州から始まった労働運動

フランス語でストライキのことを「グレーヴ」(grève)という。これはもともと「砂で覆われた場所」という意味である。首都の中心部、セーヌ川右岸に位置するパリ市庁舎は豪奢な建物で観光客の目を引きつけているが、その正面にある広場はかつて「グレーヴ広場」と呼ばれていた。その昔、この場所は砂州であり、セーヌ川を行き来する船の船着き場であったことがその名の由来である。一九世紀初めになると、失業中の男たちがこの広場に集まり、集団で職を求めるようになる。ここからストライキの意味が生まれたのである。

イギリスに遅れること半世紀、フランスでも一八三〇年から六〇年にかけて本格的な産業革命時代を迎える。産業資本が確立するにつれ経営者と労働者との対立が顕在化するのは、どの資本主義社会でも同じである。しかしフランスでは長らく労働者のストライキは抑圧されてきた。七月王政期にはスト参加者はしばしば投獄の憂き目にあっている。一八六〇年代以降、ナポレオン三世が一連のトレランス(寛容)政策を打ち出したことにより、ようやく労働者の権利も認められ始める。第三共和政下の一八八四年には労働組合運動《サンディカリズム》が初めて認可され、結社禁止の原則が労働者組織に対して適用外とされる。一八九五年には労働総同盟(CGT)がリモージ

「同志諸君，覚悟のほどはどうだろう？　ストライキの継続に賛成だろうか？」

「賛成だ！　賛成だ！」何人かが叫び声を上げた。

「ではどういう方法を取ろうというのだ？　卑怯者たちが明日入坑すれば，われわれの敗北は確実だぞ！」

　嵐のような激しさで再び声が上がった。

「卑怯者たちをやっつけろ！」

「彼らを誓いの義務に呼び戻そうというのだな…　ではこうしてはどうだろう。炭坑に行き，われわれの姿を見せることで裏切り者たちを呼び戻すのだ。そしてわれわれが一致団結しており，屈服するよりは死を選ぶことを会社に見せつけてやるのだ。」

「そのとおりだ。炭坑へ，炭坑へゆこう！」

（ゾラ『ジェルミナル』）


ユで結成され、フランス全土の労働者が組合に組織される。こうして労働者が集団で経営者に要求を行う体制が整うのである。

　エミール・ゾラ（Emile Zola, 1840-1902）は小説『ジェルミナル』（一八八五）で、北フランスのモンスー炭坑を舞台にした炭鉱労働者のストライキを描いている。主人公エチエンヌは成り行きで炭坑で雇われることになった元機械工だが、そこで知り合った仲間たちが劣悪な条件のもと、長時間労働に従事させられているのを見て心を動かされる。彼は経営者であるブルジョワジーに対抗するため、労働者たちの協会を作ろうと試みる。エチエンヌの指導のもと、数千人の炭鉱労働者たちがある日一斉にストライキを打つ。炭坑経営者たちは驚愕するが、しかし彼らはしたたかだった。彼らには労働者がストを持ちこたえられないことがわかっていたのである。実際、ストのせいで賃金を受けとれない労働者たちは飢餓にさいなまれ、次第に追い詰められていく。最後には恐ろしい落盤事故が起き、労働者たちの行動は失敗に終わる。小説のメッセージはしかし悲観的なものではない。「ジェルミナル」というのは、フランス革命時に使われた共和暦の第七月（グレゴリオ暦で言えば三月中旬～四月中旬）のことで「めばえ月」という意味である。ゾラはそこに労働者階級の意識のめばえを見ているのである。

一九六八年の五月革命

　労働者たちの行動は次第に力を持ち始め、大規模ストライキによって新たな権利が獲得されるようになる。一九三六年六月のゼネストによって初めて認められた有

図５　1968年５月の危機　バリケードとして横倒しにされた自動車

図４　集団蜂起する鉱山労働者

給休暇はその一例である。このときは二週間の休暇が認められたが、その期間は次第に延長されていく。現在では多くのフランス人が夏季に一月ほどのヴァカンスを楽しんでいるが、その起源はここにさかのぼる。

しかしフランスの歴史において最大のストライキ運動と言えば、なんと言っても一九六八年に起こった五月革命である。もともとは学生たちによる大学民主化を求める運動から始まった抗議活動が、瞬く間に労働組合を巻き込んで拡大し、大きなうねりとなってフランス全土に広がっていった。各地でベトナム戦争反対、打倒シャルル・ド・ゴール大統領を叫ぶ激烈なデモが吹き荒れ、街路はスローガンを掲げた人々の波であふれる。これに対して政府は機動隊を投入、デモ隊との激しい衝突が起こる。国内の工場は全面閉鎖、交通機関も完全マヒ、フランス政府はアルジェリア独立戦争以来最大の危機に見舞われる。

結局ド・ゴール大統領は国民議会を解散し、総選挙に打って出ることで事態の収拾を図る。しかしこの五月革命が遠因となり、翌年大統領は辞任、一〇年間の「ド・ゴール時代」に終止符が打たれる。五月革命の余波は国内だけでなく国外にも広がり、ドイツやイタリアでも数万人規模の集会や大規模ストライキが引き起こされた。また日本にまで飛び火し、当時吹き荒れていた全共闘による大学紛争に大きな影響を与えることになる。

（畑浩一郎）

41 移民――諸問題のるつぼ

出生国別に見た移民の数

出生国	総数	フランス国籍取得者	外国籍保持者
総数	4,308,527	1,554,939	2,753,588
ヨーロッパ	1,934,758	772,364	1,162,394
(内)			
スペイン	316,544	172,505	144,039
イタリア	380,798	210,529	170,269
ポルトガル	570,243	115,755	454,488
アフリカ	1,692,110	510738	1181372
(内)			
アルジェリア	575,740	156856	418884
モロッコ	521,059	133405	387654
チュニジア	201,700	80987	120713
アジア	550,166	220,671	329,495
(内)			
カンボジア	50,526	30,589	19,937
ベトナム	72,318	53,884	18,434
トルコ	175,987	26,759	149,228

図１　出生国別に見た移民の数

移民大国フランス

一九九八年、サッカーのワールドカップでフランスチームが優勝した夜、パリのシャンゼリゼ大通りは一〇〇万人の群衆で埋まった。「ブラック・ブラン・ブール」（黒人・白人・マグレブ人）からなる混成チームの優勝は、移民大国フランスの勝利を印象づけ、人々は「ジダン・プレジダン（大統領）！」と叫んで、チームの司令塔であるジダン選手（アルジェリア移民の二世）を英雄と讃えた。

二〇〇五年、パリ郊外で、警察に追われて変電所に逃げ込んだ移民の若者二人が感電死した。この事件をきっかけに、フランス全土で暴動が起き、三週間で一万台の車が焼かれた。当時の内相サルコジ（ハンガリー移民の二世、二〇〇七年に大統領となる）は、暴動の参加者を「ごろつき、社会のクズ」と呼んで物議をかもした。

フランスで生まれ育った子どもにフランス国籍を与える出生地主義をとるフランスでは、二世代さかのぼればルーツは外国にあるというフランス人の数は実に一〇〇〇万人（全人口のほぼ六人に一人）を超えるという。移民二世がフランスの英雄となり大統領となる一方で、社会から疎外された存在として暴動事件の主役ともなる。二つの出来事はフランスにおける移民の存在の大きさを物語っている。フランスは、一九世紀半ば以降、労働力を確保するために、国策として数多くの外国人を受け入れてきた。しばしば「栄光の三〇年」と呼ばれる第二次世界大戦後の高度成長期を

図２　教育優先地区のコレージュ

支えたのは外国からやってきた移民労働者たちであった。

非ヨーロッパ系移民の増加

「移民」は、その出身地によってヨーロッパ系と非ヨーロッパ系に大きく分かれる。戦前からの移民にはヨーロッパ系が多いのに対して、高度成長期とそれが終わったオイルショック以降の移民には非ヨーロッパ系が多い。後者の多くは、かつてフランスの植民地であったマグレブ諸国（アルジェリア、チュニジア、モロッコ）とサハラ砂漠以南のアフリカ諸国の出身者である。職業上の地位の上昇やフランス人女性との結婚によってフランス社会に統合されるケースも多いヨーロッパ系の移民に対して、非ヨーロッパ系の移民は、就学や文化的な同化の困難、雇用差別や高い失業率による貧困など、いわゆる「移民問題」の当事者となることが多い。

フランスにおける移民の概念には幅があるが、一般には、外国から移り住んでフランス国籍を取得した人々のほか、フランス国籍を取得せずに外国人として定住している人々をも含むだろう。フランス在住の外国人の数は、一九五四年の一七六万人から七五年の三四四万人へとほぼ倍増した。この間、特に増えたのがマグレブ系の住民であり、八〇年代以降はサハラ砂漠以南のアフリカ系の住民が激増する。彼らは、建設工事などを支える契約労働者として歓迎されたことに加え、滞在の長期化にともなって、出身国に住む家族をフランスに呼び寄せるケースも多かったためである。一九八三年の市町村議会選挙で排外主義の国民戦線（ＦＮ）党首ルペンが使った「二〇〇万の失業者、二〇〇万の余計な移民」という過激な標語において、

「余計な移民」という言葉は、とりわけ非ヨーロッパ系の移民に向けられていた。失業問題の原因を非ヨーロッパ系移民の流入に転嫁する論理は現在でも根強い。

郊外問題

二〇〇五年の暴動事件以前にも、大都市郊外では、移民二世あるいは三世の若者たちによる事件が頻発していた。最初の暴動は一九八一年にリヨン郊外のマンゲットで起きたものとされる。このときも若者たちが車を盗んで乗りまわし、最後には火を放つ「ロデオ」が繰り広げられた。郊外は、移民二世や三世の「不良たち」が暴れる治安の悪い場所としてしばしば問題になってきた。

人口集中の著しい大都市圏の郊外には、一九七〇年代後半から大量に建設された低家賃の高層住宅団地（ＨＬＭ）が立ち並ぶ。移民や外国人家族の居住率が非常に高いこうした団地では、しばしば、住民のコミュニティーの絆が希薄であり、地域のアイデンティティも育ちにくい。こうした環境の中で成長する移民の子どもたちはフランスで生まれ育ちフランス国籍を持ったフランス人であるにもかかわらず、フランスの社会に溶け込めないまま、孤立感と疎外感を深めていく場合が多い。郊外問題の背景には、学業や就職の困難に恒常的に直面する彼らの鬱積した不満がある。

スカーフ問題

郊外問題と並んで移民問題の一面を示しているのがいわゆるスカーフ問題である。

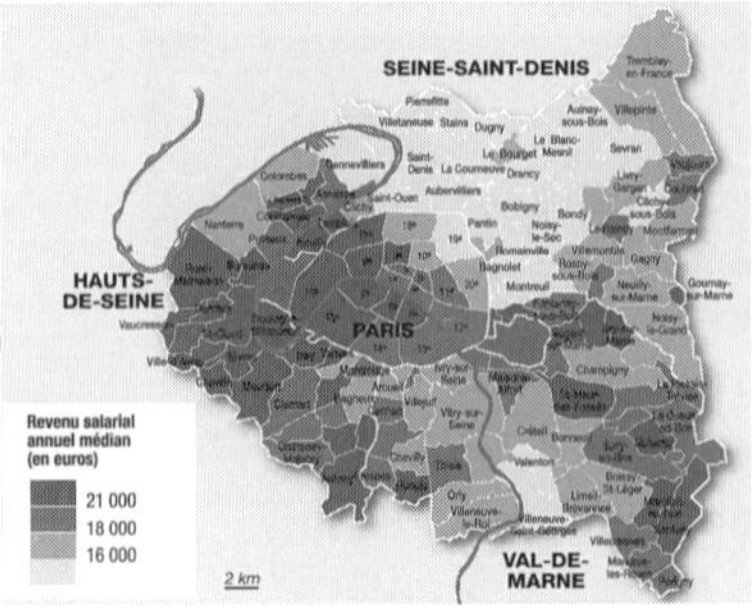

図３　パリ近郊の収入地図

移民問題が植民地問題の負の遺産であることに触れて，社会心理学者のアディル・ジャズーリは以下のように述べている。

「郊外出身の若者たちが出生あるいは取得によってフランス国籍を持っていることは問題の真相をいかなる点においても変えることがない。フランスとマグレブの間にある未解決の歴史的係争がわれわれの現代史にいまだにきわめて重くのしかかっているのだ。アルジェリア戦争はその悲劇と数十万の死者とともに，衝突と矛盾に満ちた仕方であらゆる人々の記憶に刻み込まれたままなのである。」

（ジャズーリ『郊外の時代』）

図４　暴動で炎上する車

1990年にミッテラン大統領は，移民労働者の若者についての感想を以下のように表現した。
「魂のない街に生まれ，醜悪な建物と灰色の生活のための灰色の風景とに囲まれた醜い部屋のなかに住まい，彼らから視線をそらしながら，彼らに怒りをぶつけたり禁止を命じたりするときにしか姿を現さない社会に閉じ込められて，若者たちはいったい何を希望するというのか。」
（『ル・モンド』2005年11月９日付）

スカーフ問題とは、教室でスカーフを着用し続けたイスラム教徒の女子中学生が結局退学せざるをえなかった事件に端を発する。自由・平等・博愛を標語とするフランス共和国は、もちろん、個人における信仰の自由を認めているが、一方で、公共の場では非宗教性（laïcité）を貫くことを共和国の原理としている。公立学校におけるスカーフ着用の是非を巡る問題は、フランス革命二〇〇周年の一九八九年以来、フランス共和国の「普遍性」原理の保持と文化的な「特殊性」（「差異」への権利）の尊重とをいかに調和させるのかという大問題として議論され、国際的にも注目を集めてきた。結局、政府は一九九四年に校内での目立った宗教的標章の着用を禁止し、議会は二〇〇四年、公立学校におけるイスラム教徒のスカーフ着用を禁止する「宗教シンボル禁止法」を可決した。

政教分離という共和国の原理が再確認されたわけだが、今日、フランスに居住するイスラム教徒の数は四〇〇万人（半数はフランス国籍）を超えており、イスラム教はキリスト教カトリックに次ぐフランス第二の宗教勢力となっている。非ヨーロッパ系の移民の中でも多くを占めるマグレブ諸国の出身者は基本的にイスラム教徒のアラブ人であり、モスクの建設と祈りの場を確保する運動は各地で広がりを見せている。伝統的にはカトリック国であるフランスで、イスラム教徒の増加が時に深刻な文化摩擦を引き起こしているのも事実である。欧州連合（ＥＵ）の拡大によって人の移動がますます活発化する中、フランス共和国は、普遍性理念への統合をよしとするのか、個別の文化的差異への配慮を優先するのか、選択を迫られる場面が今後ますます多くなるだろう。

（今井　勉）

42

女性——人は女に生まれるのではない

図1　アダムの脇腹から生まれるイヴ

図2　聖母マリア（左）とマグダラのマリア（右）

二元論という虚構

古代ギリシャのアナクサゴラスによれば男児は右側の熱い睾丸の精液から生まれ、女児は冷たい左側から生まれるという。男／女、右／左、熱／冷、能動／受動、人間的／動物的といった二項対立を用いて生殖器官の解剖学的な差異、ひいては男性の優位性を定着させる試みはどこの地域でも古くから行われてきた。それは当該の社会秩序を正当化して表現するための象徴やイメージにすぎず、けっして「自然」に因るのではない——文化人類学者のエリチエ（Françoise Héritier, 1933-）は『男性／女性——差異の思考』でそう語る。家父長制の原始社会で近親婚を避けるための「嫁とり」が始まり、構造的に、女は財とともに「移転」され、「所有」されるものとなっていった。その過程で、女性の表象は排他的な所有に適した処女と、適さない穢れた女とに二分化され、今日の聖女・悪女の二元論にゆきつく。貞淑な女を物にしたいという願望と、色っぽい女に誘惑されて堕落してみたいという男の両面感情は、自分の子どもを産ませるために女の身体を独占し、その性を統制すべきだとする父権制社会の要請とそれからの逸脱願望にほかならない。さらに近代になると、あらかじめ国そのものが象徴界（ラカンの le symbolique）によって性を規制しているとクリステヴァ（Julia Kristeva, 1941-）は指摘する。

中世キリスト教では、イヴはアダムのあばら骨から作られたとされ、起源におい

図3　オランプ・ド・グージュ

図4　家政婦のデモ（1936年）

て男の補完的存在だった。磔刑図ではイエスの足元の聖母マリア（簡素で荘厳）とマグダラのマリア（金髪で派手）が必ず対照的に描かれた。前近代社会では女性も農耕や家業に従事していたが、産業革命以降、労働力の再生産が最重要課題となり、女性を家庭に閉じ込め、結婚・出産に特化させるブルジョワ的価値観が定着してゆく。いわゆる「主婦」の誕生である。たとえばミミ（『ラ・ボエーム』）、ヴィオレッタ（『椿姫』）、蝶々夫人など、当時のオペラのいずれのヒロインも職業・出自において周縁的な立場の女性であり（娼婦、外国人等）、最後は死ぬ。「愛」の名によって物語が美化されているとはいえ、結婚の枠組みに包摂されない女は生きてゆけないという強烈なメッセージである。放浪の民カルメンや、ヨハネの首をとった妖艶なサロメなどの「ファム・ファタル（運命の女）」（femme fatale）の類型もまた男の堕落願望に特化した形象であり、さらにそれを女が内面化していくというプロセスをたどる（昨今の日本の「小悪魔ブーム」も同様）。文化表象は、社会の価値観を再生産するのだ。

ペンと剣の戦い

だがフランスの女性は黙ってはいなかったし、なぜなのかを問い続けた。三人の子どもをかかえる未亡人だったクリスチーヌ・ド・ピザン（Christine de Pisan, 1364-1430）は女性職業作家の道を選び、『薔薇物語』の著者ジャン・ド・マンの女性蔑視（misogynie）、とりわけ「男が快楽に到達するための手段」としての女性観に対して論戦を挑む。フランス革命期には「自由の女性戦士《アマゾンヌ》」メリクール

男子と大きく異なるのは，人形はからだ全体を表しつつも受動的な物体だということだ。だから女の子は，自分の身体そのものの中に閉じこもってしまい，その身は無力な所与だと考えがちになる。男子は自律的な主体としてペニスにおいて自己探求してゆくのに対し，女子は自分がこう飾られたい，かわいがられたいと願うとおりに，人形をかわいがり，飾りたてる。主体性どころか，自分自身を素敵なお人形のように思ってしまう。ほめられたりけなされたり，図像や言葉で示されたりするうちに，やがて「かわいい」「かわいくない」という言葉の意味がわかってくる。そうすればもう，人に気に入られるためには「図像のようにかわいく」なるしかない。図像に似ようとする。鏡の前でおめかしした自分にうっとりしたり，プリンセスやフェアリー気分になってみたり。（ボーヴォワール『第二の性』）

図５　ボーヴォワール

（Théroigne de Méricourt, 1762-1817）が、「女も武器をとるべきだ」と男装して群衆の先頭に立った（だが娼婦出身という中傷はついて回った）。自由や平等をうたった「人権宣言」の「人」（homme）が実は「男」でしかないことに気づいたオランプ・ド・グージュ（Olympe de Gouges, 1748-93）は対抗して「女権宣言」（一七九一）を発表する。「女性は演壇に登る権利を持つと同時に、処刑台に登る権利も持つ」と高らかに宣言した彼女はその通りにギロチンの露と消えるのだが、その勇気は各国の女性に影響を与え、フェミニズムの先駆けとなった。

法制面での平等への道のりは遠く、ナポレオン民法典（一八〇四）においても市民モデルは家族と財と所有する「男」であり、女は結婚した時点で法的無能力者となった。一九世紀後半になるとみずから新聞を発行したり、会派を組織する女性が現れ、たとえばドレスム（Maria Deraismes, 1828-94）は各地で講演を行って「女性の劣等性とは自然ではなくて人間の創作物であり、社会的な虚構である」と説いた。二〇世紀初頭にはオクレール（Hubertine Auclert, 1848-1914）が「女も法を遵守し、税を払っているのだから、投票すべきである」をモットーに、選挙権が得られないなら納税拒否や投票箱をひっくり返すことも辞さない強気の活動を推し進めた。第一次大戦から第二次大戦の間に女性の地位は向上し、それにともなって服装や意識も大きく変わる。男女平等（parité）と男女共生（mixité）の原則と理論の構築においてフランスの果たした役割は大きく、さまざまな理論家や実践者を生んだ。

有名なのはボーヴォワール（Simone de Beauvoir, 1908-86）の『第二の性』（一九四九）の「人は女に生まれるのではない、女になるのだ」（On ne naît pas femme: on

図６　アマラ

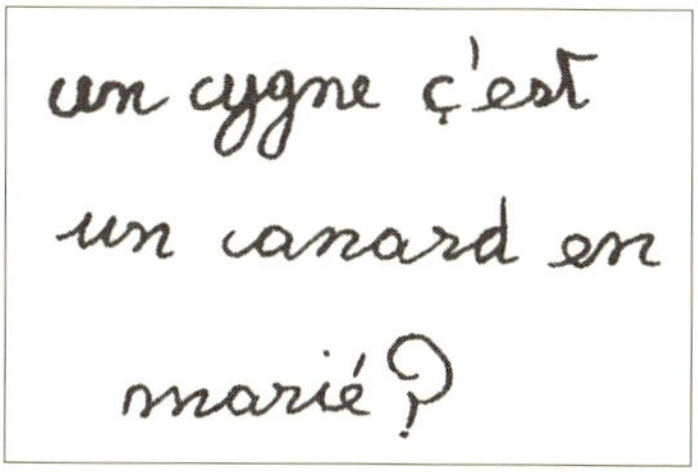

図７　ナタリーちゃんの素朴な質問，「白鳥って，ケッコンしたアヒルさんのこと？」

le devient.）の句だ。「女らしさ」は「生まれつき」（本質主義）ではなくて、「環境が作り上げるもの」（構築主義）である。「ジェンダー」（社会・文化的に形成される性別）という概念は、人をさまざまな抑圧から解放してくれる。特にヴィッティグ（Monique Wittig, 1935-2003）は小説を通した女性ジェンダーの克服をめざし、一九七〇年のＭＬＦ（女性解放運動）の旗手の一人となった。「女らしさ」が後天的な構築物なら「母性」もまた社会が作り出した神話にすぎず（バダンテール）、女性は性的な自己決定権をもつ必要がある。人口妊娠中絶を合法化する七四年のヴェイユ法制定のきっかけになったのは、レイプされた一七歳の少女が母親の合意を得て行った中絶の是非をめぐるボビニー裁判（七二）だ。このとき母親自身が「ムッシュ、私は悪くありません。あなたたち男性が作った法律が悪いのです」と男性裁判官に向かって言い放ち、大きく世論を動かしたのだった。

二〇〇七年の大統領選挙で僅差でサルコジに負けたロワイヤル氏など、女性の政界進出もめざましいフランス。その一方で、郊外の団地に住み、男女平等から取り残されたアフリカ移民系の女性の問題も注視されている。閉鎖的かつ族長的な共同体の中で、結婚強制、親による就学拒否などを受ける場合があるからだ。短いスカートをはいたり、隣町の男子とつきあっただけで娼婦よばわりされたり、暴力を受けたりする――その感覚はフランスの自由恋愛や性の解放とはほど遠い。アマラ（Fadela Amara, 1964-）は『売女でもなく忍従の女でもなく』（*Ni putes ni soumises*）を著し、同名の女性支援団体ＮＰＮＳを興した。今もさまざまな個人や団体が戦い続けている。

（横山安由美）

43

カップル・家族——さまざまな絆

図1　「恋して，PACS して，そして？」

ＰＡＣＳ法の衝撃

一九九九年一二月一四日、シャルルとトマは、タイへ向かうエールフランスの機上の人だった。一〇年以上に及ぶシャルルとトマの闘争が実を結び、エールフランスの職員家族割引料金が同性愛カップルにも認められた瞬間であった。先立つ一〇月一三日、フランス国民議会（下院）は、異性愛カップルだけでなく、同性愛カップルに対しても同居するカップルとしての社会的地位を認め、相続や税金の支払いなどに関して婚姻に準じる権利を与えることを盛り込んだ「民事連帯契約」（Pacte Civile de Solidarité）法案を、一二〇時間以上にわたる長い審議を経て、賛成三一五票、反対二四九票で可決したばかりであった。そもそもこのＰＡＣＳ法案が成立するきっかけの一つとして、シャルルとトマの職員家族割引料金の適用を求める訴訟があったのだ。カトリックの影響の強い国で、同性愛カップルを社会的に認知する法律が成立したことは、フランスにおける伝統的な家族のあり方が劇的に変容していることを象徴的に示している。

カップルの多様な形態

今日フランスでは伝統的な家族像が崩れ、婚姻数がこの四〇年間で約四〇パーセントも減少している一方で、離婚は二〇〇八年の時点で結婚の約半分にまで達して

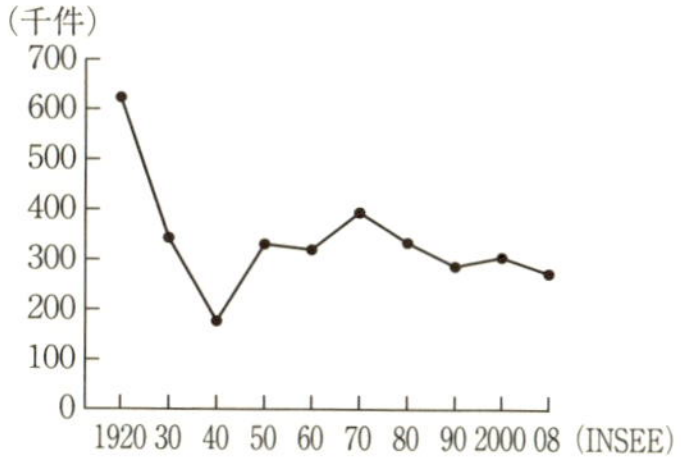

図 2　婚姻数の変化

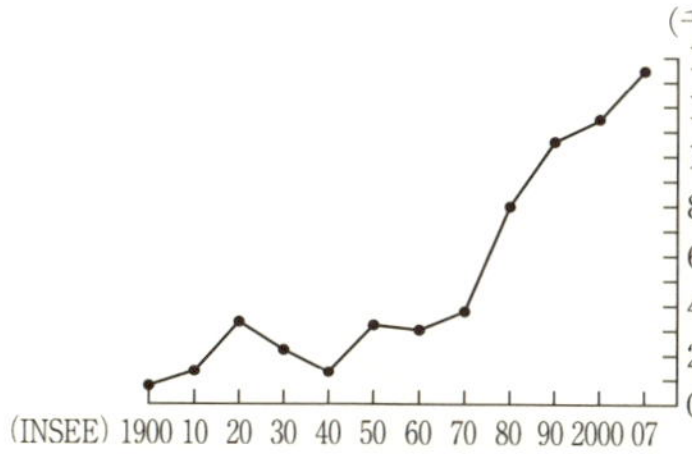

図 3　離婚数の変化

いる。こうして結婚以外の多様なカップルの形態が生まれているが、それは女性の社会的な地位の向上と意識の変化によるところが大きい。第一に挙げられるのが、女性の高等教育への進出である。次に、一九六八年の五月革命以降の女性解放運動の高まりが挙げられる。その結果、ピル解禁や人工中絶の認可など性に関する規制緩和が進み、女性は自立的に受胎調整ができるようになった。そういった社会的な変化を受け入れるかたちで、結婚と事実婚の制度上の恩恵にかかわる格差が縮まり、以下に説明するような非婚カップルが増えることになる。

「ユニオン・リーブル（=自由な結びつき）」(union libre) とは、長年一緒に暮らし夫婦同然であっても、あえて結婚しないカップルのことである。証人二人をともない役所に届ければ、同棲証明書が発行される。二〇一〇年の段階で、ユニオン・リーブルは約五組に一組を占めており、またユニオン・リーブルとして共同生活を始めるカップルは全体の九割にも及ぶ。一九七八年の社会保障法では、ユニオン・リーブルであっても被扶養者であれば婚姻の配偶者と同じように相手の疾病・出産保険の適用が受けられるようになり、家族給付も認められた。さらに、冒頭で触れたＰＡＣＳ法が一九九九年に成立し、同性愛者を含めたユニオン・リーブルのカップルにも相続や税金の支払いに関して結婚と同等の権利が与えられるようになった。そもそもＰＡＣＳ法は本来、制度的な保証が全くなかった同性愛者のカップルを社会的に認知させ、法的に保護することを目的とする法案であったが、同棲以上結婚未満の簡便な制度として、複雑で面倒な結婚と離婚の手続きを嫌う異性同士のカップルから次第に注目を浴びるようになった。

図4　セーヌ川のカップル

ユニオン・リーブルは、結婚制度という形式によって束縛されることを嫌い、お互いの自由と欲望を尊重しようとする意志から生まれたものであるが、自らの自由を最優先に考えれば「シングル」（single）に勝るものはない。実際に、シングル化はフランスに限らずヨーロッパ全体で増加現象にある。パリでは全世帯の半数以上が、フランス全体でも約二七パーセントが単身世帯である。しかし、ここで特筆すべきことは、かつては結婚し子どもを産み育てる時期に相当した二五〜三五歳の年齢層でのシングルの増加である。八〇年代には、エネルギッシュで文化的な生活を送るシングルが脚光を浴びた。

「ソロ」（solo）は、いささか過剰に持ち上げられたシングルへの反動として生まれたと言えるかもしれない。単なる一人暮らしでなく恋愛関係にあるパートナーを持つシングルのことで、九〇年代に入ってから増加し、二〇一〇年現在の段階では非婚カップルの七パーセントを占める。このように、結婚からユニオン・リーブル、そしてソロへとフランスのカップルのあり方は変遷をたどってきているが、それは、パートナーに対する妥協や従属よりも「個」の自立と自由に重きを置き、恋愛感情をどのようにうまく続けていくかをめざしてきた恋愛至上主義の結果である。

この多様なカップルのあり方の帰結として、かつてのパートナーと現在のパートナーとの間に生まれた子どもからなる複合家族の問題が生まれている。これは一方では新しい家族のあり方の可能性を示しているのだろうが、兄弟姉妹や父や母が親のパートナーの変更にともなって変化することは、子どもの精神に大きな負担を強いている。

図5　おもちゃをもらって喜ぶ子どもたち

子育てと自由の狭間で

七〇年代以降に男性と同じ権利を得てキャリアの道を進んだ女性の多くは、制度の不備、社会の無理解から、子どもを持たないという選択肢を選ばざるをえなかった。深刻な出生率の低下に対する社会全体の危惧と、キャリアだけでなく子どもも持ちたいという女性自身の欲求のおかげで、過去最低の出生率一・六五人を記録した一九九五年以降、フランスでは子育てに対するきめ細かい経済的援助と制度的な整備がなされた。たとえば、子どもが多いほど課税が低くなり、第二子以降は二〇歳になるまで家族手当が支給される。その額は、二〇〇七年の段階では日本の約四倍にもなる。また出産後すぐに職場復帰をする女性も多く、それを保育所や認定保育ママなどの存在が支えている。また夫の育児分担に対する意識の高さも見逃せない。その結果として、フランスは、二〇〇八年には、ヨーロッパ第一位の出生率二・〇二人を誇るようになった。

ところで、フランスの育児を考える際に考慮に入れておかなければならないのは、ほとんどの社会活動がカップルを単位として形成されていることである。たとえばフランスでは、子どもと添い寝をする習慣はなく、夜中の授乳が必要なくなる時期になると、夜泣きをしてもあやしにいかない。子どもの自立心を育て、親の安眠を確保するためである。保育ママやベビーシッター制度が確立しているのも、カップル社会という文化的背景によるものだ。子育てへのきめ細かい経済的援助も制度的な整備も、まずは自分の自由を守ろうとするフランス人の欲求に支えられたものなのだ。

（神田浩一）

異性装

「シャツを取りかえるように性を取りかえられたらいいのに」（ブルトン）。男装の麗人と言えば漫画『ベルサイユのばら』のオスカルが有名だが、実際革命期には男装して戦闘に参加した女性闘士は少なくなかった。そのため一八〇〇年パリでは女性の男装が禁止されている。

救国の少女ジャンヌ・ダルクは武装して馬に乗ったが、その男装は異端の証拠とみなされた。裁判の過程で彼女はいったん異端を認め、「改宗」したため終身刑の扱いになったが、それに不満の英国側は策を弄した。牢内のジャンヌを荒くれ男たちに襲わせたのである。スカートで純潔を守るのは困難と感じたジャンヌが再度ズボンをはいたとたん、「戻り異端」としてついに死刑の宣告を受ける。

ショワジー（Abbé de Choisy, 1644-1724）は女装の聖職者で、イヤリングやつけぼくろをつけて職務にあたった。その社会的地位は高く、幼少時はルイ一四世のお気に入り、長じてからもアカデミー・フランセーズの会員になったり、シャム（タイ）との外交に貢献したりした。シュヴァリエ・デオン（Chevalier d'Eon, 1728-1810）はルイ一五世の密偵兼外交官として活躍し、四九歳まで男として、続く三三年間を女として過ごした。竜騎兵の制服をまといながら妖艶な魅力をふりまくデオンに、マリ＝アントワネットからは多くのドレスが送られた。本人は女性だと主張し続けたが、死後の解剖で男性だとわかった。

男装のルネ・ヴィヴィアンと恋人のナタリー・バーニー

女流作家ジョルジュ・サンド（Georges Sand, 1804-76）は男装して社交界に出入りし、さまざまな芸術家と親交を深めた。巧みな犬や馬の絵を描いて、女性で最初にレジョン・ドヌール勲章を受けた画家のボヌール（Rosa Bonheur, 1822-99）は幼いころから活発な短髪の少女で、ズボンをはき、葉巻を吸い、女性を愛した。

服装とは、外見によって性的差異を明示し、さらに着る人の身体的な自覚を通して性的役割を固定させる機能をもつ。ゆえに異性装は社会的な役割分担の拒否として、タブーであり続けた。しかしながら生物学的性、性自認、恋愛対象の性、服装の嗜好は人それぞれ異なるはずであり、男女の強制的な二分化を疑問視し、自らの意思でその枠を飛び出す者も少なくなかったのだ。

（横山安由美）

第6章

世界の都パリ

ノートル＝ダム大聖堂の鐘楼から見たパリ

世界の都パリ

おお、パリは母なる都市。
パリは荘厳な場所。
そこでは時々に巻き上がるつむじ風が
永遠なる中心のまわりを回っている。

メンフィスとローマの兄弟、
パリは、われわれの生きる世紀に、
全人類のバベルの塔を打ち建てる。
それはあらゆる神々のパンテオンだ！

ヴィクトル・ユゴー「凱旋門に」

文明発祥の地エジプトの都メンフィス、ギリシアを受け継ぎ西欧文明の礎を築いたローマ帝国の首都に並べてパリを讃えるユゴーの詩句は、パリが一国の首都の次元を超えて世界の都としての存在感を持つ都市であることを声高らかに宣言している。実際、古今を通じてパリほど多くの文学者、芸術家を惹きつけた都市はないだろう。フランス人は言うに及ばず、ショパン、リスト、ハイネ、リルケ、あるいは、ピカソやゴッホなど名だたる外国の文学者や芸術家がこの都市に霊感を受けてさまざまな作品を残した。ドイツの批評家クルチウスによれば、パリの魅力はその多様性にある。古代ギリシア・ローマ文化を継承しながら近代都市として劇的な変貌を経験し、聖と俗、高尚な芸術文化と俗悪で猥雑なもの、日々の生の活力と死者の追憶といった相反するものを内包する類まれな多様性こそが、この都市を世界の首都として発展させてきたのである。

パリの歴史

ところでパリは、現在のかたちになるまでにさまざまな変貌を遂げてきた。その歴史は、現在のパリの中心にあってセーヌ川に浮かぶシテ島から始まる。紀元前三世紀頃、ケルトのパリシー族の漁夫が当時ルテチアと呼ばれていたこの島に住みついた。紀元前五〇年頃カエサルのガリア遠征によりローマの支配下に入ったこの地は、以後ローマ文化の影響を受けて発展する。やがて西ローマ帝国が滅亡すると、フランスはゲルマンの一部族フランク族の支配下に入る。そして五〇八年、メロヴィング朝のクローヴィスがパリを首都と定めてシテ島に王宮を建造したことから、この街の首都としての歴史が始まる。

中世の面影が残るドイツのローテンブルグ、スペインのトレドといった街に見られるように、ヨーロッパの伝統的な街は一般的に、中心部にもっとも重要なものである教会、王宮、役所などがあり、そのまわりを囲むように商業地区

ちになっている。また、外敵の侵入を防ぐため、街は周囲を城壁に囲まれていた。こうした都市の構造は、あらゆるものの起源である神を中心として世界が形成されるというヨーロッパ的な世界観、あるいはそれに従って構築される自己と他者、あるいは自己と世界の関係性を象徴するものとなっている。

ところでパリは、時代が進むにつれて古い城壁を壊しながらその境界を外へ延ばしていった。中世の一二世紀末にはシテ島、現在のルーヴルの一部、そしてカルチエ・ラタンの一部を合わせたほどの大きさしかなかったものが、一八世紀末には概ね現在の一二区までの広さになり、そして一九世紀後半の一八六〇年に、現在のパリ市に近い大きさになるのである。

「中心」の発想とその再検討

パリ発祥の地シテ島にあるノートル＝ダム大聖堂前の広場には、フランスのあらゆる国道の起点の印が刻まれている。ふたたびユゴーの表現を借りると、彼は小説『ノートル＝ダム・ド・パリ』において、一国の首都とは、その国のあらゆる地理的、政治的、精神的、知的傾向や国民のあらゆる自然的傾向が流れ込む漏斗、あるいは文明の井戸のようなものだと述べている。このユゴーの言葉は、パリという都市が持つ求心力と底知れないエネルギーを見事に表現している。そして国道の起点の印も象徴するように、たしかにパリはフランスの中心として機能し、国家の富や権力や芸術文化のすべてがこの都市に集中していると言える。

他方、二〇世紀後半になると、そうした中央集権的な発想の見直しが行われ、それがパリの景観にも変化をもたらしている。たとえば、市の西側の外延デファンス地区の開発計画は、市の外側にテクノロジーを駆使した超近代的なビジネス街を出現させた。一九八〇年にはフランス革命の起点となったバスチーユに新オペラ座ができ、それをきっかけに、かつての労働者街に斬新なファッションの店やレストランが次々と開店した。かつて右岸の旧オペラ座の界隈にあった国立図書館の主要部分も、バスチーユよりさらに南東の周縁部に移転した。パリ北東の端に位置し、かつて屠殺場があったヴィレット地区は、超近代的な科学技術公園に変貌した。中心に重要なものを配置する伝統的な都市構造は、まさにそれ自体が都市に中央集権的求心性を付与するものであるが、その構造自体を修正する動きが生じ、新しい都市のかたちが生まれつつあるのである。

（朝比奈美知子）

44

パリを巡る水――セーヌのほとりで

図1　1530年頃のパリ　向かって左が右岸，右が左岸

図2　パリ市紋章

パリの中心を流れるセーヌ川

パリの中心を東から西へと流れるセーヌ川は、パリの風景に欠かすことのできないものである。有名な観光船バトー・ムーシュに乗って陸とは違った角度から街を眺めるのも楽しい。河岸の歩道は市民の格好の散策の場となっているし、街の中心部の河岸には、ブキニストと呼ばれる屋台の本屋が並び、掘り出し物の本や絵葉書、ポスターなどを探すパリっ子、観光客で一年中賑わっている。

セーヌ川は、パリという都市の区割りにも重要な役割を果たしている。まず、パリの街の話をするとき、しばしば「右岸」(rive droite)と「左岸」(rive gauche)という表現を耳にする。右岸とは、セーヌの上流(東方)から下流(西方)を向いたときに右手にある、つまりセーヌの北側の地域を指し、左岸とは左側、すなわちセーヌの南側にある地域を指す。パリ市にある二〇の区の配置は、セーヌに面したルーヴル、チュイルリーを含む中心部分に位置する一区から始まり、北東の端の二〇区まで、時計回りの同心円を描くように規則的に外に出ていくように配置されている。また、パリの番地は区画でなく通りに沿って付されるが、概略的には、セーヌに平行して走る通りでは上流から下流へと番号が進み、セーヌに直角に走る通りにおいては、セーヌを起点として遠ざかるほどに番号が進む。つけ加えれば、いずれの場合も、起点から見て左側には奇数の番地が、右には偶数の番地が並ぶ。

図3　セーヌ川の風景

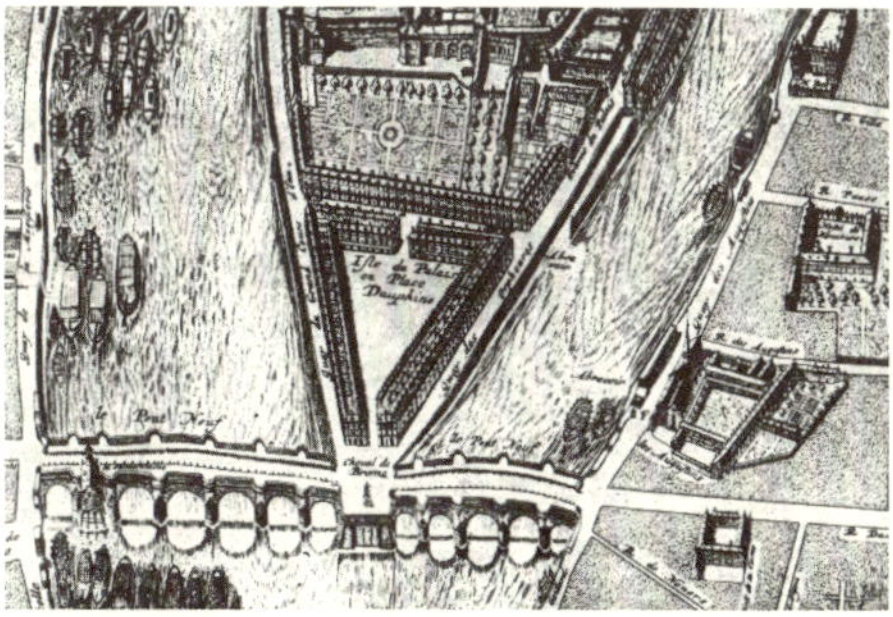

図4　シテ島とポン・ヌフ（1652年）

パリ市の紋章はセーヌに浮かぶ帆船を図案化したもので、そこには「たゆたえども沈まず」（fluctuat nec mergitur）という銘が刻まれている。この図案は、セーヌに浮かぶ船のような形をしたシテ島から始まったパリがさまざまな歴史の荒波を超えて存続してゆくことを示すとともに、この都市の繁栄がセーヌとともにあることを象徴している。実際、シテ島あるいはパリは古くから水運の要地で、各地から船で運ばれてくる産物の交易により潤ってきた歴史がある。

運河と下水道

一方、パリおよびその周辺では、セーヌ上流の洪水の制御、あるいは首都への水の供給などといった目的で、人工的な運河の建設が進められてきた。一八〇二年ナポレオン一世の命により建設が決定されたウルク運河は、パリの北東に流れるマルヌ川の支流ウルク川とセーヌをつなぐ運河である。パリ東部のバスチーユ河岸のアルスナル港とパリの北東の端ヴィレットを結ぶサン＝マルタン運河は、そのウルク運河とパリをつなぐために建設されたものである。一九世紀にはもっぱら労働者の街であった区域を流れるこの運河は、首都の中心を流れる華やかなセーヌとは異なる鄙《ひな》びた風貌を持っている。

パリを巡るもう一つの水路として下水道がある。その歴史はガロ＝ロマン時代に遡るが、長い間その使用は途絶えていた。一四世紀に新たな下水路の建設が始まり、何度か調査や延長が行われたものの、本格的な整備が始まるのは、ナポレオン一世により一八〇五年に下水道監督官に任命されたブリュヌゾーの下水調査以降のこと

図5　アレクサンドル3世橋

である。ヴィクトル・ユゴーは『レ・ミゼラブル』第五部でその調査に言及しながら、地下水路の来歴を長々とたどる。彼によれば、首都の地下に巡らされた下水道は「もうひとつのパリ」、別名「巨獣のはらわた」だ。ちなみに、同じ第五部でジャン・ヴァルジャンは、反乱で傷ついたマリユスを背負い、この下水道を通って逃亡することになる。

セーヌに架かる橋

セーヌ川に架かる橋でもっとも古いのは、シテ島の西岸を貫いて右岸と左岸を結ぶポン・ヌフ（日本語に訳すと、新橋という意味）である。一五八七年に着工したこの橋が完成するのは一六〇四年である。イタリアのフィレンツェに今でも残るヴェッキオ橋に見られるように両側にさまざまな店が立ち並ぶのが常であった従来の橋と違って景観を遮る建築物がないこの橋は、当時としては、その名のとおりきわめて斬新な橋であり、人々がこぞって詰めかける名所となった。一八世紀のルポルタージュ作家メルシエは『タブロー・ド・パリ』で、ポン・ヌフについて、人体における心臓のごとく、パリの街の「運動と循環の中心」をなしていると形容した。

一方、もっとも豪華な橋と言われているのが、右岸のグラン・パレと左岸のアンヴァリッドの間に架かるアレクサンドル三世橋である。一九〇〇年の万博に合わせて建設が計画されたこの橋の名前は、フランスとの友好を重んじ一八九四年に亡くなったロシア皇帝アレクサンドル三世の名にちなむものである。この橋は、燭台付き手すりや渦巻き型装飾、両端に配置され、戦争と平和を象徴する金色のペガサス

図６　パリの下水道を巡る散歩（第三共和政初期）

ミラボー橋の下セーヌが流れる
　　　　そして私たちの恋のこと
　　なぜ思い出さねばならないのだ
　　ろう
歓びはいつも悲しみのあとにきた

　　　　夜よ来い　時の鐘よ鳴れ
　　　　日々は去り　私は残る

（アポリネール「ミラボー橋」，『アルコール』所収）

像といった豪華な装飾により人目を引くばかりでなく、一〇九メートルもの長さを持ちながら、橋の下の船の通航を妨げないよう、両端以外には一本も橋脚がないという、きわめて優れた技術をもって建造された建築物である。

文学のインスピレーションとしてのセーヌ

セーヌ川は多くの文学者を惹きつけ、美しい詩や小説の場面を生んできた。アポリネール（Guillaume Apollinaire, 1880-1918）が恋人マリー・ローランサンとの日々を回想した「ミラボー橋」は有名な詩である――ただし、実際のミラボー橋は、想像に反してあまり見栄えのよくない橋だ。画廊で出会った駆け出しの画家ローランサンを見て彼が恋に落ちたのは一九〇七年、当時アポリネールが右岸のオトゥイユに住んでいたことから、二人はこの橋を渡って逢瀬を重ねた。やがてローランサンは別の男性に心を奪われて彼のもとを去るが、詩人は想いを断ち切れず、ミラボー橋に佇んでセーヌの流れを見つめ続ける。

ギュスタヴ・フロベール（Gustave Flaubert, 1821-80）著の『感情教育』は、田舎からパリに出て恋や政治の動きに揺れながら経験を積む青年フレデリックの物語であるが、ここでもセーヌは重要な役割を果たしている。上流にある故郷と下流にある首都パリ、ブルジョワ・成熟の空間である右岸と、学生・プロレタリアートの空間である左岸、革命を象徴するバスチーユと権力の象徴であるルーヴルやチュイルリー――セーヌ越しに見える風景には、フレデリックの感情と歴史によって織りなされるさまざまなドラマが重ねられているのである。

（朝比奈美知子）

45 地下鉄——人生の縮図メトロ

図１　ギマールによるデザインのメトロ入り口

図２　メトロ工事中のパリの断面図

パリジャンと地下鉄

パリの町を歩いていると、ところどころで大きな黄色のMのマークに出くわす。また植物が蔓を伸ばしたような緑色の奇妙なオブジェに出会うこともある。これがメトロ（地下鉄）の入り口である。市民の日常的な足であるだけでなく、その生活の一部に組み込まれたパリ風物の一つである。

駅の様式はだいたい似通っている。壁面と丸天井は白色の光沢のある陶器のタイルで覆われているが、これは開業当時、まだ貧弱だった照明設備を少しでも補う目的で張られたものである。駅名は、青地に白文字で壁面にでかでかと書かれている。これだけ大きく表示されていれば、乗り過ごすこともないだろう。駅の名も多彩で、ヴィクトル・ユゴーやパスツールといった歴史上の人物、またイエナやソルフェリーノといった古戦場の名（かつてここでフランス軍が勝利を収めた）、さらにはレピュブリック（共和国）やナシオン（国民）といったフランス革命にまつわる言葉などが用いられていて、路線図を眺めているだけでも楽しい。日常的に目にする駅名を通して、国の歴史を意識させようというもくろみなのであろう。

いくつかの駅では、その場所にちなんだ装飾がホームに施されている。ルーヴル・リヴォリ駅では、最寄りのルーヴル美術館所蔵の美術品のコピーが展示されているし、バスチーユ駅ではフランス革命を描いた壁画が、コンコルド駅では人権宣

夕暮れになると，地下鉄の灯火が赤くともり，駅名の氾濫する冥界へと下る道を指し示す。コンバ，エリゼ，ジョルジュ・サンク，エチエンヌ・マルセル，ソルフェリーノ，アンヴァリッド，ヴォージラールといった駅の名は，街路や広場に結びつけられた恥さらしな束縛を断ち切ってくれる。暗闇を車両のライトが切り裂き，警笛が響き渡るこの空間では，駅名は汚水だめにひそむ醜悪な神々となり，また地下墓地をすみかとする妖精ともなる。
（ベンヤミン『パサージュ論』）

言の文面が、クリュニー・ラ・ソルボンヌ駅では、隣接するソルボンヌ大学にちなんで文学者のサインが壁面を飾っている。機会があったら注意して見てみよう。

地下鉄——今と昔

パリ市内を運行するメトロは一四路線ある。首都を東西に横断する最初の一番線が開通したのは一九〇〇年、パリ万国博覧会にあわせてのことであった。実は建設当初は、地上を高架で走らせる案と地下に線路を敷設する案とで意見は対立していた。何といっても薄暗い地下はやはり不気味な空間であり、変な瘴気で窒息しないか、事故があったとき閉じ込められないかと多くの人に不安がられたのである。結局、都市の景観を乱すということで地上案は退けられたが、いくつかの路線では今でも、一部線路が地上に出て、高架を車両が走っている。

植物を模したアール・ヌーヴォー様式の入り口は、こうした利用客の不安を和らげる効果もあったのであろう。エクトール・ギマール（Hector Guimard, 1867-1942）によるこれらのデザインは、二本の蔦が高々と「メトロポリタン」（métropolitain）という標識を掲げていたり、トンボの羽のような半透明な覆いがついていたりとなかなか凝っている。しかし当時はオスマン男爵（第二帝政下のセーヌ県知事）によって改造されたパリの風景にそぐわないと、さんざんな不評であった。

最初は疑心暗鬼であったパリ市民も、ひとたびメトロの利便性と快適さ、さらには安全性が知られると、瞬く間にこの新時代の交通手段に魅了される。利用客の数は急増し、いくつかの路線では、わずか二年の間に一編成を三両から倍以上の八両

図3　最初のパリ地下鉄（1900年7月，パレ・ロワイヤル駅にて）

へと増やしたほどである。一九一一年、パリを訪れたフランツ・カフカ（Franz Kafka, 1883-1924）は、地下鉄で移動する乗客たちを見て、まるで「水道管の中の水」のようだと驚き、また外国人にとってもメトロに乗ることは「最初の助走でパリの核心に突入したという感じをいだかせる最上の機会」であると述べている。メトロはこうしてパリジャンたちの生活と切っても切れないものとなる。

第二次世界大戦中は、パリのメトロも受難の時代を迎える。ドイツ軍の空爆を避けるため、人々は地下鉄を防空壕として利用した。またドイツ軍がパリを占領すると、首都の地下に張り巡らされた空間は、絶好の軍事拠点として利用されることになる。ビュット・ショーモン駅にはパリ北部のドイツ軍司令部が置かれ、また一一番線のいくつかの駅は軍需工場や負傷者の手術室に改造された。今でもパリの地下には、ドイツ語で書かれた標識や錆びついた機械類が数多く残されている。

戦後しばらくは、別の意味でメトロにとっての停滞の時代となる。一九五〇〜七〇年代のいわゆる「自動車の時代」の到来により、人々は混雑して息苦しい地下鉄を避け、マイカーによる移動を好んだのである。しかしこの間もメトロは常にパリジャンたちの生活の中心にあり続ける。そして二〇世紀も終わりの一九九八年、全く新しいタイプの地下鉄が開通した。マドレーヌとフランス国立図書館を結ぶ（その後延伸してサン＝ラザール駅からオランピヤードまで）地下鉄一四番線である。その最大の特徴は無人で運転されることであり、ガラス張りの車両の先頭部分にはしばしば進行方向の暗闇に目をこらす子どもたちの姿が見られる。

図４　コンコルド駅の壁面にタイルで書かれた「人権宣言」

図５　高架を走行中のメトロ６番線

芸術の舞台としてのメトロ

パリで地下鉄に乗っていると、アコーディオンをかついだ男が乗り込んでくるのに出くわすことがある。彼らは訛りのあるフランス語で挨拶をすると（彼らの多くはルーマニア人である）、短い駅と駅の間で何曲か演奏し、乗客たちから小銭を集めてはまた降りていく。これもまたパリのメトロの風物詩の一つである。

実は一九九七年よりこうした行為は許可制となっている。音楽家たちは当局が主催するオーディションに参加し、そこで認められた者だけが地下鉄構内または車内で音楽を演奏することができるのである。たしかに近年音楽家たちのレベルは向上し、バイオリンやハープのセミプロ級の奏者による演奏や、ときには一〇人を超える楽団による見事なハーモニーが聞かれることもある。

パリの地下鉄はアラゴンやコクトー（Jean Cocteau, 1889-1963）といった作家に描かれ、また多くの映画の舞台ともなった。イヴ・モンタン（Yves Montand, 1921-91）やセルジュ・ゲンズブール（Serge Gainsbourg, 1928-91）のシャンソンにもメトロは登場する。芸術の都としてのパリの風景にも、地下鉄は欠かすことはできない。

地下鉄の入り口から入り、ホームで車両を待つ。そこには何とも言えぬにおいが漂っている。車両の潤滑油、加熱したブレーキ、ホームに長年積み重なった埃やカビ、乗客たちの体臭、ときにはすえたアルコールやし尿のにおい。それらの入り混じった空気を吸い込むときほど、自分がパリにいることを実感する瞬間はない。

（畑浩一郎）

46

都市計画──「壊し屋」オスマン

図1　郊外周辺地区のパリ併合命令をオスマンに手渡すナポレオン3世

一八五〇年頃までのパリ

セーヌの両岸に広がる白い建物の波、数多くの歴史的建造物、市民の憩いの場となる公園、都市交通の流れを維持しながら歩いて楽しい適度な広さの道路、その随所で出会う眺望の面白さ──たしかにパリは、大都市としての利便性と景観の美しさを兼ね備えた見事な街並みを持っている。しかしながら、一八五〇年頃までのパリは、現在のパリとはかなり異なる風貌を持っていた。ヨーロッパを代表する都市であることにはちがいなかったが、古いパリはかなり汚い街だったらしい。一八世紀の思想家ジャン＝ジャック・ルソーは自伝『告白』の中で、首都の第一印象について、堂々たる外観をもった大きく壮麗な都会を想像していたのに、実際に見たのは「汚く悪臭のただよう狭い路と黒ずんだあばら家、不潔と貧困の空気、乞食、車夫、服の繕い女、煎じ薬や古帽子の呼び売り女、そんなものばかりだ」と記している。ルソーが見た汚い街を現在の堂々たる都市へと変貌させた人物、それは、第二帝政期にナポレオン三世（Napoléon III, 1808-73）によりセーヌ県知事に任命されたオスマン（Georges Eugène Haussmann, 1809-91）である。

オスマンの大改造

実は、パリの近代化の必要性はフランス革命以前から論議されていた。ヨーロッ

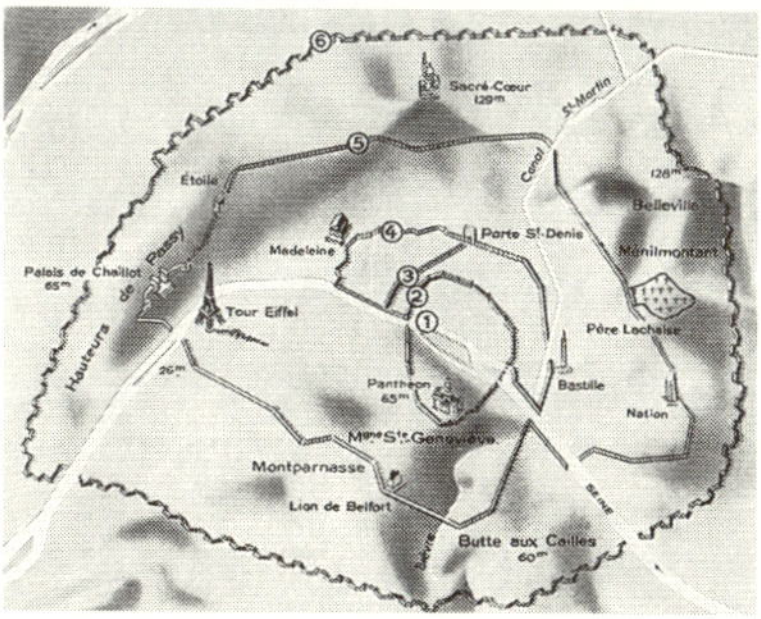

図2　パリの外壁の変遷
①ガロ＝ロマン時代；②フィリップ２世（尊厳王）時代（1180）；③シャルル５世時代（1370）；④シャルル９世時代～ルイ13世時代；⑤徴税請負人の壁（1784-91）；⑥チエールの城壁（1841-45）＊現在の市の境界は，⑥の少し外

図3　サン＝ジェルマン通り貫通工事

パ有数の都市であるにもかかわらず、街には中世以来の狭い曲がりくねった路地や老朽家屋が残り、上下水道やごみ処理といった衛生設備にも多くの問題を抱えていた。革命前後から顕著な増加をみた都市人口に見合うインフラを持たないこの街は、いわばパンク寸前の状態にあった。その状態を打開すべく、第一帝政期、あるいは七月王政期においても首都改造が少しずつ進められていた。しかしながら、オスマンの改造は、それらと比べて格段に大規模で断固としたものであった。

彼の都市改造の最重要課題は、幹線道路の整備であった。彼はナポレオン三世の威光を後ろ盾に強権的な土地収用を行って、パリを南北・東西・斜めに走る大通りの建設を進めていく。当時、都市開発のもっとも大きな障害となったのはパリの中心部、特にシテ島で、古い歴史を持つ区域であるゆえに、交通の要でありながら狭隘な路地が入り組んで渋滞は悪化する一方、老朽化した家屋が過密状態になり、貧民や不穏分子が住みついてスラム化するという状態になっていた。彼はこの島のほとんどの住居を一掃して公共施設のみから成る区域へと変貌させ、右岸と左岸を貫く大通りを通す。ルーヴル宮周辺においても、周辺の家屋を撤去して同区域とチュイルリーを連結させ、現在のパリの中心部の堂々たる風景を出現させた。また目抜き通りのリヴォリ通りを拡張し、コンコルド広場からバスチーユまでをほぼ一直線で結ぶ幹線を形成すると同時に、中央市場などを建設して周辺地区の再開発を進めた。さらに、ガス灯などの照明設備の導入による明るく治安のよい街づくり、乗合馬車や鉄道などの交通網ならびに上下水道など各種都市インフラの整備を経て、パリは近代都市として生まれ変わっていくのである。

パリは変わる！　だが私の憂鬱の中では何も
動かない！　新しい宮殿も，足場も，石材も，
古い場末町も，すべてが私にとっては寓意となり，
わが愛しき思い出は岩よりも重たい。

ゆえにルーヴル宮の前で見たある光景が私の胸をふさぐ。
私はあの大きな白鳥を思う，狂おしい身ぶりを見せて，
追放された者のように，滑稽でしかも崇高に，
絶え間ない欲求に蝕まれていた！　そしてあなた，

アンドロマックよ，偉大なる夫の腕から滑り落ち，
いやしい家畜となって，傲慢なピュロスの手に落ち，
空の墓の前に恍惚となって屈みこむ
ヘクトールの寡婦にして，ああ，ヘレノスの妻！

（ボードレール「白鳥」，『悪の華』所収）

図４　土地収用のため行き場を失った人々

パリがほぼ現在の大きさになったのもこの時代のことである。オスマンの改造前のパリは、現在の一区から一一区の全部、ならびに一二区と一六区の一部を含む範囲に限られ、周囲には、「徴税請負人の壁」と呼ばれる壁が巡らされていた。一方、その外側には、七月王政下に防衛上の目的で建設されたチエールの城壁（現在のパリ市の境界の少し内側）が存在していた。オスマンは旧市内を画する徴税請負人の壁を撤廃し、一八六〇年にチエールの城壁の内側の地域をパリ市に統合した。かくしてパリは、ほぼ現在のパリに近い大きさになったのである。

オスマンの都市計画は、実用的な目的にかなったものであったばかりでなく、質の高い美意識に支えられていた。彼は都市の景観を重視して公共施設や公園などの整備を行い、建物の正面外観や通りに面した整列配置にもこだわった。また、特筆すべき歴史的建造物については取壊しを回避する開発法を探った。

開発の光と影

とはいえ、この大改造には影の部分もあった。フランス革命以後民衆に権利意識が浸透したこともあって、労働者の暴動や政府への抗議行動が頻発し、叛乱者たちはしばしば路地にバリケードを築いてゲリラ戦を展開した。ユゴーは『レ・ミゼラブル』の第四、五部で一八三二年に起きた民衆の叛乱を描いている。そこでは政府に抗議する学生や労働者や女房たちが、パリのいたるところでありあわせの戸板や家具、道路の敷石などを積み上げてバリケードを作る。それは武器を持たない人民の砦だった。狭い路地には最新の軍備も投入できず、政府軍は抜け道に精通した住

その年，街には大変動が生じていた。昔のポワソニエール市門が撤去され，郊外大通りを突き抜けてマジャンタ大通りとオルナノ大通りが貫通しようとしていた。昔の面影はもうない。[……] 帽子屋はパリの取壊しの話になると止まるところを知らなかった。彼は，皇帝がいたるところにご立派な建物を作って労働者を田舎に追いやっていると非難した。[……] ジェルヴェーズも，自分が住み慣れた場末の薄汚れた一画をかきまわすこの美化を嫌がっていた。彼女の気が滅入るのは明らかに，自分が破滅へと向かっているまさにそのときに，街ばかりがきれいになっていくからだった。

（ゾラ『居酒屋』）

図5　第二帝政下に貫通した通り

人の奇襲に少なからず悩まされていた。老朽家屋の撤廃と道路の拡張には、バリケード建設の阻止、不穏分子の一掃という意図も含まれていたのである。

また、古い街並みの破壊に都市の精神文化の喪失を見た作家・詩人も多い。ボードレールは『悪の華』所収の「白鳥」において、改造が進む首都の水たまりに落ちた白鳥に、トロイア戦争での敗北で祖国と夫を永遠に失った（トロイアの）王妃アンドロマック、ナポレオン三世を批判して当時亡命状態にあったユゴー、そして、精神の故郷を永遠に失った詩人（＝彼自身）の魂を重ねている。

一方、第二帝政期の労働者一家の転落を描くゾラの小説『居酒屋』は、一八六〇年のパリ拡張前夜を時代背景としている。その冒頭部には、市の内と外を隔てる徴税請負人の壁に設けられたポワソニエール市門の描写がある。湿気と塵埃がこもり、屠殺場で殺された獣の生臭い匂いが漂うこの場末町の門は、毎朝市外からパリに働きにやってくる労働者でごったがえす。彼らは一様に疲れきった暗い表情で門に吸い込まれていく。ちなみに主人公ジェルヴェーズは、門の外の貧民街に住んでいる。同じ場末でも、門の内側にあって盛んな経済活動が行われる区域と、外側にある最下層の貧民街の間には歴然たる格差がある。小説の終末部になると、この地にも首都改造の影響が及び、大通りが貫通し新しい建物が建ってゆく。だが、転落の一途をたどるジェルヴェーズは新しい街を前に戸惑いを隠せない。結局彼女は、開発の恩恵に浴することなく悲惨な死を遂げることになる。『居酒屋』の場末町はまさに、開発の光と影が交錯する空間だ。都市開発の功罪、市内と市外の格差はやがて、「郊外」問題など今日の懸案へと波及していくことになる。

（朝比奈美知子）

47

住宅事情——アパルトマンの窓から

図1　第7区の建物の正面

フランスの住宅事情

どんな街でも、その街独自の風貌を持っている。また、そこに集まる住居からは人々の生活や文化、風俗の一端を垣間見ることができる。二〇区あるパリの市内には、いわゆる一戸建ての住宅はきわめて少ない。この街に来てまず気づくのは、建物の高さや色が統一されていることである。パリに限らずフランスの都市部では早い時期から都市計画が進み、郊外は除き、街中の住居は四階ないし六階建ぐらいの建物が多い。ちなみに、フランスの建物の「一階」（premier étage）は、日本でいう二階に相当する。「階」（étage）は、階段を上ってはじめて発生するのである。日本でいう一階は、「路面階《レ・ド・ショッセ》」（rez de chaussée）（通りすれすれという意味）という。住宅街と商店街の区別はそれほど明確でなく、パリの中心部の区にも想像以上に人が住んでいる。というのも、建物の路面階にはパン屋や洋服屋や美容院、あるいは会社や各種事務所などがありその上の階には住居がある、という場合が多いからである。一つの建物の居住区画は、通常、区割りされたいくつかの住居、すなわちアパルトマンに分かれている。ひとまずは日本のマンションを想像してみるとよい。アパルトマンの広さは、四〇m^2程度の小さなものから建物のフロア全体を占める広いものまでさまざまである。日本のワンルームマンションに相当する小さな住居もあり、ステュディオと呼ばれている。フランス全体での平均居住面積は、年度により変動は

図2　パリの家屋の垂直断面（1847年）

図3　第6区ジャコブ通りのコンシエルジュ（門番）

あるが、概ね一戸建てが一一〇㎡、集合住宅が七〇㎡弱、両者の平均が九〇㎡である。

近代建築か石造りの建物か

さて、一口にアパルトマンといっても、それが入っている建物は、日本のマンションのイメージに近いコンクリート造りの近代的な建物もあれば、伝統的な石造りの建物もある。仮にパリの街で暮らすとしたら、どちらに住むのがよいだろう。設備の整った近代的なビルもよいが、歴史ある建物の醍醐味も捨てがたい。

大正初期にパリに暮らした島崎藤村は、「石づくめの町」の「硬い質」、「一切が実に厳固で永久的」な相と、木と紙で造られ土の上に建っていて、草花や生き物により季節の移ろいを感じることができる日本の住居の様との違いを感慨深く語っている（『ヱトランゼヱ』）。実際、パリの街においては、公園などを除き、土に触れる場所はきわめて少ない。まさにすべてが石づくめである。そして、石造りの建物はまさに永続的だ。築二、三〇〇年というのは珍しくなく、中世に建築された建物さえあるという。石を積んだ外壁の厚さは数十センチほどもあるため、建物の内部に入ると外からの熱が遮断され、夏でもひんやりとする。寒い冬にはそれが防寒の役に立つ。

建物の建築は厳しい規制に従っているため、パリの通りに面した建物は、一見みな同じように白っぽく見える。が、よく見ると、由緒ある建物の入口や窓枠には意匠を凝らした装飾が見える。また、通りから見ただけではわからないが、建物の中に入ると中庭があることが多い。区割りされたアパルトマンは、通りに面したもの

図４　アパルトマンの窓から見下ろすパリの家並み

もあれば、中庭に面したものもある。中庭側の住居に住めば通りの喧騒からは逃れられるだろう。が、中庭は、ある意味で石造りの建物の中心にくり抜かれた井戸のようなもので、夏、窓を開け放っていると、井戸の中に谺《こだま》するように、隣人たちの話し声や料理の音が聞こえてくることがある。

階と階層

一九世紀前半期ぐらいまで、建物の階には一種の階層があった（現在でもそれはある程度生きている）。バルザックの小説『従妹ベット』は、それを興味深いかたちで反映した小説である。主人公の老嬢リスベット（通称ベット）はパリに住むしがない仕立て女で、屋根裏部屋に住んでいる。さて、小説の冒頭部で、パリの高級住宅街にある庭園つきの屋敷の（フランス式の）一階の住人を訪ねて一人の男がやってくる。門番は男を注意深く観察する。バルザックいわく「大パリの門番はおそろしく目が利く」から、青い軍服を着て足取りのゆったりした人物を引き止めはしない。そういう人物は「要するに金持ち」なのだ。くだんの一階は、ユロ男爵の住居で占められている。ベットをパリに呼び寄せ仕事の世話をしたのは、ほかならぬユロ男爵夫人である。夫人はベットの従姉だが、類まれな美貌のおかげで男爵に見初められ、贅沢な暮しをしている。同じ血を受けながら、従姉は「御屋敷」に住み、自分は「屋根裏にくすぶっている」――すべてに恵まれた従姉に対して執拗な嫉妬心を抱き続けるベットは、やがて、ひそかに従姉を失墜させる策略を練る。

バルザックの例を参考にしながら図２を見てみよう。まず、建物の路面階には、

ロドルフはパリでもっとも高い建物の一つであるその家の最上部に住んでいた。展望台のようなかたちのその部屋は，夏の間は居心地がよかったものの，10月から4月までの間は，まるで小さなカムチャツカだった。天候の悪い季節のあいだ中，四方から吹き込む風が，いずれも穴のあいた4つの鎧戸を通して猛々しい四重奏を繰り広げるのだった。まるで皮肉のように大きな煙突まであって，その巨大な穴は，さながら北風の神とその従者たちのためにわざわざ設けられた名誉の入り口のようだった。

（ミュルジェール『放浪生活の情景』）

図５　第19区にある労働者のアパルトマンの食堂

門番《コンシェルジュ》がいる。金持ちが住むのは一階や二階で、そうした階では、フロア全体を一つのアパルトマンが占めることも珍しくない。それが、階を上るごとに一フロアをいくつかのアパルトマンで分けるようになる。各階をつなぐ階段も、一階、二階のものは広く立派であるが、上にいくにしたがって狭くなる。つまり、建物の上下にはそのまま社会の地位や経済力のヒエラルキーが現れるのである。建物の最上部は「屋根裏」と呼ばれ、従来、女中や下僕など貧しい人々の住居にあてられた。狭い階段を上ってくるだけでも一苦労であるうえ、屋根の勾配がそのまま天井になっていて外気温の影響を直接受けるので、夏は焼けるように暑く、冬は凍るように寒い。現在でも厳冬期には屋根裏の水道管が破裂したりする。ちなみに、この上下のヒエラルキーは、オスマンのパリ大改造の後には金持ちの好む高級住宅地はパリの西方に、庶民や労働者の居住地は東に集まる傾向を見せるようになったことから、東西のヒエラルキーに変化したとも言われる。

さて、ベットの不満の種の屋根裏に戻ると、たしかにそこは、厳しい環境にさらされた貧乏人の住空間である。しかしながら、屋根裏が想像力の起点となることもある。ボエームの芸術家群像を描くアンリ・ミュルジェール（Henry Murger, 1822-61）の小説『放浪生活《ボエーム》の情景』は、のちにオペラにもなり大成功を博した作品であるが、主人公のロドルフは売れない詩人で、年がら年中金欠状態である。その彼が日々暮らし恋人となったミミとの愛を育むのは、まさに屋根裏である。つまり、屋根裏とは、未来の出世を夢見る学生や、未だ名を成していない芸術家たちが貧困の中で夢を温める空間でもあったのである。

（朝比奈美知子）

図1　ルーヴル美術館（ガラスのピラミッドが入り口）

48

美術館――ルーヴルとオルセー

美術館になる前のルーヴル

ルーヴル美術館は世界屈指の美術館である。周知のとおり、この美術館はもと宮殿だった。その起源は中世のカペー朝時代、フィリップ二世（尊厳王）（Philippe II Auguste, 1165-1223）が当時パリの防衛において最大の弱点となっていたこの場所（当時ルパラと呼ばれていた）に城塞を築いたことに遡る。一四世紀にシャルル五世（Charles V, 1338-80）が改築と宮殿としての整備に着手、百年戦争による混乱などさまざまな紆余曲折を経たのち、一六世紀の名君フランソワ一世（François I, 1494-1547）が、この城をルネサンス様式の城に改築することを決定、その後、相次ぐ増築を重ねて、現在のかたちに至っている。

ルーヴル所蔵の美術品のルーツ

美術館（英語でミュージアム museum, フランス語でミュゼ musée）という語の語源は、ギリシア語のムセイオン、すなわち諸学芸を司る九人の女神ムーサイの聖域という意味であった。ただし、ムーサイにはもともと詩や音楽の神はいたが、美術の神はいない。エジプト王プトレマイオス一世（B.C.367-283）がアレクサンドリアに建てたムセイオンは、美術館のルーツの一つとされるが、そこも学芸に関する研究所的な性格が強かった。一方、古代ギリシアにおいては、戦利品や戦争を物語る壁画な

図３　レオナルド・ダ・ヴィンチ「モナリザ」

図２　チュイルリーから見たルーヴルとカルーゼルの凱旋門（第二帝政期）

どを市民に見せるという伝統が存在していたが、ローマ時代になると、有力者たちが地位や権力の象徴として、ギリシアの美術品を収集するようになった。中世ヨーロッパにおいては、異教に属するものであることから、ギリシアやローマの美術品の収集の歴史は途絶えるが、キリスト教美術のさまざまな作品が教会の宝物庫に収蔵されていった。

現在のルーヴル美術館には概ね、古代から一九世紀前半期までの美術品が所蔵されているが、そのはじまりは、すぐれた芸術愛好家でもあったフランソワ一世がパリ近郊のフォンテーヌブローに設けた「絵画室」（Cabinet des tableaux）にあるとされる。今日ルーヴルでもっとも多くの観光客を惹きつける絵画の一つ「モナリザ」とその作者レオナルド・ダ・ヴィンチも、フランソワ一世と深いつながりを持っている。イタリア遠征の際に知ったこの芸術家に魅せられた王は、彼を熱心に誘ってフランスに呼び寄せ、ロワール地方のアンブロワーズの近郊、クルーの城に住まわせた。くだんの「モナリザ」は、ダ・ヴィンチがフランスに来る前に描いたものとされるが、この絵に執着していた画家はそれをフランスに持ち込んだ。三年の滞在ののち彼が亡くなると、この絵はフランソワ一世の絵画室のもっとも貴重な所蔵品となった。以後も、代々の王のもとで絵画室の所蔵品は増えていく。

革命の理念から生まれた美術館

一八世紀になると、啓蒙思想の影響下に、貴重な美術品は一部の特権階級が独占するのでなく広く民衆に開放されるべきだという考え方が広まっていく。ルイ一五

図４　オルセー美術館

たとえば，この建物の一階部分を掃除し柱廊として整備してもよいのではないか。その柱廊には，もはや誰も散歩しない庭園に散在し外気と時間と季節の変化により失われたり痛められたりしている王国のもっとも美しい彫像を並べて，そうした貴重な作品を集める場として使ってもよいのではないか。南側に位置する部分では，現在王室調度保管庫に乱雑に積み上げられ誰も楽しめない状態になっている王の絵画のすべてを並べてはどうだろう。北側に何も障害物がなければ，地図の展示室を設けてもよい。また，この宮殿のほかの場所に，自然誌やメダル部門の展示室を移してもよいかもしれない。

（『百科全書』1765年版，「ルーヴル」）

世にもその趣旨の進言がなされ、哲学者ディドロも『百科全書』（一七六五年版）の「ルーヴル」の項目でそれに賛同する見解を述べている。この計画が実現するのは一七九三年で、このときからルーヴルは、革命の理念を体現する美術館として新たな生命を持つことになるのである。文化施設としての美術館が広く発展するのは一九世紀で、とりわけ第二帝政期以降には多種多様な美術館や博物館が次々に開館し、それにともない芸術が大衆化していく。

ところで、一八世紀末の革命のあとフランスは大混乱に陥るのだが、実はその間にも美術館の所蔵品は増えていた。というのも、革命が標的としたカトリック教会所蔵の美術品や亡命貴族所有の美術品が組織的に押収されたからである。また、革命期から第一帝政期に繰り返された対外戦争も、ヨーロッパの国々やエジプトからおびただしい数の美術品をもたらした。その多くはナポレオンを破った同盟軍の要求で返還されることになるが、その後も各地から集められた美術品は確実に増えていった。美術館の所蔵品は、しばしば国家権力を握る者の威信を象徴し、侵略戦争や植民地進出などの際の搾取によっても蓄積されていくものなのである。

オルセー美術館

ルーヴルの西、チュイルリーの対岸に位置するオルセー美術館には、一九世紀後半期から二〇世紀初期の美術作品が所蔵されている。レアリスムのクールベから、バルビゾン派のミレー、印象派のマネ、モネ、ドガ、ルノワール、後期印象派のセザンヌ、ゴッホ、ゴーギャン、さらにアール・ヌーヴォーの室内装飾品まで、日本

図5　オルセー美術館内部

図6　ポンピドゥー・センター（中に現代美術館がある）

でもよく知られた美術品が陳列されている。

この美術館はもと駅だった。政府機関の跡地をオルレアン鉄道会社が買収し、一九〇〇年のパリ万博に合わせて開業したのがそのはじまりである。駅舎の構造体は、現在のパリに残る他の鉄道駅と同じく鉄とガラスでできているが、世界の祭典万博を意識して、セーヌに面した正面はルーヴル風の建築様式で覆われ、内部にも優雅な装飾が施され、オルセー駅は当代きっての壮麗な駅舎として誕生した。その後の運輸事情の変化とともにこの駅は鉄道駅としての地位を失い、一九三九年には幹線の駅としての使用が終了する。その後は第二次世界大戦のフランス人捕虜のための郵便基地や帰還者受入施設として用いられたり、アルジェリア危機の最中にド・ゴールの政権担当意思表明演説の会場となったり、演劇の舞台として用いられたりするうち、この建物を美術館にして一九世紀の美術品を展示しようという案が浮上する。そして一九八六年、かつての駅は美術館として生まれ変わったのである。

パリにはほかにも、中世の美術品を所蔵するクリュニー美術館、旧中央市場の跡地にあり、前衛的な外観で目を引くポンピドゥー・センター内の国立現代美術館など数えきれない美術館がある。これらの美術館では、多くの人々に美術を楽しんでもらうため、週一回の無料化、夜間の開館などといった措置を取っている。近年では、全ヨーロッパ的に「美術館の夜」という催しが開催されている。その日は、加盟国のあらゆる美術館が無料となり、かつ夜中まで開館される。ルーヴルを美術館とした啓蒙思想の理念は、今もなお生きているのである。

（朝比奈美知子）

49 パリを見下ろすモニュメント――ノートル＝ダム、凱旋門、そしてエッフェル塔

図1　ノートル＝ダム大聖堂

図2　ノートル＝ダム大聖堂の上から見下ろしたパリ（メリヨン作の版画）

ノートル＝ダム大聖堂と凱旋門

塔や高層建築に登り眼下の風景を一望のもとに見渡す――それは、一つの世界を把握しようとする人間の欲求を象徴する行為である。パリにはその欲求に応えてくれる建築物がいくつかあるが、一九世紀の終わり頃まで、パリ随一の高処といえば、シテ島にあるノートル＝ダム大聖堂だった。ユゴーの小説『ノートル＝ダム・ド・パリ』には「パリ鳥瞰」という章がある。そこでユゴーは、大聖堂の頂上からぐるりと見渡された一五世紀末のパリの街の風貌を長々と記述している。実はユゴーはその風景に、自身が生きる一九世紀のパリの様相を重ねている。この小説は、中世末期に生きたせむし男カジモドとジプシー娘エスメラルダの波乱の生を描く物語であると同時に、「建築物の死」という言葉を一つの軸としながら、一九世紀前半期のパリに生じた都市と人間精神の変貌について考察する作品となっている。

凱旋門も、首都を鳥瞰できる建造物の一つである。この門が建っているシャルル・ド・ゴール広場は、別名をエトワール広場という。エトワールはフランス語で星を意味するが、その名の意味は、凱旋門の上に登ってみるとよくわかる。この広場には、外観の統一がとれた建物の並ぶ一二本の道路が互いに均等な角度をなして集まっており、それを上から見ると、まさに星の形に見えるのである。ちなみに、交差点といえば十字路が多い日本と異なり、フランスの街には、複数の道路が合流、

図 3　凱旋門

交差する広場がよくある。気の強いフランス人ドライバーに交じってそれを横切って走るのは、十字状の単純な交差点に慣れた日本人には至難の業だ。広場をうまく走れるようになったらフランスに慣れた証拠であるとさえ言われるほどだ。

凱旋門はフランス革命とナポレオン、およびフランスが経験した戦争の記憶に結びついたモニュメントである。その建設を命じたのはナポレオン一世で（一八〇六）、完成は一八三六年である。門の各面に施された浮彫には、フランスが経験してきたさまざまな戦争の記憶が刻まれている。正面右の浮彫は国歌「ラ・マルセイエーズ」の情景、すなわちプロシア制圧に出征しようとする義勇兵を表現している。ナポレオンは自身の構想した凱旋門を見ずに亡くなったが、一八四〇年には、流刑地セント＝ヘレナ島で死亡した彼の遺骸を運び入れる壮大な行列がこの門を通った。一九二一年には第一次世界大戦で亡くなった無名戦士の遺骸がここに葬られる。二三年には慰霊の聖火がともされ、今なお絶えることなく燃え続けている。

図 4　1889年に建造されたエッフェル塔

エッフェル塔建設をめぐる大論争

とはいえ、今日パリを見下ろすモニュメントといえば、何といってもエッフェル塔だろう。この塔は、一八八九年の万博に合わせて建造されたもので、その名は塔のデザインと建築にあたった技師エッフェル（Gustave Eiffel, 1832-1923）の名にちなむものである。現在ではパリのシンボルとして多くの観光客を惹きつけパリの人々にも親しまれているこの塔も、その建築企画が発表された際には、フランスを二分する大論争を巻き起こした。歴史ある建築物がちりばめられた石造りの都パリ

図５　エッフェル塔の建設風景

そもそも，われわれが主張していることを理解するためには，パリにそびえる目まいがするほど愚かしい塔，それに，黒く巨大な工場の煙突を思い描いてみればよい。その野蛮な図体に圧倒され［……］あらゆる記念物は恥辱にまみれ，あらゆる建築物は卑小化され，このばかばかしい夢の中で消え去ってしまうのだ。そして，これから20年のあいだ，今なお幾世紀もの時代の精髄に震える街全体に，まるでインクの染みのように，ボルトで留めたおぞましい鉄の柱のおぞましい影が伸びるのを見ることになるのだ。
（「芸術家の抗議文」，『タン』1887年２月14日付）

の真ん中に、周囲と異質な鉄製の巨大な塔を建てるというこの計画は、伝統的な景観を重視する人々を憤慨させ、著名な文化人、芸術家らが連名で抗議文を送り、塔の建築に異議を申し立てた。そこには小説家のモーパッサンやアレクサンドル・デュマ、詩人のルコント・ド・リール、フランソワ・コペらの名が並んでいる。彼らは、このエッフェル塔を「無用で怪物的」な「黒く巨大な工場の煙突」と呼ぶ。何世紀にもわたって才ある建築家が息吹を吹き込んできた高貴な石造りの街に「ボルトで留めたおぞましい鉄の柱のおぞましい影」が伸びて景観を破壊するという不名誉をどうして許しておけよう。彼らにとって認めがたかったのは、塔の度外れた高さ、鉄という素材、それに加えて、この建築物が従来のように芸術家ではなく、工業技術分野の人間である技師によってデザインされたものであるということだった。

人間の想像力に新風を吹き込んだ塔

しかしながら、実は彼らの批判そのものが、建築の新たな歴史の始まりの証言となっているのも事実である。一九世紀は鉄の建築物の隆盛期であった。素材としての鉄の利点は強度と相対的な軽さ、柔軟性にある。技術の進歩により強度を備えた大型建築資材の製造が可能になり、前世紀にはもっぱら橋梁の建設に使われていた鉄が、他の多様な建築物に使われるようになった。一方、一九世紀中・後半期には、中央市場、駅舎、万博の大規模展示場などといった大きく開放的な空間や、大工場やガスタンクなど、従来なかった種類の建築物が必要とされるようになる。そうした巨大な建築物が、技師の力で次々と出現するようになっていたのである。

視線であり物象であり象徴であるこの塔は，人間がこの塔に付与するものすべてであり，そのすべては無限だ。見られると同時に見るものである見世物，無用でありながら他に代え難い建築物，馴染みの世界であると同時に英雄的な象徴でもあり，一つの世紀の証であると同時に常に新しい記念物であり，模倣不可能でありながら絶えず複製されるオブジェであるこの塔は，あらゆる時代，あらゆるイメージ，あらゆる感覚に開かれた純粋な記号，際限のない隠喩である。この塔を通して人間は偉大なる想像力を働かせる。想像力とはすなわち人間の自由だ。というのも，いかに暗い歴史も，それを人間から奪うことはできなかったからである。　（ロラン・バルト『エッフェル塔』）

S
A
LUT
M
O N
D E
DONT
JE SUIS
LA LAN
GUE É
LOQUEN
TE QUESA
BOUCHE
O PARIS
TIRE ET TIRERA
TOU JOURS
AUX A L
LEM ANDS

図6　アポリネールによるエッフェル塔の詩画（『カリグラム』）

エッフェルは、前述の抗議文に対して冷静かつ大胆な反論を行っている。その一つの要点は、技術の称揚である。彼は、三〇〇メートルもある塔をいかにして風圧に負けない堅牢な建築物に造り上げるかという課題に挑戦した。塔はきわめて綿密な「計算に基づいて」建造されている。鉄という素材のおかげで生じる「多数の空白」は、「安定性を揺るがす強風に建築物の面を無意味にさらすことがないように」という配慮から考案されたものであるという。さらに彼は、文学者・芸術家の批判が集中した技術と美の両立可能性の問題にも言及している。彼によれば、彼の大胆きわまりない構想を産み出したのは強度と安定性のための綿密な計算なのであり、技術の追究こそが、通常の芸術理論の枠を超えた「固有の魅力」「大いなる強さと美の印象」を持った建築物を出現させたというのである。

批評家ロラン・バルトは、評論『エッフェル塔』（一九六四）において、「見る」ことと「見られる」ことだけのために造られ、いかなる有用性も持たないこの塔が、建築物や景観の概念、あるいはそれにまつわる人間の想像力のあり方そのものを劇的に変えたのだと述べる。実際、二〇世紀になると、エッフェル塔に新たな芸術の霊感を求める文学者・芸術家が多数現れる。詩集『カリグラム』で文字を並べてエッフェル塔の絵を描いたアポリネール、点描でエッフェル塔を描いたスーラ（Georges Seurat, 1859-91）、奇想天外な戯曲『エッフェル塔の花嫁花婿』を書いたコクトー（Jean Cocteau, 1889-1963）らである。パリに出現した無用の鉄の塔は、人間の想像力に新しい風をもたらしたのである。

（朝比奈美知子）

50

モンマルトル——パリの田舎から芸術と歓楽の街へ

モンマルトルの謂われ

パリの北端の小高い丘にあるモンマルトルは、坂や石段の多い街である。頂上に立つ白亜のサクレ＝クール大聖堂の石段からは、パリの街全体が見渡せる。観光客に似顔絵や風景画を売り込もうとする画家が所狭しと陣取るテルトル広場は、芸術家の街モンマルトルの象徴と言えよう。観光客のひしめく目抜き通りから少し外れると静かな通りが走り、随所に画廊が点在する。モンマルトル（Montmartre）という地名の語源については諸説があるが、一般的に知られているのは、殉教の丘（Mont martyre）からきたという説である。起源二五〇年頃、福音伝道者で最初のパリ司教となった聖ドニがこの地で斬首されたが、彼は切られた自らの首を持って歩き続け、北部の寒村（現在のサン＝ドニ）まで行って息絶えたというのである。

図１　テルトル広場

パリの田舎モンマルトル

かつてモンマルトルは、鄙《ひな》びた村だった。今でも街の一画には葡萄畑が残り、往時ののどかな風景を偲ぶことができる。そこでは実際にワインも作られているという。また、かつてこの地には石膏の採掘場があり、掘り出した石膏を挽く風車が三〇台ほども並んでいたという。が、採掘場は一八世紀末に閉鎖され、やがて風車が回ることもなくなった。

図2　サクレ＝クール寺院

あの時代，つまり大戦［第一次世界大戦］の少し前の時代のモンマルトルは，この上なく魅力的な村だった。古い教会，教区の墓地，農家の玄関口，緑に覆われたあずま屋の食堂，井筒の古びた井戸――何一つ欠けるものはなかった。そこにはまた3台の風車と藁屋根の家もあって，昔アンリ王が恋人を住まわせていたと言われている。どんな小さな家にもちょっとした庭があり，学校帰りのわんぱく小僧がサクランボをくすねていく。日曜になると，パリっ子たちがよい空気を吸うために一団をなして登ってくるのだった。

（ロラン・ドルジュレス『文無し侯爵』）

牧歌的な風景の中に気軽な居酒屋やカフェが並び、土地が安価で自由な雰囲気を持つこの土地は、一九世紀を通じて多くの芸術家に愛された。たとえば、一九世紀中葉には、作曲家ベルリオーズ、ドイツの詩人ハイネ、オペラ『ラ・ボエーム』の原作小説『放浪生活の情景』を書いたミュルジェールらがこの地に足繁く通った。夢と狂気の詩人ネルヴァル（Gérard de Nerval, 1808-55）もこの地を好んで放浪し、自伝的作品においてしばしばその風景を回想している。たとえば『散策と回想』（一八五四）では、風車や酒場が並び、青葉の茂る棚に彩られた静かな小道や、崖に断ち切られた緑の野原の散歩が語られる。また、『オーレリア』（一八五五）において狂気の発作に見舞われた主人公「私」が収容される精神病院は、モンマルトルに実在しネルヴァルが実際に入院したブランシュ病院をモデルとしている。

一九世紀後半期になると、このパリの田舎の景観にも変化がもたらされる。ちなみに、ネルヴァルが放浪を続けていた一八五〇年代前半期には、モンマルトルはまだパリの市外にあった。が、第二帝政下のパリ改造の影響はすでにこの地にもはっきりと現れ、先に触れたネルヴァルの『散策と回想』においても、モンマルトルの土地が「一〇年前なら三〇〇〇フランで買えたろうに、今では三万フランもしている」と、首都の改造にともなう土地の高騰ぶりを嘆く記述が見られる。実際、この時期からモンマルトルの景観は確実に変貌を遂げていくことになる。

普仏戦争、パリ・コミューン、そしてサクレ＝クール

だがその前に、この丘がたどった歴史のもう一つの側面を振り返る必要がある。

図３　ゴッホ「ムーラン・ド・ラ・ギャレット」

図４　ルノワール「ダンスホール　ムーラン・ド・ラ・ギャレット」

この地は、普仏戦争、パリ・コミューンの記憶と結びついている。第二帝政末期の一八七〇年、プロシアの宰相ビスマルクによる策略と巧みな周辺外交に乗せられるかたちで普仏戦争が始まると、フランスはひとたまりもなく敗れてしまう。多額の賠償金とアルザス・ロレーヌの一部の委譲という不名誉な条件にもかかわらず停戦を急いだ政府は、対プロシア防衛のためにモンマルトル、ヴィレットなどの丘に国民防衛軍が設置していた大砲を秘密裏に撤去しようとする。それに怒った市民らは叛乱を起こし、それが広がってパリ・コミューン会議による自治政府樹立へとつながっていくのである。とはいえ、統制を欠くこの政体は、プロシアと結んだ政府軍の攻撃にあい、三万人もの死者を出した末にあっけなく崩壊する。モンマルトルの丘の頂上に聳《そび》える白亜のサクレ＝クール寺院（サクレ＝クールとはキリストの心臓の意）は、普仏戦争の敗北やパリ・コミューンの惨事に傷ついた人民の心の慰謝とフランスの復興を祈願して建造された記念建築物である。

歓楽街に霊感を受けた芸術家たち

さて、一九世紀末期頃からモンマルトルにはキャバレーやダンスホールなどが次々と開店し、街は夜の歓楽街へと変貌していく。が、それでもここが芸術家の街であることに変わりはなかった。この丘の街の常連の芸術家たちは歓楽街の風俗に霊感を求め、酒場やカフェ、娼婦や給仕女などを題材とした絵を描いた。印象派のルノワール（P.A. Renoir, 1841-1919）もその一人で、「ダンスホール　ムーラン・ド・ラ・ギャレット」は当時隆盛をきわめたダンスホールの賑わいを生き生きと伝

図５　ロートレック「踊るジャンヌ・アヴリル」

図６　ムーラン・ルージュのポスター（ロートレック）

えている。ドガ（Edgar Degas, 1834-1917）もまたこの街に親しみ、「カフェのテラスにいる女たち」など、界隈で働く女たちの風俗を描いた作品を残している。現在でも有名なキャバレー、「ムーラン・ルージュ」（赤い風車の意）がこの地に開店したのは、エッフェル塔の完成と同じ一八八九年のことである。そこで女たちが足を出して踊るフレンチ・カンカンはたちまち大人気を博した。

一八九〇年代にモンマルトルの風俗を題材にして多数の絵を描いたのが、ロートレック（Henri de Toulouse-Lautrec, 1864-1901）である。彼は南西フランスのアルビの由緒ある貴族の家に生まれたが、青年期に二度にわたって遭遇した落馬事故で大腿骨を骨折したのがもとで、下半身の成長が止まってしまう。少年時代から絵を得意としていた彼は、パリに出て画塾に通う。彼は、印象派の絵画に影響を受けながらも、ゴッホらとの交流を通して自分自身の画風を見出していった。日本の浮世絵にも興味を示したという。モンマルトルに住むことになったのはそこに絵画の師の家があったからだが、彼は華やかで享楽的でありながら退廃と悲哀を漂わせるこの街の風俗を深く愛し、毎日のように盛り場に通い、女たちの家に泊まり込んでともに食事を取ったり打ち明け話に耳を傾けたりしたという。「踊るジャンヌ・アヴリル」（ジャンヌは彼の芸術のよき理解者であった踊り子の名）、「ストッキングをはく女」など、まさに彼の描く絵は、歓楽の街とそこに生きる女たちから霊感を得ている。最後に二〇世紀に活躍した画家として、ひたすらモンマルトルの風景を描き続けたユトリロ（Maurice Utrillo, 1883-1955）の名もつけ加えておこう。（朝比奈美知子）

絵本とマンガ

パリの大型書店FNACの絵本・漫画コーナーでは、子どもばかりでなく大人も床にしゃがみこんで（ときに寝転んで）立ち読みしている。フランス絵本の伝統は古く、「北風と太陽」で有名なラ・フォンテーヌの『寓話』や、ペローの『コント』は貴族の子女への教訓として語られ、その後挿絵入りの絵本として普及していった。ペロー版「赤ずきん」は最後食べられたままで終わり、「優しげな男（狼）には要注意」というたいへん実用的な助言が添えられている。日本では『おばけのバーバパパ』『象のババール』『リサとガスパール』『うっかりペネロペ』などが知られている。

フランスのマンガ（BD：bande dessinée）は大判の冒険ものが中心で、子どもへの贈り物として『アステリクス』や『タンタン』がよく選ばれる。近年は日本作品の人気も高まり「マンガ」の語が一般化した。手塚治や『ドラゴン・ボール』のような古典から、『NANA』のような少女向け作品、美少女もの（Shôjo と呼ばれる）、BL系まで、現在は相当なペースで仏訳版が出版され、大衆娯楽の市場を席巻している。日本の本は右開きだがフランスは左開きのため、出始めの一九八〇年代のマンガ図像は左右反転させられ、登場人物は左手で箸を持っていた。現在は右開きになっている。

大人をも対象とし、日常の微妙な心理を描く日本マンガはフランス人にとって新鮮だった。異国情緒を感じさせる宮崎駿の人気も高い。その一方で性的な混乱（ロリコン趣味等）や暴力性のために批判されることも多い。『ポケモン』の「進化」もイスラム教の教義に抵触するとして問題視されたことがある。

バスティーユ界隈のマニアックな小売店では『エヴァ』の綾波レイのフィギュアが高値で売られている。それほど流行の日本アニメだが、『ドラえもん』だけはなぜか人気がない。のび太の他力本願で主体性のない性格が主人公として受け入れがたい、というのが理由らしい。（横山安由美）

『タンタン』（上）と
仏語版『ヒカルの碁』（下）

第7章

さまざまな地方の表情

南仏ニースの夜景

フランスの位置とかたち

北緯四八度五一分。これがパリの緯度である。およそ同じ緯度には、オーストリアのウィーン、ロシアのヴォルゴグラード、モンゴルのウラーンバートル、カナダのヴィクトリアがある。札幌はパリよりもずっと南、地中海に面したマルセイユよりも南である。それでは、パリは極寒なのかというと、そうでもない。大西洋を北上する暖流のおかげで、高緯度のわりに温暖なのだ。

フランス全体は北緯四一度と五二度のあいだに位置する。そこには海や山があり、標高などのさまざまな要因から気候は多様である。西が海洋性気候、東が大陸性気候と山岳性気候、北は海洋性と大陸性の中間的気候で、南は地中海性気候である。つまり、フランスは山と海に囲まれた国といえる。北東から時計回りに、ヴォージュ山脈、ジュラ山脈、アルプス山脈があり、南に地中海を臨む。そして、南西にピレネー山脈、西に大西洋、北西に英仏海峡がある。こう見てゆくと、フランスの輪郭はほぼ六角形になる。これが、フランスを六角形（l'Hexagone）と称する由縁である。

六角形の内側、特に西半分には、パリ盆地やアキテーヌ盆地といった平野や丘陵地帯が広がり、ほとんどが海抜二〇〇メートル以下である。肥沃な土地は豊富な水資源と相まって、農業に適したものとなっている。また、国土の輪郭となっている山脈とは別に、国土の真ん中から少し南下したところにはマッシフ・サントラル（中央山地）がある。それほど高い山地ではないが、平野が広がる景色の中ではひときわ目立つ存在である。ここは、有名な酪農地帯の一つで、特にこの山地の中心、ピュイ山地が有名である。

黄金色の麦畑

パリ発リヨン行きのTGVに乗り込み、数分すると窓の外には田園風景が広がる。猛スピードで走る列車の外では、まるで時間が止まったかのようである。放牧された牛は草をはみ、日の光を受けた小麦は黄金色に輝きながら、ゆっくりと波打っている。ゴッホでなくてもこの美しい風景は脳裏に焼きついてしまう。

フランスはヨーロッパ最大の農業国である。そこには開墾しやすい広大な平野や丘陵地があり、気候は比較的温暖で、肥沃な土壌と水がある。農業に必要な条件が揃っているのだ。この好条件の中、もっとも多く栽培されるのが穀類である。耕作地の約半分が穀類に使われる。小麦だけでも、毎年三五〇〇万トン前後の生産高を誇り、ヨーロッパ連合の中では断トツである。

ブドウ栽培もフランス農業にとっては重要な収入源である。ワインの生産量の三分の一以上が輸出され，総輸出量は常に世界トップを争っている。

穀類やブドウの陰で，あまり知られていないのが果実と花の栽培である。果実では，三〇〇万トン弱の年間生産量のうち，半分以上がリンゴで，世界トップクラスの輸出量を誇る。そのほか，桃，ネクタリン，アプリコット，洋なしなどが主な果実である。花の栽培は南フランスで盛んで，香水以外にも最近ではアロマ・セラピーの世界的普及のおかげで発展し続けている分野である。カンヌにほど近い，グラースという町には多くの香水メーカーが集まり，その周辺では，バラをはじめとする数多くの花が栽培されている。

チーズ大国

フランスにとって，酪農は非常に大切な分野である。乳製品は農家で加工されるだけではなく農産物加工会社でも製品化され，工業分野の発展に著しく貢献するからである。特に全世界に輸出されているチーズの種類は毎年増え続け，現在四〇〇種類にまで達している。その昔，第五共和政初代大統領のド・ゴール将軍は「二四六種類ものチーズがある国をどうやって統治できるというのかね」とフランス統治の難しさを嘆いたらしいが，私たちの舌がより一層楽しませてもらえることを思えば，種類の多さはとても喜ばしいことである。有名なチーズ産地は，マッシフ・サントラルとその北西部のリムーザン地方，ブルゴーニュ東部のモルヴァン山地，大西洋に臨むヴァンデ県，そしてバス＝ノルマンディー地方，そして，オーヴェルニュ，サヴォワ，バスク，ピカルディー地方などである。

フランスの農産品自給率は非常に高く，一〇〇パーセントを切るのはジャガイモくらいであるが，問題は過剰生産と農業従事者減少への対策である。現在，ヨーロッパ連合では，共通農業政策が策定され，ＥＵ内での最低価格の保証，ＥＵ外からの特定農産物輸入制限や関税などが実施されている。その結果，大量生産が進み，各国は特定の農作物については過剰在庫を抱えるようになる。また，補助金は規模の大きさに比例して高くなるわけで，小規模農家より大規模農家のメリットのほうが大きくなる。そうすると，農家をめざす若者は減ってゆき，大量生産のためには化学肥料の大量使用，農作業の機械化がエスカレートすることになる。食糧管理制度のあり方については，もはや世界レベルで話し合われなければならない。

（高橋信良）

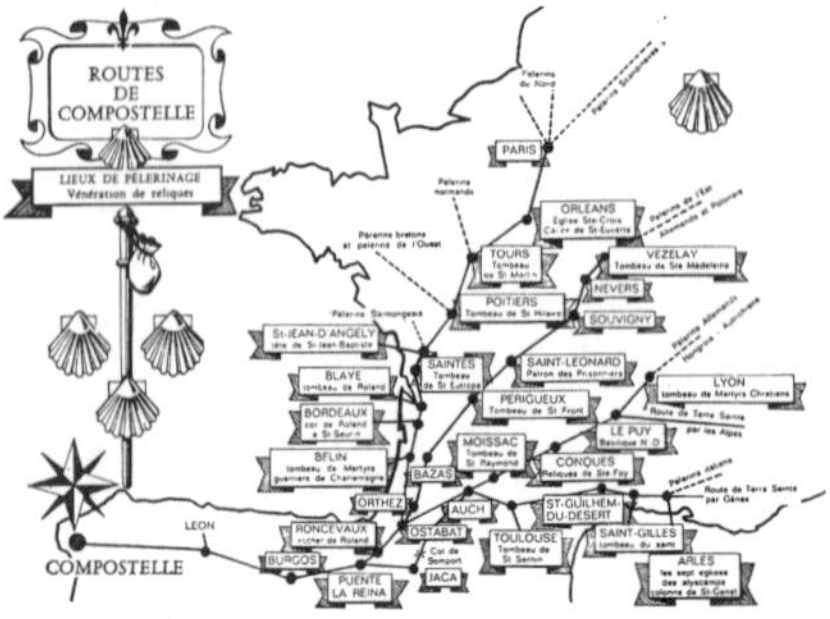

図2　サンチアゴ・デ・コンポステーラの巡礼路

図1　モネ「ルーアン大聖堂」

51

北仏と南仏——山を越えたら晴れ

大西洋に流れるロワール川を境にフランス本土は北仏と南仏に分けられる。ラテン語のhoc（はい）を北ではoïl、南ではocと言うことから、それぞれの言語はオイル語、オック語と呼ばれ、南北では異なる言語文化圏を構成していた。北と南では気候も人間もずいぶん違う。ケルト系やゲルマン系の影響が強い北仏住民と、髪の黒いラテン系の南仏住民。麦などの穀物栽培を主とする北と、果樹栽培や牧畜を主とする南。雨がちで冷涼な海洋性気候と、温暖で乾燥した地中海性気候。たとえば曇り空の北仏を発って南方に旅すると、山を越えたところで突然、まばゆいばかりの陽光と澄んだ空の中に放り出される。「山を越えたら晴れ」なのだ。

北仏建築の威容

朝、昼、夕暮れ、それぞれのルーアン大聖堂を描いたモネの連作が示すように、陰影に富み、時間とともに変貌する北仏の空には、壮麗な石の建築物がよく似合う。南仏の城はローマの城砦の借用が多いが、北仏の領主たちは防衛のために自力で高くて堅牢な城を建築した。イル＝ド＝フランス地方はパリを中心に王家ゆかりの町を九つ持ち、フォンテーヌブロー宮殿、ヴェルサイユ宮殿、中世都市プロヴァン、パリのセーヌ河岸という四つの世界遺産を有する。モネのジヴェルニー、ゴッホが没したオーヴェール＝シュル＝オワーズ、ミレーのバルビゾンなど、画家が愛した

図3　コンクの村

図4　ニースの朝市にて，トマト売り

風光明媚な小村もパリ近郊に点在する。パリの中にもモンマルトルの「洗濯船」、一五区の「蜂の巣」など、貧しくも理想に燃えた画家たちがともに絵筆を並べた場が残っており、近代化と都市化のさなかにあって理想的共同体を追い求めた芸術家たちの懸命な姿を偲ぶことができる。

英仏海峡と北海の境目、六角形の最北部に位置するノール＝パ＝ド＝カレ地方の中心地は繊維業で栄えたリールだ。秀逸な現代アートやフランドル絵画を所収する美術館があり、二〇〇四年には欧州文化首都に選ばれている。毎年九月の古物市を訪れた帰りに、ムール貝と地ビールを堪能してみてはどうだろう。その南に位置するピカルディー地方はゴシック建築の宝庫で、アミアン大聖堂やサンリス大聖堂など壮麗なカテドラルが天に向かってそびえ立っている。

南仏——紺碧の海岸とバラ色の街並み

こんどは南仏（midi）を西から東へと見てゆこう。太平洋沿いのアキテーヌ地方にはラスコーの壁画（先史時代）、モンカレの遺跡（ローマ時代）、一〇〇〇を超える城館（中世、ルネサンス）と各時代の史跡がそのままに残っている。ボルドーの赤ワインを飲みながらペリゴール産のトリュフをつまめば、ここが「豊穣の大地」だということを実感できるはずだ。スペインと国境を接するミディ＝ピレネー地方は中世にサンチアゴ・デ・コンポステーラの巡礼路として開けた。少女ベルナデッタが聖母マリアに出会い、そこから奇跡の泉が湧き出たとされるルルドや、「フランスの最も美しい村」の一つで聖女フォワの聖遺物をまつるコンクなど、山並みの中に

眼前では光きらめく美しい松林が山裾までなだれ落ちてくる。地平線上ではアルピーユ山脈の峰々がその尖った稜線を浮かび上がらせる…物音ひとつしない…ときどきかすかに聞こえるのは，木笛《ファイフ》の音，ラヴェンダーのなかのダイシャクシギ，道行く雌ラバの鈴の響き…この美しいプロヴァンスの風景は，光あって初めて生きるのだ。

そんな今，僕はどうしてあの騒々しくて暗いパリを惜しんだりするものか。この風車小屋は本当に居心地がいい！　これこそ僕がずっと探し求めていた片田舎，新聞や辻馬車や霧から千里も離れた，芳しくて暖かい田舎…　身の周りにはなんとたくさんの素敵な物があふれていることか！　ここに来てまだ一週間だが，すでに感銘と思い出でいっぱいなんだ…　（ドーデ『風車小屋だより』）

突然はっとするほど神秘的な風景が立ち現れる。石材の乏しい地域のため、建物の多くが煉瓦と瓦でできており、首府トゥルーズの町は「暁にはバラ色に、黄昏《たそがれ》には葵色に輝く」と歌われる。ラングドック＝ルシヨン地方は一三世紀の医学校から発展した大学町モンペリエを首府とし（『予言集』のノストラダムスも在籍）、ローマ時代の水道橋、カマルグの塩田などを擁する。「カルカッソンヌを見ずして死ぬな」の句で有名な、ブドウ畑の真ん中に広がるこの巨大な中世の城砦都市はローマの要塞に始まり、西ゴート族や中世の異端者たちの拠点として幾多の戦乱に耐えぬいた。

さらに東のイタリアに至る地域がプロヴァンス地方である。紀元前七世紀に古代ギリシアの交易都市として誕生したマルセイユや、カエサルに愛されたガリアの首府アルルなど、その歴史は古い。さらに「アヴィニョンの橋の上で」の歌で知られるアヴィニョン（法王庁や演劇祭が有名）、ニース、カンヌ（国際映画祭）、モナコ（カジノやF1グランプリ）といった世界有数の保養地がコート・ダジュール（Côte d'Azur，紺碧海岸）沿いに並ぶ。

オリーヴの小木が紺碧の海辺を彩り、ブドウやラヴェンダーの畑が眼下に広がる。丘の上にはマッチ箱のような美しい小村が点在する。ぶどうの葉が色づき、光がもっとも澄んで見える、ミストラル（ローヌ峡谷から地中海へと吹き降ろす北風）が吹き始める前の一〇月が特に美しい。南仏の澄んだ光は、ゴッホやセザンヌなどの画家たちをとりこにした。どんより曇ったロンドンからリュベロンの小村に移住したピーター・メイルはその感激を『南仏プロヴァンスの十二ヶ月』でつづり、パスティス（ハーブの香りのリキュール）やペタンク（球技）を世界的に有名にした。

図５　緑あふれるムザン村

図６　マントンのレモン祭

この至福の地では、自然の豊かさが生活の中に溶け込んでいる。窓辺に差し込む朝日とともに起床して、冷たいシャワーで全身を目覚めさせよう。地中海の水を使ったマルセイユ石けんも忘れずに。ロクシタン社のエッセンシャルオイルやグラースのフレグランスとともに、さわやかな一日のスタートだ。その日の気分で丘を散歩するもよし、海で泳ぐもよし。お腹が減ったら食事の準備だ。食卓には、パレットをひっくり返したような黄色や赤の原色と草花の柄を組み合わせたプロヴァンス柄のテーブルクロスと、モーサーヌの最高級オリーブオイルの瓶。木漏れ日のテラスでハーブたっぷりの魚介のグリルを食べた後は、マントン産レモンを使った甘酸っぱいタルトをデザートにしよう。食後の昼寝はゆらゆらとハンモックで。

北型の知と南型の知——生の肯定に向かって

海辺に屹立する鷲の巣村エズの山道を歩いていたときのこと、療養中だったニーチェは突然「永劫回帰」を実感し、『ツァラトゥストラはかく語りき』の構想を得た。自然を対象化するのではなく、あふれる陽光の中で自然の最奥に在る自己を感じ取るということ。そんな心と体による根源的な「生の肯定」を南仏の空気は許してくれる。「北型の知」は分析的理性や効率を重視する普遍主義的傾向を持ち、近代の科学や資本主義を主導した。他方、地中海沿岸の「南型の知」は感性の解放、五感を貫き統合する根源的・宇宙論的な感覚、そして祝祭や遊びを通した人間の相互作用に意味を認めた。幸いにもこの両方の気質を併せ持ったおかげで、フランスの諸科学は大きなスケールを獲得したのである。

（横山安由美）

52

フランス中東部——美食・文化・歴史

ディジョンは音楽好きの市民たちに音楽会を催してのんびりと暇つぶしばかりしていたわけではありません。鎖帷子をまとって，兜をかぶり，槍をしごいて，剣を抜き，鉄砲を構えて，城壁の上に大砲を据え付け，太鼓をたたいて，破れた軍旗を掲げ，戦場を駆け回ったこともあったのです。[……] しかし今や堡塁は崩れ，残骸の散らばる地面にインドマロニエの枝葉の多い根が顔を出し，城は破れて，兵舎に戻る騎兵を乗せた雌馬が疲れ切った足どりで通るたびに橋はその下で揺れます。ディジョンにはふたつの姿があるのです。今日のディジョンと昔のディジョンと。

（アロイジウス・ベルトラン『夜のガスパール』）

美酒と美食の土地——ブルゴーニュ

九月も後半に入り、丘陵を吹き抜ける風が肌寒く感じられるようになると、ディジョンからボーヌにかけて広がるぶどう畑はいっせいに色づく。夏の間太陽の光をいっぱいに浴びたぶどうが収穫の時を迎えようとしているのである。その光景を表すには、県の名前にもなっている「黄金の丘」（Côte d'or）という言葉がまさにふさわしい。ここブルゴーニュ地方は、ボルドーと並ぶワインの一大産地である。ロマネ＝コンティ、シャブリ、ボジョレーなどの名前は日本でもおなじみであろう。

ブルゴーニュはさらに美食の地としても知られている。特産のワインに合わせるため、ここでは豊かな郷土料理が発展したのである。「ブッフ・ブルギニョン」（ブルゴーニュ風牛肉の赤ワイン煮込み）はじっくりと煮込まれた牛肉にこくのあるソースがからんで深い味わいである。また雨上がりに森に行けば、かたつむりが葉の上に姿を現している。これを捕まえて下ごしらえをし、ニンニクとパセリを加えたバターで風味をつけてオーブンで焼き上げたものが、ブルゴーニュのみならずフランス料理を象徴する「エスカルゴ」である。

この地方の中心都市ディジョンは、ムタルド（フレンチ・マスタード）の生産でも有名である。酸味のある独特の辛さが特徴で、ステーキなど肉料理に添えると格段に味わいが増す。また食前酒に好まれるキールもこの地が発祥である。かつてディ

図１　ボーヌのオテル・ド・デュー。典型的なブルゴーニュ建築

図２　シャロレー種の白牛。ブルゴーニュ産の肉牛として有名

ジョン市長のキールがブルゴーニュ産の白ワインと、これも特産品であるカシス(黒スグリ)のリキュールを合わせて考案したのである。ディジョンでは毎年「美食フェア」が開かれ世界中から食通が訪れる。穏やかな気候と自然に恵まれたこの地には豊かな食文化の伝統が根づいているのである。

修道院改革の中心地からブルゴーニュ公国の繁栄へ

パリと南フランスを結ぶ街道の中間に位置し、またイタリアやフランドルとも陸路でつながるブルゴーニュ地方は交通の要所であり、古くから人々が行き交っていた。カエサル率いるローマ軍がガリアを征服した際、日当たりがよく乾いた土壌に目がつけられ、ぶどう栽培とワイン製造の技術がローマから伝えられた。ブルゴーニュ・ワインの起源はここに始まる。ローマ帝国末期になると、北方からブルグント族が南下してきてローヌ川流域にブルグント王国を建国している。ブルゴーニュという名はこの北方民族の名前に由来するのである。四三六年にブルグント軍は「神の災い」と恐れられたアッティラ率いるフン族と戦って大敗を喫する。このときの戦いの様子はドイツの英雄叙事詩『ニーベルンゲンの歌』にも謳われている。

ブルゴーニュ地方はまた、中世に興った修道院改革運動の中心地としても知られている。九一〇年に設立されたクリュニー修道院は、教会の腐敗と世俗化を批判し、初期キリスト教精神への復帰を提唱した。最盛期には一万人の修道僧が、信仰と勤労を戒律とする日々を送ったという。またその建物は初期ロマネスク様式の傑作であり、ローマに聖ピエトロ大聖堂が建設されるまではキリスト教圏最大の規模を誇

図 3　ヴェズレーの聖マドレーヌ教会。ロマネスク彫刻の傑作

っていた。残念ながら後にフランス大革命によって破壊され、今ではわずかな一部しか残っていない。権勢を誇ったクリュニー修道院に対抗するため、一〇九八年にはシトー修道院も創立されている。ブルゴーニュ地方には今でも、この時代に建てられたロマネスク教会が数多く残されている。その素朴でおおらかな建築は、ゴシック様式には見られない暖かみを感じさせてくれる。

しかしこの地方が歴史に名を残すのは、何と言っても一四世紀から一五世紀に最盛期を迎えるブルゴーニュ公国の繁栄による。歴代のブルゴーニュ公はフランス王家と血縁にはあるものの、封建貴族としてしばしばフランス王に匹敵する権威をふるった。豪胆公と異名を取るフィリップ二世（Philippe II, 1342-1404）の時代には領土はベルギー、ネーデルラントといったフランドル地方にまで広がり、通商によってヨーロッパでもっとも豊かな国の一つとなる。さらにその孫のフィリップ三世（Philippe III, 1396-1467）は、百年戦争のさなか英国王ヘンリ五世と同盟を結びフランスを窮地に陥れている。コンピエーニュでジャンヌ・ダルクを捕えて英国軍に引き渡したのはこの公の軍である。またこの時代、首都ディジョンでは華やかな宮廷文化が花開いた。内陸のブルゴーニュと北方のフランドルという異なる地域の芸術が融合し、国際色豊かな文化が形成されたのである。油彩技法を大成したことで知られるファン・エイク兄弟（Hubert van Eyck, 1366(?)-1426 ; Jan van Eyck, 1387-1441）はフィリップ豪胆公の宮廷で活躍している。

図4　フルヴィエールの丘にそびえる大聖堂。リヨンの象徴

図5　リヨンの市庁舎

リヨン――二本の川に挟まれたフランス第二の都市

ディジョン近郊を流れるソーヌ川に沿ってやや南に下ると、ローヌ川という別の川と合流する。その二本の川が交わる場所にフランス第二の都市リヨンがある。町の象徴フルヴィエールの丘には白亜の大聖堂がそびえ、石造りの旧市街を見下ろしている。近くにはフランス最大規模のローマ時代の劇場があり、現在でも演劇やコンサートに使われている。リヨンの歴史は古く、紀元前四三年にローマ人により築かれた都市ルグドゥヌムが起源となる。ここはガリア植民地の中心として栄え、ローマ皇帝もしばしば滞在した。リヨン近郊にガロ゠ロマン期の建造物が多いのはそのためである。北イタリアに近い恵まれた立地により古来より人の行き来が盛んで、中世には年に四回定期市が立つなど、ヨーロッパでも有数の交易都市に成長する。ルネサンス時代には最新の知識と技術がイタリアからもたらされ、特に絹織物製造と印刷業が発展した。銀行家や商人が集まるようになり今日の金融・商業都市の基盤が作られたのもこの頃である。明治時代末期には永井荷風が横浜正金銀行の社員としてこの街に滞在し、その思い出を『ふらんす物語』の中でつづっている。

リヨンもまた美食の町として知られている。ブレス産の鶏、クネル（肉や魚のすり身）、リヨン風サラダ、アンドゥイエット（腸詰め）など名物は数多い。高級レストランでは毎夜料理人が、世界中から訪れる舌の肥えた食通をうならせている。だがリヨン料理の真髄は庶民性にこそある。それに触れるためにはブション（bouchon）と呼ばれるこの町独自の大衆ビストロに足を運べばよい。ボリューム満点のリヨンのおふくろの味は、身も心も幸せにしてくれるはずである。

（畑浩一郎）

53

アルザス・ロレーヌ――ドイツとの狭間

私がいた所からの，眺めはすばらしい。ストラスブールが足下に見える。鋸歯模様の切妻や，天窓のついた大きな屋根があり，いくつもの塔や教会がそびえ立つこの古い町は，どのフランドルの町よりも絵のように美しい。イル川とライン川という２本の美しい川が，その澄んだ緑色の川面で，建物の暗い塊を陽気にしている。木が茂り，村が点在する広大な田園が，城壁の周りに見渡す限りくまなく広がる。ライン川は町から一里のところに迫り，身をよじらせながらこの田園を流れる。

（ユゴー『ライン川紀行』）

歴史は国境の揺らぎとともに

たとえばパリからアルザス地方を抜けてドイツへ向かう旅行者は、実際の国境を越える以前に、家並や広場の雰囲気から、自分がもうドイツにいるという印象を持つだろう。それほどこの地域は、ドイツとの歴史や文化のつながりが強いのである。アルザスはフランス北東部に位置し、ストラスブールを中心都市とする地域圏である。ロレーヌはアルザスの西側に位置し、メスを中心都市とする地域圏である。二つの地域圏を合わせた面積は、フランス全土の約二〇分の一に相当し、人口は七〜八パーセントに相当する。ドイツとの国境近くをライン川が縦断するこの地方は、ヨーロッパの交通の要所として古くから栄え、鉄鉱石、水などの天然資源にも恵まれ、工業、農業ともに盛んで、フランス国内でも経済的に比較的豊かである。

この地方はしばしばドイツとフランスの抗争の舞台となり、帰属の変更を繰り返しただけでなく、多くの損害を被ってきた。アルザスは中世に、神聖ローマ帝国への帰属を強めていった。しかしストラスブールをはじめとする都市は比較的独立性を保ち、ルネサンスにかけて繁栄した。そして一七世紀の三〇年戦争以降は、フランスの支配が強まっていった。またロレーヌも中世期、時代が下るにつれて神聖ローマ帝国の支配力が弱まり、権力の分散ののち、フランスの支配下に入っていった。その後一時的にフランスの支配力が弱まったものの、一七六六年には完全にフ

図１　ストラスブール，遠方に大聖堂を臨む

図２　メスの家並み

ランスに併合された。しかしながら、一八七〇年から翌年にかけての普仏戦争におけるフランスの敗北の結果、アルザスの大半とロレーヌの一部はドイツに割譲され、フランス国籍を選択した住民には撤退が求められた。二〇世紀に入り、一九一四年に始まった第一次世界大戦では、長期にわたって悲惨な塹壕戦の舞台となり、一九一九年のヴェルサイユ条約によって、アルザスとロレーヌはフランスに返還された。第二次世界大戦下の一九四〇年には再びドイツ軍の進攻をうけ、アルザスと、ロレーヌの一部が再度ドイツに併合されたが、戦後フランスに戻された。第一次世界大戦の激戦地となったヴェルダンをはじめ、この地方には独仏の悲惨な戦争の歴史を今に伝える追悼碑や兵士たちの墓が、多く建てられている。

ドイツ的な文化

ドイツとの歴史的な結びつきの強さは、この地方の人々の暮らしにもはっきりと表れている。シュークルートと呼ばれる塩漬けのキャベツをソーセージや豚肉に添えた郷土料理や、小麦粉や干しブドウを型に入れて焼き上げる伝統菓子のクグロフなどは、ドイツでも馴染みの食べものである。またビールや、リースリング種などのブドウを用いた白ワインの生産が盛んな点も、ドイツと共通する。さらに伝統行事にも、ドイツ文化圏の特色が鮮明に見られる。すなわち、日曜日ごとに冠の蝋燭を一本ずつ増やしてゆく待降節の祝い方、良い子にプレゼントをあげる一二月六日のサン＝ニコラ祭、ガラス玉や木の人形などを飾った樅の木、さらにクリスマス用品や菓子、温かいワインなどを売るクリスマス市など、この地域のクリスマス行事

図3　最前線の塹壕の中で食事をとるフランス兵（1914年）

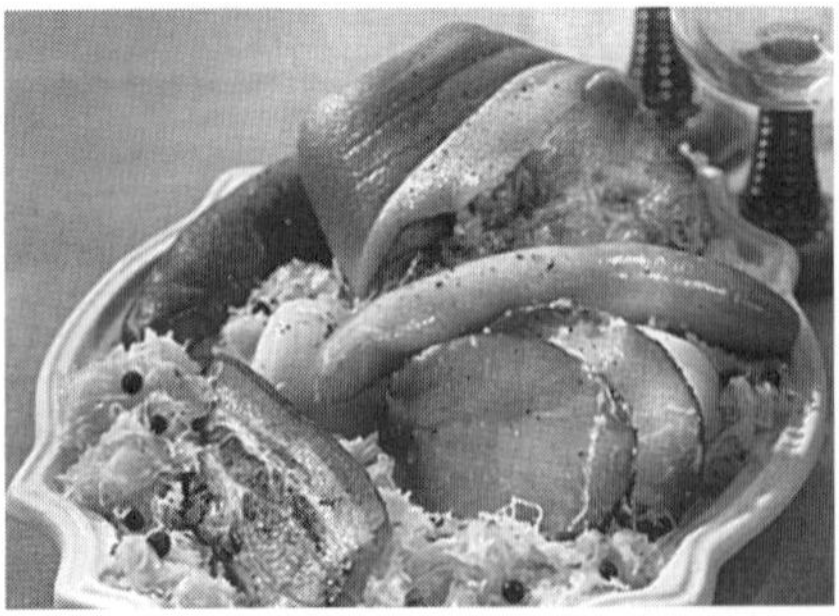

図4　シュークルートを添えた肉料理

は、いずれもドイツ文化圏に共通して見られる冬の風物詩である。

アルザス語の現状

こうした文化的特性をもっとも鮮明に示しているのが、アルザス語と言えよう。アルザス語は神聖ローマ帝国に帰属していたこの地方で日常語として使われてきた、ドイツ語の一地方語である。現在でも約六〇万人が使用しており、地方語としては、フランスでも最多の使用人口を有する。

アルザス語は、三〇年戦争を経て地域のフランス支配が強まり、フランス語が浸透するようになっても、住民のあいだで使われ続けてきた。しかし、アルフォンス・ドーデの短編小説「最後の授業」（『月曜物語』一八七三所収）が描くように、普仏戦争の結果この地域の大半がドイツ領になると、住民にはドイツの「国語」であるドイツ語の使用が求められた。さらに第一次世界大戦後、この地域が再びフランス領になると、今度は第三共和政期に強化された中央集権的な教育政策の下で、フランスの「国語」であるフランス語の使用が要請された。そして第二次世界大戦期のドイツ占領下では、再びドイツ語が課せられた。このようにアルザス語は特に一九世紀以降、この地方の帰属の変化にともなって、ドイツとフランスという二つの国家の言語政策に翻弄されながら、住民のあいだで使われてきたのである。

第二次世界大戦後は、この地域でもフランス語使用者が次第に増え、若い世代ほど、フランス語のみを使用する者の割合が増加している。こうした中、地方の文化的独自性が息づく文化遺産としてのアルザス語を守る動きもあり、学校でのアルザ

図5　ストラスブールのEU欧州議会

ス語教育や、メディアでのフランス語とアルザス語の併用も推進されている。地方語の振興には否定的な意見もあるが、ドイツに近いこの地域の住民がアルザス語を使用することには実利的な面もあり、フランス語とドイツ語とアルザス語の三言語教育も行われている。

欧州連合（EU）の要所として

ヨーロッパ統合の流れの中で、この地方は近年フランス国内のみならず、ヨーロッパにおけるその重要性を増しつつある。

ストラスブールには現在、欧州評議会、欧州人権裁判所、EUの欧州議会の本会議場があるほか、ヨーロッパの多くの機構や財団が本拠地を置いており、EUの中心的な都市の一つという位置づけを獲得している。

またスイス、ドイツ、ルクセンブルグ、ベルギーとの国境にあるこの地方では、通貨統一にも後押しされ、近隣諸国への輸出、観光客の誘致などが活発化している。二〇〇七年にはTGV東ヨーロッパ線が開通し、ストラスブールとパリとが二時間ほどで結ばれた。これによって、国内の他の地方だけでなく、ドイツやスイスなど、近隣諸国の主要都市への所要時間も短縮された。ヨーロッパにおけるこの地域の重要性の高まりと利便性向上の中、たとえばグランゼコールの一つ、上級国家公務員を輩出する国立行政学院（ENA）は、その中心をパリからストラスブールへ移し、ストラスブールにあるヨーロッパ諸機関とも連携しながら、ヨーロッパ諸国をはじめ多くの国からの留学生も受け入れて教育を行っている。

（永井敦子）

54

ノルマンディー・ブルターニュ――海の向こうはイギリス

図1　カルナックの巨石群

イングランドとの関係

英仏海峡と大西洋に面するノルマンディーとブルターニュには、海岸と緑の景勝地が多い。ただ同じ海辺のリゾート地といっても、陽気で華やかな地中海沿岸とは異なる質朴でやや荒涼とした雰囲気こそが、この地方の魅力と言えるだろう。

ノルマンディーとブルターニュはフランス北西部に位置し、面積も人口も、それぞれフランス全体の約二〇分の一を占めている。ノルマンディーには、ルーアンを中心都市とするオート＝ノルマンディーと、カンを中心都市とするバス＝ノルマンディーという二つの地域圏がある。またレンヌを中心都市とするブルターニュは、ノルマンディーの南西に位置する大きな半島からなる地域圏である。

海に面し、緯度に比して比較的温暖なこの地方には、古くから人の住んだ形跡が残っている。カルナックの巨石群など、ブルターニュに特に多く見られる石の建造物は、紀元前五〇〇〇年頃からこの地に住んだ農耕民が建造したとされるが、その目的などには謎が多く、人々の関心と想像力をかきたてて止まない。

ケルト人が住んでいたノルマンディーやブルターニュも、紀元前一世紀頃からローマに統合されていった。その後ローマ帝国の支配が弱体化し、ゲルマン人の中でも勢力を拡大したフランク人がフランク王国を樹立したが、ノルマンディーやブルターニュはそれぞれの要因から、フランク王国には容易に併合されなかった。

図２　ノルマンディー，ディエップの港でフェリーに乗り込むイギリスの車

図３　ブルターニュ，ベル＝イル島の海辺

ノルマンディー地方には、西ヨーロッパへの侵略を行っていたスカンジナビア民族のデーン人が一〇世紀初頭にフランク王と条約を結んで定着し、一三世紀初頭まで独立した公国を築いた。そのため同じデーン人が定着したイングランドとは縁が深く、一一世紀にはノルマンディー公ギヨームがイングランド王となった。その後フランスに併合させられたノルマンディーは、一四～一五世紀の百年戦争では英仏の軍事的抗争の主要な舞台となり、イングランド軍による占領を経験した。

一方ブルターニュには五世紀、ゲルマン人によってブリテン島を追われた大量のケルト人が、対岸のコーンウォール地方から海峡を渡って来て定住した。その後ブルターニュは、一四九一年に大公領継承者アンヌ・ド・ブルターニュがフランス国王と結婚するまで、フランスからの独立を保ち続けた。現代まで続くブルトン人の独立意識の強さは、こうした地方の成り立ちによるところが大きい。ノルマンディーは、第二次世界大戦末期の一九四四年に連合国軍が上陸した地としても知られるが、両地方とも、こうした歴史的経緯や地理的・文化的親近性ゆえに、現在でもイギリスからの移住者や旅行者が比較的目立ち、海岸付近の村々では、ホテルや店舗の英仏語併記の広告看板をよく見かける。

海と大地との共生

この地方では、海と大地の自然の恵みを活かした漁業、農業、食品加工業、観光業が盛んである。

まずは海の恵み。漁船が発着する有数の港があり、ヒラメやカレイ、イワシ、サモン・サン＝ミッシェルは夕日に照らされて，美しい赤色をしていた。私たちのまわりには，少し霧が出ていた。

モン・サン＝ミッシェルは島のように波間から突き出て，ピラミッド形をしていた。正三角形の赤色が次第に輝きを増し，薔薇色をおびて，灰色の背景に浮かび上がってきた。

私たちはいったん海から遠ざかったが，そのあと，今度は海が正面に見えて来た。ちょうど引き潮だったので，いたるところで黒っぽい花崗岩のぎざぎざした小島が，海面から突き出ているのが見えた。

（スタンダール『ある旅行者の手記』）

図4　ノルマンディー，エトルタの海岸

バなどの魚が水揚げされるほか、干満の差が激しい沿岸では、牡蠣やムール貝、ホタテ貝などの貝類や海老類などがとれ、それらの加工業も盛んである。内陸には肥沃とは言えない土地も多いが、畜産・酪農と、人参、玉ネギ、カリフラワーなどの野菜栽培が盛んで、それらを使った缶詰や冷凍食品が生産されている。良質の肉牛の生産で知られるほか、良質の牛乳を用いたチーズでも有名で、品質や運搬方法に改良を重ねた結果、カマンベールのように世界的な知名度を獲得した産地もある。酒造では、リンゴからシードルや蒸留酒のカルヴァドスが作られ、食卓にのぼる。クレープ屋では、ソバ粉のクレープとシードルの組み合わせが定番である。農業分野では近年ヨーロッパ圏内での、さらには国際的な価格競争が激化しているため危機感も強いが、安全で高品質な商品の開発や、大規模な企業経営などによる産業の育成が試みられている。また地形を活かした風力発電も増えつつある。

海は重要な観光資源でもある。新鮮な海産物を用いた郷土料理はもちろん、複雑な地形の海岸線と干満の差の激しさが、モン・サン＝ミッシェルのような絶景をいたるところに産み出し、人々を引きつけて止まない。マリンスポーツのほか、近年ではタラソテラピー（海洋療法）という、海水や海藻を用いた自然療法も盛んで、滞在型の観光の促進にも役立っている。一方ノルマンディーの内陸部では、ボカージュという、耕作地や草地を四角形に区切る盛土した生け垣の連なりが、この地方独特の風景を形作っている。またブルターニュの内陸部には、起伏のある荒野や、アーサー王伝説の舞台であるパンポンの森など、落葉樹とシダの森が広がっている。

図５　モン・サン＝ミッシェル

図６　ブルターニュ北西部の町，サン＝テゴネックの教会，アンクロ・パロワシオの１つ

守られる地方色

この地方に限ったことではないが、ブルターニュでは特に、その地理的、歴史的要因が生み出した地方色が、行政と住民団体の連携によって守られており、その傾向が、近年ますます強まっている。地方色の維持と言っても、たいていの場合閉鎖的、排他的な傾向はなく、世代間の連帯の促進や他国との交流手段として、さらに観光資源として活用されているのである。

ブルターニュには、西部を中心としたケルト語を起源とするブルトン語と、東部を中心としたロマンス語の一種のガロ語という、大別すると二つの地方語が存在する。しかしながら、フランスでは二〇世紀半ばまで公教育の現場から地方語が長らく排除されてきたこともあって、これらの地方語も絶滅の危機にある。しかし近年になって、ブルターニュ地域圏ではこうした地方語を伝承する方策が積極的に採られるようになり、住民の自主組織だけでなく、メディアや教育現場によっても、地方語を学ぶ機会が豊富に提供されるようになってきた。またブルターニュには、ビニウと呼ばれるバグパイプの一種や、ボンバルドと呼ばれる木管楽器など、独特の楽器を用いた伝統音楽があり、一九七一年からロリアンで毎夏開催されているインターセルティック・フェスティヴァルなどの音楽祭の開催や、他地域への公演活動などを通じて、伝統の継承や復興だけでなく、新しい表現の追求も、積極的に行われている。ブルターニュ西部独特の、アンクロ・パロワシオと呼ばれる敷地を石垣で囲った教会建築とともに、夏に各地で行われる音楽祭や、パルドン祭りというキリスト教会を中心に行われる伝統行事にも触れてみたい。

（永井敦子）

55

海外県・海外領土——植民地主義のなごり

図1　マルチニック島

図2　ゴーギャン「浜辺で」

DOM-TOM

六角形のフランスだけがフランスではない。フランスには本土にある九六県に加えて四つの海外県——カリブ海のマルチニックとグアドループ、南米の仏領ギアナ、インド洋のレユニオン——と、南太平洋の仏領ポリネシア（タヒチなど）やニューカレドニアをはじめとするいくつかの海外領土がある。海外県・海外領土はdépartements d'outre-mer, territoires d'outre-mer と言い、頭文字をとって DOM-TOM と呼ばれる。ニュースの後の天気予報にも出てくる DOM-TOM は、全体の人口が二〇〇万人ほどだが、広大な領海を本土にもたらすうえ、水産・鉱物資源の供給地、また観光地としてもフランスの国土の重要な一部を占めている。

世界に点在する DOM-TOM は、かつての植民地大国フランスのなごりである。一七世紀以来、フランスは、北アメリカ、アフリカ、インド洋、アジアに植民地を獲得し、一九世紀末までに大英帝国に次ぐ一大植民地帝国を築き上げた。第二次世界大戦後の脱植民地化の流れの中でその多くは独立したが、古い歴史を持つ四つの植民地（マルチニックとグアドループは一六三五年、仏領ギアナは一六三七年、レユニオンは一六三八年にフランスの所有となった）は、長い歴史的経緯と経済的な依存関係の現実を考慮したマルチニックの詩人政治家エメ・セゼール（Aimé Césaire, 1913-2008）が中心となって、独立の道ではなく海外県化というかたちでフランス共和国

図3　フランス語圏地図

の内部に残る道を選んだ。

フランコフォニー（フランス語圏）

ところで、フランス植民地帝国の最大の遺産は何かといえば、それはフランコフォニー（フランス語圏）の存在であろう。フランス語人口は世界で約一億八〇〇〇万人といわれるが、フランスの人口は約六〇〇〇万人であるから、フランス語を話す人の三人に二人はフランス人以外ということになる。世界でフランス語が通用する地域は、ベルギー南部やスイス・ロマンドなど本土の近隣地帯のほかは、北米カナダのケベック州や北西および中央アフリカ諸国などの旧フランス植民地である。特にアフリカ諸国の中には、独立後もフランス語を公用語としている国が数多く見られる。一八世紀のヨーロッパの宮廷語として勢力を誇ったフランス語は、その後、国際語としての地位を英語に譲ったが、国連の公用語や欧州連合（ＥＵ）の業務用語として二一世紀の現在も一定の勢力を確保している。

フランスは世界各国にアリアンス・フランセーズなどのフランス語教育機関を置いて積極的な普及政策を展開すると同時に、フランコフォニーという共同体の力を強めることによって、旧植民地とのつながりを緊密化してきた。一九八六年に始まったフランス語圏サミットは、二〜三年に一度開催されており、フランス語圏の文化的・政治的・経済的な協力関係を強化することによって、かつての植民地主義とは異なる互恵的な連帯をはかろうとしている。

図４　首を切り落とされたジョゼフィーヌの彫像。ジョゼフィーヌはマルチニック島の貴族の娘で，ナポレオンの最初の妻となった

その言語は，最初はみんなのものではなかった。その言語は長い間，抑圧者＝創立者の言語でしかなかった。**われわれはその言語，フランス語を征服したのだ。**［……］クレオール性は，他の諸々の文化的実体と同様に，フランス語に消えることのない刻印を残した。われわれはこの言語を自分たちのものにした。［……］**われわれはフランス語に住んだのだ。**［……］われわれはフランス語のなかにわれわれの言葉を打ちたてた。［……］**われわれの文学はこの征服を証し立てるものでなくてはならない。**（ジャン・ベルナベ，パトリック・シャモワゾー，ラファエル・コンフィアン『クレオール性礼賛』）

クレオール性礼賛

海外県に話を戻そう。一九八〇年代の終わりから，とりわけ，カリブ海のマルチニックの作家たちを中心に，「クレオール性」を積極的に評価する文化運動が起こり，それに賛同する動きが世界的な高まりを見せた。「クレオール」はもともと植民地生まれの白人を意味したが，現在では，一般に，混交，混成，混血を意味する。実際，マルチニック島には，黒人に白人の血の混じった，コーヒー色という形容がぴったりの肌の色をした人々が多く見られる。島民の祖先は，アフリカから移送され，さとうきびプランテーションでの労働に従事させられた黒人奴隷であった。世代を重ねる中で，異なる人種間の混血が進むと同時に，祖先のアフリカの言葉と支配者のフランス語が混交したクレオール語が日常の話し言葉として定着していった。

住民の大半は今もクレオール語を話すが，公的な場ではフランス語を話す。フランス語は公的な上位言語，クレオール語は私的な下位言語というダイグロシア（優劣関係にある二言語制）の状態が長く続き，文化的にもフランス本土の支配が長く続いた。こうした隷属状態を打破し，植民地主義によって言わば押しつけられたフランス語・フランス文化に対抗して，自分たちのものであるクレオール語・クレオール文化の豊かさを評価しようとしたのがクレオール性礼賛の運動であった。

歴史認識の落差

二〇〇五年，与党・民衆運動連合（ＵＭＰ）の後押しで「旧植民地からの帰還者支援法」という法律が施行された。主にアルジェリアからの引揚者を念頭に置いた

熱帯の素晴らしい土地です
太陽は年中照って日当たり
良好
貿易風はプログラム済み，
浜辺は全部ヤシの木保証間
違いなし
この島売ります
カリブ海の特別大売り出し
ですよ

（カリ「この島売ります」）

彼ら（ドムパパとドム
ママは）は俺の揺りか
ごに身を乗り出して，
彼らの旗（フランス国
旗）で俺を包み込んで，
俺の運命まで奪ってし
まった，
そんなことなら孤児の
ままでいるべきだった。

（カリ「レゲエDOM-TOM」）

図５　マルチニックの父と慕われた文人政治家セゼール

この法律の第四条第二項には「学校教育は特に、北アフリカなど海外でフランスが果たした建設的な役割を認めること」という記述があった。植民地統治にはプラス面もあったのだと読めるこの記述に対して、最大野党の社会党は削除を求める修正案を出したがＵＭＰの反対多数で否決された。マルチニックをはじめとする海外県は、文明の名のもとに行われた先住民族の虐殺や土着文化の破壊を正当化するものだとして、激しい抗議行動を起こした。しかし、世論調査では六割を超える国民が問題の記述に同意し、左派政党の支持層も半数以上が支持を表明したとされる。その後、アルジェリアとの関係悪化もあってこの記述は結局削除されたが、植民地を文明化したと考える支配者側と、隷属を強いられてきた被支配者側のあいだの歴史認識の落差を示す象徴的な出来事であった。

DOM-TOMでは、鋭い歴史認識から、文化的な独自性の強調、さらには独立をめざす運動が強くなることがある一方で、政治的・経済的には本土に依存せざるをえない状況がある。「クレオール性礼賛」のマニフェストが高らかに表明されたのと同じ頃、やはりマルチニックを拠点に活動するミュージシャンのカリは、「レゲエDOM-TOM」で、フランス共和国の庇護のもとに独立の精神と独自の文化を奪われてしまったと嘆く一方、「この島売ります」では「カリブ海の特別大売り出し」を歌って、カリブ海の旧植民地諸国が観光資源として経済的にはヨーロッパの本土に依存せざるをえない状況を皮肉った。理想的な独立願望と現実的な諦念の二律背反はDOM-TOMの人々のメンタリティを複雑なものにしている。

（今井　勉）

Column 7

郵便制度

一九世紀になると、他のヨーロッパ諸国と足並みをそろえるために郵便制度が急速に確立される。一八三〇年には戸別配達が確立され、一八四九年には郵便切手サービスも開始されるが、近代郵便制度の中でもっともユニークなサービスが「気送管速達郵便」(la poste pneumatique)である。これは一九世紀初頭、スコットランドで発明されたもので、チューブの中に圧縮空気を循環させ、郵便物を高速で自動配送するサービスである。オスマンのパリ大改造と相まって「気送管速達郵便」用チューブがパリ市内に張り巡らされ、実際の配送業務は一八六六年からスタートした。当初このサービスは行政機関専用だったが、一八七九年には公共サービスへと完全移行。一九三四年には全長が四六七キロにまで達し、世界最長の自動配送システムとなるが、一九八四年にはその役目を終えている。

一八〇四年、パリにはすでに規則的番地制度が導入されていたが、その規則性と郵便番号の整合性が全国規模で制定されるには一九七二年を待たねばならない。

住所は基本的に番地、通り名、郵便番号、都市名である。郵便番号は全国どこでも五桁である。最初の二桁が県番号を、下三桁が配達局番号を示す。ただし、県庁所在地は下三桁がゼロ三つになり、ほかの主要都市はゼロ二つになる。また、三大都市、パリ、マルセイユ、リヨンは下二桁が区を表す。たとえば、34, boulevard de Vaugirard 75015 Parisは、パリ一五区、ヴォージラール大通り、三四番地ということになる。ちなみに、これはパリ郵便博物館の住所である。ここを訪れれば、フランスの郵便の歴史が一目でわかるが、中でも興味深いのは郵便配達人の歴史である。『星の王子さま』の作者として有名なサン=テグジュペリ(Antoine de Saint-Exupéry, 1900-44)は航空郵便パイロットとして活躍したことがあった。また、一九世紀後半、一人の配達人が配達の合間に道端の石を集めて作り上げた巨大な建造物(シュヴァルの理想宮)が世界的に有名な観光名所となっている。

(高橋信良)

フランスで最初の切手

世界文化シリーズ

イギリス文化55のキーワード　木下卓・窪田憲子・久守和子 編著　A5判二九六頁　本体二四〇〇円

アメリカ文化55のキーワード　笹田直人・野田研一・山里勝己 編著　A5判二九八頁　本体二五〇〇円

ドイツ文化55のキーワード　宮田眞治・畠山寛・濱中春 編著　A5判二九六頁　本体二五〇〇円

イタリア文化55のキーワード　和田忠彦 編　A5判三〇四頁　本体二八〇〇円

中国文化55のキーワード　武田雅哉・加部勇一郎・田村容子 編著　A5判二九八頁　本体二五〇〇円

世界文化シリーズ〈別巻〉

英米児童文化55のキーワード　白井澄子・笹田裕子 編著　A5判二九八頁　本体二五〇〇円

マンガ文化55のキーワード　竹内オサム・西原麻里 編著　A5判二九八頁　本体二六〇〇円

アニメーション文化55のキーワード　須川亜紀子・米村みゆき 編著　A5判二八八頁　本体二四〇〇円

シリーズ・はじめて学ぶ文学史

はじめて学ぶ　イギリス文学史　神山妙子 編著　A5判三一二頁　本体二八〇〇円

はじめて学ぶ　アメリカ文学史　板橋好枝・高田賢一 編著　A5判三七六頁　本体二八〇〇円

はじめて学ぶ　フランス文学史　横山安由美・朝比奈美知子 編著　A5判三六八頁　本体二八〇〇円

編著者紹介

朝比奈美知子（あさひな・みちこ）

現在　東洋大学教授

著書　『はじめて学ぶフランス文学史』（共編著）ミネルヴァ書房，2002年
『無限大な安吾』（共著）菁柿堂，2007年
«Clartés d'Orient» Nerval ailleurs（共著）Laurence Teper，2004年
Gérard de Nerval et l'esthétique de la modernité（共著）Hermann，2010年
《ライブラリー　日本人のフランス体験》第20巻『森三千代――フランスへの視線，アジアへの視線』（編著）柏書房，2011年

訳書　『ネルヴァル全集』全6巻（共訳）筑摩書房，1997-2003年
『フランスから見た幕末維新』（編訳）東信堂，2004年
ジュール・ヴェルヌ『海底二万里』（上・下）岩波文庫，2007年

横山安由美（よこやま・あゆみ）

現在　フェリス女学院大学教授

著書　『グノーシス――陰の精神史』（共著）岩波書店，2001年
『はじめて学ぶフランス文学史』（共編著）ミネルヴァ書房，2002年
『中世アーサー王物語群におけるアリマタヤのヨセフ像の形成――フランスの聖杯物語』溪水社，2002年
『フランス中世文学を学ぶ人のために』（共著）世界思想社，2007年
『危機のなかの文学――今，なぜ，文学か？』（共著）水声社，2010年

訳書　ロジェ・シャルティエ，グリエルモ・カヴァッロ『読むことの歴史――ヨーロッパ読書史』（共訳）大修館書店，2000年
『アベラールとエロイーズ――愛の往復書簡』（共訳）岩波文庫，2009年

世界文化シリーズ②
フランス文化 55のキーワード

2011年4月30日　初版第1刷発行
2023年12月10日　初版第8刷発行

定価はカバーに
表示しています

編著者　朝比奈　美知子
　　　　横　山　安由美
発行者　杉　田　啓　三
印刷者　中　村　勝　弘

発行所　株式会社　ミネルヴァ書房
607-8494 京都市山科区日ノ岡堤谷町1
電話(075)581-5191／振替01020-0-8076

中村印刷・新生製本

ISBN978-4-623-06015-3
Printed in Japan

執筆者紹介（五十音順，＊印は編著者，執筆分担）

＊朝比奈美知子（あさひな・みちこ）6，12，13，14，24，33，34，44，46，47，48，49，50；章概説4，6

編著者紹介参照

今井　勉（いまい・つとむ）7，8，16，18，36，37，38，41，55；章概説5

現在　東北大学教授

著書　『ポール・ヴァレリー『アガート』——訳・注解・論考』（共著）筑摩書房，1994年

『はじめて学ぶフランス文学史』（共著）ミネルヴァ書房，2002年

訳書　ダニエル・バッジオーニ『ヨーロッパの言語と国民』筑摩書房，2006年

アントワーヌ・コンパニョン『第二の手，または引用の作業』水声社，2010年

ルイ＝ジャン・カルヴェ『言語戦争と言語政策』（共訳）三元社，2010年

江花輝昭（えばな・てるあき）4，5，10，11；章概説2

現在　獨協大学教授

著書　『はじめて学ぶフランス文学史』（共著）ミネルヴァ書房，2002年

訳書　ジャン・ドリュモー『罪と恐れ——西欧における罪責意識の歴史』（共訳）新評論，2004年

岡元麻理恵（おかもと・まりえ）29，30；コラム4

現在　多摩美術大学非常勤講師，翻訳家，ワイン＆食文化研究家

著書　『ワイン・テイスティングを楽しく』白水社，2000年

『フランスの言語文化』（共著）日本放送出版協会，2002年

『黄金の丘で君と転げまわりたいのだ』（共著）ポプラ文庫，2015年

訳書　オリビエーロ・トスカーニ『広告は私たちに微笑みかける死体』紀伊國屋書店，1997年

フィリップ＆リオネル・コクラン『イヌとネコの生活事情』紀伊國屋書店，1997年

トラン・ニュット『マンダリン・タンの冒険と推理——王子の亡霊』集英社，2004年

フランソワ・シモン『レストランで最高のもてなしを受けるための50のレッスン』河出書房新社，2004年

神田浩一（かんだ・こういち）17，35，39，43

現在　一橋大学，東京藝術大学等非常勤講師

著書　『危機のなかの文学——今，なぜ，文学か？』（共著）水声社，2010年

訳書　ジョルジュ・バタイユ他『聖なる陰謀』（共訳）ちくま学芸文庫，2006年

菊 池 哲 彦（きくち・あきひろ）28

現在　尚絅学院大学准教授

著書『文化社会学入門――テーマとツール』（共著）ミネルヴァ書房，2010年

『フラットカルチャー――現代日本の社会学』（共著）せりか書房，2010年

訳書『アンチ・スペクタクル――沸騰する映像文化の考古学』（共訳）東京大学出版会，2003年

高 橋 信 良（たかはし・のぶよし）22，26；章概説７；コラム３，７

現在　千葉大学教授

著書『安部公房の演劇』水声社，2004年

訳書　アラン・ヴィアラ『演劇の歴史』《文庫クセジュ》，白水社，2008年

クリスティアン・ビエ他『演劇学の教科書』（共訳）国書刊行会，2009年

ルック・ファン・デン・ドリス他『ヤン・ファーブルの世界』（共訳）論創社，2010年

永 井 敦 子（ながい・あつこ）15，53，54

現在　上智大学教授

著書『はじめて学ぶフランス文学史』（共著）ミネルヴァ書房，2002年

『サルトル21世紀の批評家』（共著）思潮社，2007年

『クロード・カーアン――鏡のなかのあなた』水声社，2010年

『ジュール・モヌロ――ルサンチマンからの解放』水声社，2019年

訳書　ジュリアン・グラック『ひとつの町のかたち』書肆心水，2004年

ジュリアン・グラック『街道手帖』風濤社，2014年

畑　浩一郎（はた・こういちろう）27，40，45，52；地図；略年表

現在　聖心女子大学准教授

著書　*Voyageurs romantiques en Orient —étude sur la perception de l'autre*, Harmattan, 2008（地中海学会ヘレンド賞受賞）

訳書『ネルヴァル全集』（共訳）筑摩書房，全６巻，1997－2003年

*横 山 安由美（よこやま・あゆみ）１，２，３，９，19，20，21，23，25，31，32，51；章概説１，３；コラム１，２，５，６

編著者紹介参照

索　引

原則として，人名に続けてその作品名を列記している。

ア　行

カ 行

サ 行

タ　行

ナ　行

ハ　行

マ 行

ヤ　行

ラ 行

ワ　行

写真・図版出典一覧

カバー表　Raoul Dufy, *Panorama de Paris*, paravent, 1929-1933. Viviane Hamy, *La Tour Eiffel*, «Mythologie des lieux», Différence, 2010.

カバー裏　Marc Chagall, *La coupole de l'Opéra de Paris*, 1964. Gérard Fontaine, Jean-Pierre Delagarde, *Charles Garnier's Opéra*, Monuments Nationaux, 2010.

章　扉

第1章　Wikimedia Commons. http://commons.wikimedia.org/wiki/Main_Page

第2章　Jacques-Louis Delpal, *Mémoires de Paris*, De la Martinière, 1992.

第3章　Chagall, *Le peintre et son double*, RMN, 1981.

第4章　Catherine Aygalinc, *Paris Poète*, Hazan, 2008.

第5章　第4章に同じ。

第6章　第4章に同じ。

第7章　第1章に同じ。

第1章

1

図1　*Encyclopædia Universalis.*

図2　Pierre-Roland Giot, *Bretagne des mégalithes*, Ouest-France, 1995.

図3　Thierry Delcourt (dir.), *La légende du roi Arthur*, Seuil, 2009.

図4　René Goscinny, *Astérix le Gaulois*, Hachette, 1997.

図5　Maurice Griffe, *Chronologie de la France*, TSH, 1996.

図6　*Encyclopædia Universalis.*

2

図1　*Encyclopædia Universalis.*

図2　André Maurois, *Femmes de Paris*, Plon, 1954.

図3　V. J. Nicolle, *Place de la Sorbonne*, 19ème siècle, Gallica.

図4　図1に同じ。

図5　図1に同じ。

図6　Catherine Aygalinc, *Paris Poète*, Hazan, 2008.

3

図1　*Descente de Croix*, Phaidon, 2000.

図2　*Grandes Chroniques de France*, enluminures de Jean Fouquet, vers 1460, BN.fr. 6465.

図3　*Encyclopædia Universalis.*

図4　Jack Lecoq, Michel Coupard, *Le Mont-Saint-Michel*, Alan Sutton, 1996.

図5　Wikimedia Commons.

図6　François Boyer, *Jeux interdits,* Gallimard, «Folio», 1973.

図7　Sophie Cassagnes-Brouquet, *La vie des femmes au Moyen Age,* Ouest-France, 2009.

図8　*Jeanne d'Arc,* Rocher, 1998.

4

図1　Jacob Burckhardt, *Civilisation de la Renaissance en Italie,* Plon, 1958.

図2　Jean Plattard, *Vie de François Rabelais,* Slatkine Reprints, 1973.

図3　*Œuvres de Rabelais,* Garnier, 1873.

図4　Donald Frame, *Montaigne, une vie, une œuvre* (1533-1592), Champion, 1994.

5

図1　Réunion des Musées Nationaux（以下 RMN と略す), 2003.

図2　RMN, 2003.

図3　Claire Constans, *Versailles: Château de la France et orgueil des rois,* Gallimard, 1989.

図4　Marie-Françoise Christout, *Le Ballet de cour au XVIIe siècle,* Minkoff, 1987.

6

図1　Musée Carnavalet. *Dictionnaire de Paris,* Larousse, 1964.

図2　Pierre Bouillon. Musée Carnavalet. *Album Les écrivains de la révolution,* Gallimard, «Pléiade», 1989.

図3　Lemoyne. A. Lagarde & L. Michard, *XVIIIe siècle Les Grands auteurs français du programme,* Bordas, «Collection Littéraire Lagarde et Michard», 1970.

図4　Maurice Quentin de La Tour. 図3に同じ。

図5　Malpeau & Coiny. 図2に同じ。

図6　Jacques-Louis David. Pierre Quoniam, directeur du Musée du Louvre, *Louvre,* Editions des musées nationaux, Paris, 1976.

7

図1　Frédéric Delouche (éd.), *Histoire de l'Europe,* Hachette, 1997.

図2　図1に同じ。

図3　今井勉撮影。

図4　図3に同じ。

8

図1　Frédéric Delouche (éd.), *Histoire de l'Europe,* Hachette, 1997.

図2　Eric Roussel, *Jean Monnet,* Fayard, 1996.

図3　図1に同じ。

図4　図1に同じ。

図5　図1に同じ。

図6　Wikimedia Commons.

コラム1

Le Figaro Magazine, 14 août 2010.

第2章

9

図1 Sophie Cassagnes-Brouquet, *La vie des femmes au Moyen Age,* Ouest-France, 2009.

図2 Thierry Delcourt (dir.), *La légende du roi Arthur,* Seuil, 2009.

図3 Musée Rodin，横山安由美撮影。

図4 Henri Cartier-Bresson, *Boulevard Diderot,* Paris, 1969.

図5 Bernard Buffet, *Je t'aime,* Editions cartes d'art.

図6 Momi Crouzet 撮影。

図7 N. T. Binh, *Paris au Cinéma,* Parigramme, 2003.

10

図1 René Descartes, *Le Monde, l'homme,* Seuil, 1996.

図2 Pierre Arizzoli-Clémentel, *Les Jardins de Louis XIV à Versailles,* Gourcuff Gradenigo, 2009.

図3 Pierre Milza, *Voltaire,* Perrin, 2007.

図4 Charly Guyot, *Diderot par lui-même,* Seuil, 1970.

11

図1 Vaugelas, *Remarques sur la langue française,* Augustin Courbé, 1647.

図2 Wikimedia Commons.

図3 Georges Forestier, *Jean Racine,* Gallimard, 2006.

図4 *Les Œuvres de Monsieur de Molière,* Thierry, Barbin, Trabouillet, 1682.

図5 Emile Magne, *Bibliographie générale des œuvres de Nicolas Boileau-Despréaux,* Giraud-Badin, 1929.

12

図1 Granville. Paris, Musée Victor Hugo. Henri Mittérand (dir.), *Littérature textes et documents XIXe siècle,* Nathan, 1986.

図2 Bastien Lepage. A. Lagarde & L. Michard, *XIXe siècle Les Grands auteurs français du programme,* Bordas, «Collection Littéraire Lagarde et Michard», 1969.

図3 版画1834年．図1に同じ。

図4 Paul (?) Nadar. Wikimedia Commons.

図5 Eugène Delacroix. Pierre Quoniam, directeur du Musée du Louvre, *Louvre,* Editions des musées nationaux, Paris, 1976.

図6 Victor Hugo, *Les Misérables,* TF1, 2000.

13

図1 Dreux d'Orcy. Grenoble, Musée des Beaux-Arts. Henri Mittérand (dir.), *Littérature textes et documents XIXe siècle,* Nathan, 1986.

図2 Gavarni. Paris, Musée Balzac. 図1に同じ。

図3 Edouard Manet. Musée d'Orsay. 図1に同じ。

図4 *Le Monde illustré,* janvier 1868. Louis Girard, *Nouvelle histoire de Paris. Paris pendant la Deuxième République et le Second Empire,* Hachette, 1981.

図5　Wikimedia Commons.

図6　*L'Illustration,* 21 avril 1855. 図4に同じ。

14

図1　Dornac. Bibliothèque Nationale. Hubert Juin, *Le Livre de Paris 1900,* Belfond, 1977.

図2　Eugène Delacroix. Musée du Louvre. Jean-Pierre Cuzin, *Le Louvre La peinture française,* Scala, 1989.

図3　*L'Illustration,* 21 juin 1867. 横浜開港資料館『『イリュストラシオン』日本関係記事集』第1巻，1987年。

図4　Marc Gaillard, *Paris Les Expositions Universelles de 1855 à 1937,* Les Presses Franciliennes, 2003.

図5　*L'Illustration,* 30 novembre 1889. 横浜開港資料館『『イリュストラシオン』日本関係記事集』第2巻，1988年。

15

図1　*Album André Breton,* Gallimard, «Pléiade», 2008.

図2　Jean-Luc Rispail, *Les surréalistes, Une génération entre le rêve et l'action,* Gallimard, «Découvertes Gallimard Littératures», 1991.

図3　Werner Spies, *Max Ernst Les collages,* Traduit de l'allemand par Eliane Kaufholz, Gallimard, 1984.

図4　図1に同じ。

16

図1　Wikimedia Commons.

図2　François Dosse, *Histoire du structuralisme* t.2, La Découverte, 1992.

図3　図2に同じ。

図4　図2に同じ。

図5　Jacques Derrida, Elisabeth Roudinesco, *De quoi demain... Dialogue,* Flammarion, 2003.

17

図1　Jean Dufournet, *Les Très Riches Heures du Duc de Berry,* Bibliothèque de l'Image, 1995.

図2　Petit Larousse 2010.

図3　図2に同じ。

図4　図2に同じ。

図5　*Encyclopædia Universalis.*

18

図1　Wikimedia Commons.

図2　図1に同じ。

図3　Naomi Pasachoff, *Marie Curie,* Oxford university Press, 1996.

図4　図1に同じ。

図5　図1に同じ。

図6　日本パスツール協会ウェブサイト，http://www.pasteur.jp/

19

図1　Jean Dufournet, *Les Très Riches Heures du Duc de Berry,* Bibliothèque de l'Image, 1995.

図2　*Histoire des bibliothèques françaises 1,* Promodis, 1988.

図3　Thierry Delcourt (dir.), *La légende du roi Arthur,* Seuil, 2009.

図4　ジャック・プルースト『フランス百科全書絵引』平凡社，1985年。

図5　横山安由美撮影。

図6　図5に同じ。

図7　Wikimedia Commons.

コラム2

Wikimedia Commons.

第3章

20

図1　*Basilique d'Orcival,* Edition Gaud.

図2　George Henderson, *Chartres,* Penguin, 1968.

図3　Sophie Cassagnes-Brouquet, *La vie des femmes au Moyen Age,* Ouest-France, 2009.

図4　Musée de Cluny，横山安由美撮影。

図5　Anthony Serex, *Sacrés chemins de Saint-Jacques de Compostelle,* Déclics, 2006.

図6　Alain Clément, *Atlas du Paris souterrain,* Parigramme, 2001.

図7　Bernhard Shütz, *L'art des grandes cathédrales,* Hazan, 2002.

21

図1　*Le monde secret des châteaux forts,* Hors-série, Détours de France, 2010.

図2　図1に同じ。

図3　Vue aérienne du château de Chambord, RMN.

図4　Loïc Sellin (dir.), *Le Val de Loire,* Atlas, 1996.

図5　Jacques De Givry (photo), "Le Bassin de Neptune", 1991, RMN.

図6　*Encyclopædia Universalis.*

図7　新井理沙撮影。

22

図1　Wikimedia Commons.

図2　図1に同じ。

図3　図1に同じ。

図4　図1に同じ。

図5　図1に同じ。

図6　図1に同じ。

23

図1　横山安由美撮影。

図2　Philippe Le Moal, *Dictionnaire de la Danse,* Larousse, 2008.

図3　*Encyclopædia Universalis.*

図4　Ivor Guest, *Le Ballet de l'Opéra de Paris,* Flammarion, 1976.

図5　Rupert Julien版無声映画より。N. T. Binh, *Paris au Cinéma,* Parigramme, 2003.

図6　Anne Roquebert, *Degas,* Ars Mundi, 1991.

24

図1　Félix Nadar. Bibliothèque Nationale. Henri Mittérand (dir.), *Littérature textes et documents XIXe siècle,* Nathan, 1986.

図2　Baudelaire. Bibliothèque Nationale. 図1に同じ。

図3　Henri Fantin-Latour. Musée d'Orsay. 図1に同じ。

図4　Félix Régamey. 図1に同じ。

25

図1　Daniel Wildenstein, *Monet ou le Triomphe de l'impressionnisme,* Taschen, 2000.

図2　図1に同じ。

図3　Wikimedia Commons.

図4　図3に同じ。

図5　図3に同じ。

図6　図3に同じ。

図7　"Maurice Ravel au piano", Gallica.

26

図1　Wikimedia Commons.

図2　図1に同じ。

図3　図1に同じ。

図4　図1に同じ。

図5　図1に同じ。

27

図1　Roland Barthes, *Roland Barthes par Roland Barthes,* Seuil, 1975.

図2　Wikimedia Commons.

図3　ロール・ボーモン＝マーエ『アッジェ巴黎』大沢類訳，リブロポート，1993年。

図4　Jean-Claude Gautrand, *Robert Doisneau,* Taschen, 2003.

28

図1　N. T. Binh, *Paris au Cinéma,* Parigramme, 2003.

図2　菊池哲彦撮影。

図3　図1に同じ。

図4　図1に同じ。

図5　図1に同じ。

図6　菊池哲彦撮影。

コラム3

Wikimedia Commons.

第4章

29

図1　Pierre Ennès, Gérard Mabille, Philippe Thiébaut, *Histoire de la Table,* Flammarion, 1994.

図2　岡元麻理恵撮影。

図3　Urbain Dubois, Emile Bernard, *La Cuisine Classique (T. 1),* E. Dentu, 1876.

図4　図2に同じ。

図5　図2に同じ。

図6　図2に同じ。

30

図1　Carte postale, Renaut de Montauban, *Mariage de Renaut et Clarisse,* Bruges, 1426-70. Bibliothèque de l'Arsenal, Ms.5073 réf, Bibliothèque Nationale de France, Paris, 1997.

図2　岡元麻理恵撮影。

図3　図2に同じ。

図4　図2に同じ。

図5　図2に同じ。

31

図1　Catherine Join-Diéterle, *Les mots de la mode,* Actes Sud, 1998.

図2　高橋憲夫・石塚正英編『風刺図像のヨーロッパ史』柏書房，1994年。

図3　Marc Augé, *Paris année 30,* Hazan, 1996.

図4　*Une terrasse de café,* Gilles post Card.

図5　Sophie Cassagnes-Brouquet, *La vie des femmes au Moyen Age,* Ouest-France, 2009.

図6　*Avenue Montaigne Paris,* n. 7, septembre 2010.

図7　Jacques Ruppert, *Le Costume français,* Flammarion, 2000.

32

図1　Jacques-Louis Delpal, *Mémoires de Paris,* Ed. de la Martinière, 1992.

図2　横山安由美撮影。

図3　*Avenue Montaigne Paris,* n. 7, septembre 2010.

図4　図2に同じ。

図5　Françoise Aveline, *Chanel Parfum,* Assouline, 2003.

図6　Voinquel Raymond, *Audrey Hepburn, robe de Givenchy,* RMN, 1956.

図7　2009年4月30日，Comité Colbert ウェブサイト，http://www.comitecolbert.com/

33

図1　René-Jacques, *Dictionnaire de Paris,* Larousse, 1964.

図2　図1に同じ。

図3　図1に同じ。

図4　Momi Crouzet 撮影。

34

図1　横山安由美撮影。

図2　Louis Girard, *Nouvelle histoire de Paris. Paris pendant la Deuxième République et le Second Empire,* Hachette, 1981.

図3　*L'Illustration,* 9 février 1861. Louis Girard, *Nouvelle histoire de Paris. Paris pendant la Deuxième République et le Second Empire,* Hachette, 1981.

図4　André Breton, *Nadja,* Gallimard, «Folio», 1964.

35

図1　Momi Crouzet 撮影。

図2　*Encyclopædia Universalis.*

図3　Gérard Mermet, *Francoscopie 2010,* Larousse, 2009 をもとにアレンジ。

図4　図3に同じ。

図5　図3に同じ。

図6　図2に同じ。

図7　図2に同じ。

36

図1　今井勉撮影。

図2　図1に同じ。

図3　Wikimedia Commons.

図4　図3に同じ。

図5　René Marill Albérès *et al., Saint-Exupéry,* Hachette, 1963.

37

図1　今井勉撮影。

図2　図1に同じ。

図3　André Maurois, *Femmes de Paris,* Plon, 1954.

図4　Wikimedia Commons.

図5　図3に同じ。

図6　図3に同じ。

図7　図3に同じ。

第5章

38

図1　Wikimedia Commons.

図2　図1に同じ。

図3　Antoine Bevort *et al., France,* La Documentation française, 2004.

図4　図1に同じ。

図5　図3に同じ。

図6　図3に同じ。

39

図1　神田浩一作成。

図 2　*Encyclopædia Universalis.*

図 3　図 2 に同じ。

図 4　図 2 に同じ。

図 5　Marc Legros, *130A,* UCO, 2006.

図 6　図 2 に同じ。

40

図 1　Pierre-Louis Basse, Carole Bitoun, *Aux Armes citoyens,* Hugo doc, 2005.

図 2　図 1 に同じ。

図 3　図 1 に同じ。

図 4　*Album Zola,* Gallimard, «Pléiade», 1963.

図 5　図 1 に同じ。

41

図 1　INSEE, 1999. Antoine Bevort *et al., France,* La Documentation française, 2004.

図 2　図 1 に同じ。

図 3　Wikimedia Commons.

図 4　図 3 に同じ。

42

図 1　*Création d'Adam et Eve,* XIIIe s., Musée Marmottan, RMN.

図 2　*Descente de Croix,* Phaidon, 2000.

図 3　Anonyme, *Olympe de Gouges,* RMN, 18e siècle.

図 4　Marc Augé, *Paris années 30,* Hazan, 1996.

図 5　Adler & Bollmann, *Les Femmes qui écrivent vivent dangereusement,* Flammarion, 2007.

図 6　Fadela Amara, Site officiel, "Pour ma ville": http://pourmaville.skyrock.com/

図 7　Pierre Ferran, *Les vrais mots d'enfants,* Horay, 1999.

43

図 1　gay-PARSHIP.com の広告。

図 2　Gérard Mermet, *Francoscopie 2010,* Larousse, 2009.

図 3　図 2 に同じ。

図 4　Momi Crouzet 撮影。

図 5　Anonyme, *Fillettes avec leurs nouveaux jouets,* Corbis / Editions du Désastre, 2004.

コラム 5

Magazine littéraire, 163, 1980.

第 6 章

44

図 1　Braun, vers 1530. Pierre Lavedan, *Histoire de l'urbanisme à Paris,* Hachette, «Nouvelle histoire de Paris», 1993.

図 2　Louis Girard, *Paris pendant la Deuxième République et le Second Empire,* Hachette, «Nouvelle

histoire de Paris», 1981.

図3　Momi Crouzet 撮影。

図4　Gomboust, 1652. 図1に同じ。

図5　Giovanna Magi, *Tout Paris,* Bonechi, 2000.

図6　*Dictionnaire de Paris,* Larousse, 1964.

45

図1　畑浩一郎撮影。

図2　Philippe Mellot, *Paris au temps des fiacres,* De Borée, 2006.

図3　図2に同じ。

図4　リ・ヘウォン撮影。

図5　畠山達撮影。

46

図1　Adolphe Yvon. Louis Girard, *Paris pendant la Deuxième République et le Second Empire,* Hachette, «Nouvelle histoire de Paris», 1981.

図2　*Dictionnaire de Paris,* Larousse, 1964.

図3　Félix Thorigny. Marc Gaillard, *Paris sous le Second Empire,* Presse du Village, «Prestige», 2002.

図4　Darjou. *Charivari,* 1er avril 1869. 図1に同じ。

図5　Pierre Lavedan, *Histoire de l'urbanisme à Paris,* Hachette, «Nouvelle histoire de Paris», 1993.

47

図1　Jules Lavirotte. Hubert Juin, *Le Livre de Paris 1900,* Belfond, 1977.

図2　*Magasin pittoresque,* 1847. Pierre Lavedan, *Histoire de l'urbanisme à Paris,* Hachette, «Nouvelle histoire de Paris», 1993.

図3　Robert Doisneau. *Robert Doisneau,* Centre National de la Photographie, «Photo Poche», 1983.

図4　Momi Crouzet 撮影。

図5　Atget. Bibliothèque Nationale. 図1に同じ。

48

図1　Giovanna Magi, *Tout Paris,* Bonechi, 2000.

図2　Baldus (B.H.V.P.). Louis Girard, *Paris pendant la Deuxième République et le Second Empire,* Hachette, «Nouvelle histoire de Paris», 1981.

図3　Pierre Quoniam, directeur du Musée du Louvre, *Louvre,* Edition des musées nationaux, 1976.

図4　図1に同じ。

図5　図1に同じ。

図6　図1に同じ。

49

図1　Carte postale, *Paris et ses merveilles.* Guy.

図2　Charles Meryon. *Le Stryge.* Meryon, Baudelaire, *Paris 1860,* Editions La Bibliothèque, 2002.

図3　Giovanna Magi, *Tout Paris,* Bonechi, 2000.

図4　Henri Roger. Sylvain Ageorges, *Sur la trace des Expositions universelles,* Parigramme, 2006.

図5　Roger-Viollet. 図3に同じ。

図6　Guillaume Apollinaire, *Calligrammes, Œuvres poétiques,* Gallimard, «Pléiade», 1965.

50

図1　Giovanna Magi, *Tout Paris,* Bonechi, 2000.

図2　図1に同じ。

図3　Van Gogh. Kröller-Müller Museum. Wikimedia Commons.

図4　Pierre-Auguste Renoir. *La peinture à Musée d'Orsay,* Scala-Réunion des musées nationaux, 1986.

図5　Henri de Toulouse-Lautrec. 図4に同じ。

図6　Henri de Toulouse-Lautrec. 図2に同じ。

コラム6

上図　Coll., *Tintin, Grand voyageur du siècle,* Moulinsart, 2001.

下図　Yumi Hotta, *Hikaru No Go,* 4, Tonkam, 2005

第7章

51

図1　Daniel Wildenstein, *Monet ou le Triomphe de l'impressionnisme,* Taschen, 2000.

図2　François Vogade, *Route de Compostelle,* Vézelay.

図3　Wikimedia Commons.

図4　小林名津美撮影。

図5　図4に同じ。

図6　図4に同じ。

52

図1　畑浩一郎撮影。

図2　図1に同じ。

図3　図1に同じ。

図4　図1に同じ。

図5　図1に同じ。

53

図1　*Alsace Lorraine, Escapades en Forêt-Noire,* Michelin, «Le Guide Vert», 2010.

図2　図1に同じ。

図3　Ross Burns, *Images de la Première guerre mondiale,* Presses de la Cité, 1992.

図4　Odette Colin-Juanéda, *Connaître la cuisine alsacienne,* Sud Ouest, 2008.

図5　*Informationen zur politischen Bildung,* Februar 1999.

54

図1　Pierre-Roland Giot, *La Bretagne des mégalithes,* Ouest-France, 1997.

図2　熊田雅史撮影。

図3　Hans-Christian Adam, *Bretagne,* Jean-Claude Lattès, 1990.

図4　*Normandie, Vallée de la Seine,* «Le Guide Vert», Michelin, 2006.

図5　図3に同じ。

図6　図3に同じ。

55

図1　今井勉撮影。

図2　Wikimedia Commons.

図3　国際フランス語圏機構（OIF）のウェブサイト，http://www.francophonie.org/

図4　今井勉撮影。

図5　*La Tribune des Antilles,* n° 38, Fort-de-France, 2003.

コラム7

Wikimedia Commons.

参考文献

■全　体

新倉俊一他編『事典現代のフランス』（増補版）大修館書店，1999年。

草場安子『現代フランス情報辞典』（改訂版）大修館書店，2003年。

菅野昭正他編『読む事典　フランス』三省堂，1990年。

柴田三千雄・樺山紘一・福井憲彦編『世界歴史大系　フランス史』全３巻，山川出版社，1995-96年。

福井憲彦『フランス史』山川出版社，2001年。

東京都立大学フランス文学研究室編『フランスを知る　新〈フランス学〉入門』法政大学出版局，2003年。

ジャン＝ロベール・ピット『フランス文化と風景』（上・下）手塚章・高橋伸夫訳，東洋書林，1998年。

渡辺一夫・鈴木力衛『増補　フランス文学案内』岩波文庫，1990年。

野崎歓『フランス小説の扉』白水社，2001年。

石井洋二郎『フランス的思考』中公新書，2010年。

横山安由美・朝比奈美知子編著『はじめて学ぶフランス文学史』ミネルヴァ書房，2002年。

エルンスト＝ロベルト・クゥルツィウス『フランス文化論』大野俊一訳，みすず書房，1976年。

ジョルジュ・デュビィ，ロベール・マンドルー『フランス文化史』前川貞次郎・島田尚一訳，３分冊，人文書院，1969年。

ミシェル・フーコー『言葉と物』渡辺一民・佐々木明訳，新潮社，1976年。

Gérard Mermet, *Francoscopie 2010*, Larousse, 2009.

■第１章

1

エルンスト＝R.・クゥルツィウス『フランス文化論』大野俊一訳，みすず書房，1976年。

ピエール・ノラ『記憶の場１-３』谷川稔監修，岩波書店，2002-03年。

二宮宏之『結びあうかたち——ソシアビリテ論の射程』山川出版社，1995年。

2

シャルル・クリストフ，ジャック・ヴェルジェ『大学の歴史』岡山茂・谷口清彦訳，《文庫クセジュ》，白水社，2009年。

ジャック・ショーラン『フランス語史』川本茂雄・高橋秀雄訳，《文庫クセジュ》，白水社，1973年。

3

J.=B.・デュロゼル『カトリックの歴史』大岩誠・岡田徳一訳，《文庫クセジュ》，白水社，1967年。

池上俊一『魔女と聖女』講談社現代新書，1992年。

池上俊一『ヨーロッパ中世の宗教運動』名古屋大学出版会，2007年。

ラウル・マンセッリ『西欧中世の民衆信仰』大橋喜之訳，八坂書房，2002年。

4

樺山紘一『ルネサンス』講談社学術文庫，1993年。

ピーター・バーク『ルネサンス』亀長洋子訳，岩波書店，2005年。

リュシアン・フェーヴル『フランス・ルネサンスの文明——人間と社会の四つのイメージ』二宮敬訳，ちくま学芸文庫，1996年。

5

千葉治男『ルイ14世——フランス絶対王政の虚実』清水新書，1984年。

イヴ＝マリー・ベルセ『真実のルイ14世——神話から歴史へ』阿河雄二郎・嶋中博章・滝澤聡子訳，昭和堂，2008年。

長谷川輝夫『聖なる王権ブルボン家』講談社選書メチエ，2002年。

クレール・コンスタン『ヴェルサイユ宮殿の歴史』遠藤ゆかり訳，創元社，2004年。

6

ジョルジュ・ルフェーヴル『1789年——フランス革命序論』高橋幸八郎他訳，岩波文庫，1998年。

柴田三千雄『フランス革命』岩波書店，1989年。

エルンスト・カッシーラー『啓蒙主義の哲学』中野好之訳，紀伊國屋書店，1962年。

リン・ハント『フランス革命の政治文化』松浦義弘訳，平凡社，1989年。

ロジェ・シャルチエ『フランス革命の文化的起源』松浦義弘訳，岩波書店，1999年。

安達正勝『物語　フランス革命——バスチーユ陥落からナポレオン戴冠まで』中公新書，2008年。

7

柴田三千雄『フランス史10講』岩波新書，2006年。

福井憲彦編『フランス史』山川出版社，2001年。

福井憲彦編『アソシアシオンで読み解くフランス史』山川出版社，2006年。

J.＝F.・ミュラシオル『フランス・レジスタンス史』福本直之訳，《文庫クセジュ》，白水社，2008年。

Patrick Modiano, *Dora Bruder*, Gallimard, 1997 (folio, 1999). [パトリック・モディアノ『1941年・パリの尋ね人』白井成雄訳，作品社，1998年]

Georges Duby (éd.), *Histoire de la France les temps nouveaux de 1852 à nos jours*, Larousse, 1989.

8

テオ・ゾンマー『不死身のヨーロッパ——過去・現在・未来』加藤幹雄訳，岩波書店，2000年。

紀平英作編『ヨーロッパ統合の理念と軌跡』京都大学出版会，2004年。

宮島喬『ヨーロッパ市民の誕生——開かれたシティズンシップへ』岩波新書，2004年。

第2章

9

ジャック・アタリ『図説「愛」の歴史』樺山紘一監修，原書房，2009年。

ジャック・ル＝ゴフ他『世界で一番美しい愛の歴史』小倉孝誠他訳，藤原書店，2004年。

アンドレーアース・カペルラーヌス『宮廷風恋愛について』瀬谷幸男訳，南雲堂，1993年。

月村辰雄『恋の文学誌』筑摩書房，1992年。

工藤庸子『フランス恋愛小説論』岩波新書，1998年。

沓掛良彦編『トルバドゥール恋愛詩選』平凡社，1996年。

10

ジュヌヴィエーヴ・ロディス＝ルイス『デカルトと合理主義』福居純訳，《文庫クセジュ》，白水社，1967年。

モリス・バーマン『デカルトからベイトソンへ――世界の再魔術化』柴田元幸訳，国文社，1989年。

エルンスト・カッシーラー『啓蒙主義の哲学』（上・下）中野好之訳，ちくま学芸文庫，2003年。

木田元『反哲学史』講談社学術文庫，2000年。

11

ヴェルダン＝ルイ・ソーニエ『十七世紀フランス文学』小林善彦訳，《文庫クセジュ》，白水社，1965年。

ポール・ベニシュー『偉大な世紀のモラル――フランス古典主義文学における英雄的世界像とその解体』朝倉剛・羽賀賢二訳，法政大学出版局，1993年。

川田靖子『十七世紀のフランスのサロン――サロン文化を彩どる七人の女主人公たち』大修館書店，1990年。

12

フィリップ・ヴァンチーゲム『フランス・ロマン主義』辻昶訳，《文庫クセジュ》，白水社，1990年。

山内久明・阿部良雄・高辻知義『ヨーロッパ・ロマン主義を読み直す』岩波書店，1997年。

アルベール・ベガン『ロマン主義的魂と夢』（再版）小浜俊郎・後藤信幸訳，国文社，1977年。

マリオ・プラーツ『肉体と死と悪魔　ロマンティック・アゴニー』倉智恒夫・草野重行・土田知則・南條竹則訳，国書刊行会，1986年。

ミシェル・フーコー『狂気の歴史――古典主義時代における』田村俶訳，新潮社，1976年。

テオフィル・ゴーチエ『青春の回想　ロマンチスムの歴史』渡邊一夫訳，冨山房百科文庫，1977年。

宇佐美斉編『フランス・ロマン主義と現代』筑摩書房，1991年。

13

平島正郎・菅野昭正・高階秀爾『徹底討議　19世紀の文学・芸術』青土社，1975年。

小倉孝誠『19世紀フランス　夢と創造』人文書院，1995年。

小倉孝誠『19世紀フランス　光と闇の空間』人文書院，1996年。

鹿島茂『19世紀パリ・イマジネール　馬車が買いたい！』白水社，1990年。

山田登世子『メディア都市パリ』青土社，1991年。

ロザリンド・H. ウィリアムズ『夢の消費革命――パリ万博と大衆消費の興隆』吉田典子・田村真理訳，工作舎，1996年。

喜安朗『パリの聖月曜日』平凡社，1982年。

14

小倉孝誠『近代フランスの誘惑　物語・表象・オリエント』慶應義塾大学出版会，2006年。

稲賀繁美『絵画の東方――オリエンタリスムからジャポニスムへ』名古屋大学出版会，1999年。

杉本淑彦『文明の帝国――ジュール・ヴェルヌとフランス帝国主義文化』山川出版社，1995年。

吉見俊哉『博覧会の政治学――まなざしの近代』講談社学術文庫，2010年。

ジャポニスム学会編『ジャポニスム入門』思文閣出版，2000年。

朝比奈美知子編訳『フランスから見た幕末維新』東信堂，2004年。
E. W. サイード『オリエンタリズム』今沢紀子訳，平凡社，1986年。
鹿島茂『絶景　パリ万国博覧会』河出書房新社，1992年。

15

巖谷國士『シュルレアリスムとは何か』ちくま学芸文庫，筑摩書房，2002年。

鈴木雅雄編著『シュルレアリスムの射程』せりか書房，1998年。

塚原史『ダダ・シュルレアリスムの時代』ちくま学芸文庫，筑摩書房，2003年。

16

橋爪大三郎『はじめての構造主義』講談社現代新書，1988年。

キース・A. リーダー『フランス現代思想――一九六八年以降』本橋哲也訳，講談社選書メチエ，1996年。

久米博『現代フランス哲学』新曜社，1998年。

小林道夫・小林康夫・坂部恵・松永澄夫編『フランス哲学・思想事典』弘文堂，1999年。

木田元編『現代思想フォーカス 88』新書館，2001年。

17

竹岡敬温『「アナール」学派と社会史』同文舘，1990年。

宮島喬『デュルケム自殺論』有斐閣新書，1979年。

ピエール・ブルデュー『構造と実践――ブルデュー自身によるブルデュー』石崎晴己訳，藤原書店，1991年。

18

新倉俊一他編『事典　現代のフランス』（増補版）大修館書店，1997年。

フランス外務省編『現代のフランス』宝利桃子訳，原書房，2005年。

ナオミ・パサコフ『マリー・キュリー――新しい自然の力の発見』西田美緒子訳，大月書店，2007年。

大西正夫『放射線医療――CT 診断から緩和ケアまで』中公新書，2009年。

朝日新聞記事データベース『聞蔵Ⅱビジュアル』朝日新聞社，2010年。

19

ロジェ・シャルチエ編『書物から読書へ』水林章他編，みすず書房，1992年。

ロジェ・シャルティエ，グリエルモ・カヴァッロ編『読むことの歴史』田村毅他訳，大修館書店，2000年。

ブリュノ・ブラセル『本の歴史』荒俣宏監修，創元社，1998年。

高山博・池上俊一編『西洋中世学入門』東京大学出版会，2005年。

松田隆美『ヴィジュアル・リーディング』ありな書房，2010年。

宮下志朗『本を読むデモクラシー――“読者大衆”の出現』刀水書房，2008年。

松田祐子『主婦になったパリのブルジョワ女性たち』大阪大学出版会，2009年。

第３章

20

アラン・エルランド＝ブランダンブルグ『大聖堂ものがたり』池上俊一監修，創元社，2008年。

馬杉宗夫『大聖堂のコスモロジー——中世の聖なる空間を読む』講談社現代新書，1992年。

デビッド・マコーレイ『カテドラル——最も美しい大聖堂のできあがるまで』飯田喜四郎訳，岩波書店，1979年。

21

ジャン・メスキ『ヨーロッパ古城物語』堀越孝一監修，創元社，2007年。
Le monde secret des châteaux forts, Hors-série, Détours de France, 2010.

22

アラン・ヴィアラ『演劇の歴史』高橋信良訳，《文庫クセジュ》，白水社，2008年。

パトリック・ドゥヴォー『コメディ=フランセーズ』伊藤洋訳，《文庫クセジュ》，白水社，1995年。

高橋洋一『ベル・エポックの肖像——サラ・ベルナールとその時代』小学館，2006年。

23

マリ=フランソワーズ・クリストゥ『バレエの歴史』佐藤俊子訳，《文庫クセジュ》，白水社，1970年。

佐々木涼子『バレエの歴史』学習研究社，2008年。

秋岡陽他『ポケット音楽辞典』音楽之友社，1998年。

Gérard Fontaine, *L'Opéra de Charles Garnier,* Editions du Patrimoine, 2010.

24

安藤元雄・入沢康夫・渋沢孝輔編『フランス名詩選』岩波文庫，1998年。

窪田般彌編『フランス詩大系』青土社，2007年。

吉田加南子『フランス詩のひととき——読んで聞く詞華集』白水社，2008年。

宇佐美斉『フランス詩　道しるべ』臨川選書，1997年。

ピエール・ギロー『フランス詩法』窪田般彌訳，《文庫クセジュ》，白水社，1983年。

ジャン・ルースロ『フランス詩の歴史』露崎俊和訳，《文庫クセジュ》，白水社，1993年。

25

フィリップ・フック『印象派はこうして世界を征服した』中山ゆかり訳，白水社，2009年。

林靖章他編『新編音楽中辞典』音楽之友社，2002年。

秋岡陽他『ポケット音楽辞典』音楽之友社，1998年。

26

永田文夫『世界の名曲とレコード　シャンソン』誠文堂新光社，1984年。

植木浩『シャンソン——街角の讃歌』講談社，1984年。

マルク・デュフォー『ボリス・ヴィアンと脱走兵の歌』浜本正文訳，国書刊行会，2009年。

27

ロラン・バルト『明るい部屋』花輪光訳，みすず書房，1985年。

今橋映子『〈パリ写真〉の世紀』白水社，2003年。

クエンティン・バジャック『写真の歴史』遠藤ゆかり訳，創元社，2003年。

フェリックス・ナダール『ナダール——私は写真家である』大野多加志・橋本克己編訳，筑摩書房，1990年。

ヴァルター・ベンヤミン『複製技術時代の芸術』ヴァルター・ベンヤミン著作集，第二巻，晶文社，1970年。

28

中条省平『フランス映画史の誘惑』集英社新書，2003年。

遠山純生『ヌーヴェル・ヴァーグの時代』紀伊國屋書店，2010年。

山田宏一『増補　友よ映画よ，わがヌーヴェル・ヴァーグ誌』平凡社ライブラリー，2002年。

フランソワ・トリュフォー「フランス映画のある種の傾向」山田宏一訳『ユリイカ総特集ヌーヴェル・ヴァーグ30年』青土社，臨時増刊号，第21巻第6号，1989年，8-30頁。

第4章

29

福沢諭吉『福翁自伝』富田正文校訂，岩波文庫，2008年（初版1978年）。

エドモンド・ネランク，ジャン＝ピエール・プーラン『プロのためのフランス料理の歴史』山内秀文訳，学習研究社，2004年。

オーギュスト・エスコフィエ『エスコフィエの自伝』大木吉甫訳，同朋舎出版，1992年。

レベッカ・L. スパング『レストランの誕生』小林正巳訳，青土社，2001年。

アーサー・ヤング『フランス紀行』宮崎洋訳，法政大学出版局，1983年。

Le cuisinier françois, Textes présentés par Jean-Louis Flandrin, Philip et Mary Hyman, Bibliothèque Bleue Montalba, 1983.

Jean-Anthelme Brillat-Savarin, *Physiologie du goût,* Flammarion, 1982. [ブリア＝サヴァラン『美味礼讃』（上・下）関根秀雄・戸部松実訳，岩波文庫，1988年（初版1967年）]

Pierre Ennès, Gérard Mabille, Philippe Thiébaut, *Histoire de la Table,* Flammarion, 1994.

Grimod de La Reynière, *Ecrits gastronomiques,* texte établi et présenté par Jean-Claude Bonnet, 10/18, 1978.

Jean-François Mesplède, *Trois étoiles au Michelin,* Gründ, 1998.

30

ブリュノ・ロリウー『中世ヨーロッパ――食の生活史』吉田春美訳，原書房，2003年。

ヒュー・ジョンソン『ワイン物語』（上・中・下）小林章夫訳，平凡社，2008年。

Roland Barthes, *Mythologies* (1957), *Œuvres complètes t.I 1942-1961,* Seuil 2003. [ロラン・バルト『神話作用』篠沢秀夫訳，現代思潮社，1983年]

Baudelaire, “Le vin des amants”, *Les Fleurs du Mal, Œuvres complètes,* Gallimard, «Pléiade», t.I, 1975. [ボードレール『悪の華』「愛し合う二人の酒」安藤元雄訳，集英社版世界文学全集42所収，集英社，1981年]

国際ブドウ・ブドウ酒機構 O.I.V.（Organisation internationale de la vigne et du vin）2006年度報告書

フランス農水省 HP

http://agriculture.gouv.fr/sections/thematiques/alimentation/signes-de-qualite/les-signes-de-qualite-du-dispositif-francais-en-chiffres/

（日本）農林水産省「フランスの農林水産業概況」

http://www.maff.go.jp/j/kokusai/kokusei/kaigai_nogyo/k_gaikyo/fra.html

"La France redevient premier producteur mondial de vin" *Le Monde,* 26 novembre 2009.
http://www.lemonde.fr/economie/article/2009/11/26/la-france-redevient-premier-producteur-mondial-de-vin_1272644_3234.html

31

ブランシュ・ペイン『ファッションの歴史——西洋中世から19世紀まで』古賀敦子訳，八坂書房，2006年。

ポール・モラン『獅子座の女シャネル』秦早穂子訳，文化出版局，1977年。

深井晃子『パリ・コレクション』講談社現代新書，1993年。

徳井淑子『図説　ヨーロッパ服飾史』河出書房新社，2010年。

32

鹿島茂『デパートを発明した夫婦』講談社現代新書，1991年。

鳥取絹子『フランスのブランド美学』文化出版局，2008年。

Stéphanie Bonvicini, *Louis Vuitton,* Fayard, 2004.

33

アルフレッド・フィエロ『パリ歴史事典』鹿島茂監修，白水社，2000年。

渡辺淳『カフェ——ユニークな文化の場所』丸善ライブラリー，1995年。

菊盛英夫『文学カフェ——ブルジョワ文化の社交場』中公新書，1980年。

臼井隆一郎『コーヒーが廻り世界史が廻る——近代市民社会の黒い血液』中公新書，1992年。

小林章夫『コーヒー・ハウス——18世紀ロンドン，都市の生活史』講談社学術文庫，2000年。

34

エミール・ゾラ『パリの胃袋』ゾラ・セレクション２，朝比奈弘治訳，潮出版社，2003年。

松井道昭『フランス第二帝政下のパリ都市改造』日本経済評論社，1997年。

アルフレッド・フィエロ『パリ歴史事典』鹿島茂監修，白水社，2000年。

北山晴一『美食と革命』三省堂，1985年。

35

アラン・コルバン『レジャーの誕生』渡辺響子訳，藤原書店，2000年。

Gérard Mermet, *Francoscopie 2010,* Larousse, 2009.

INSEE, http://www.insee.fr/fr/

36

新倉俊一他編『事典　現代のフランス』（増補版）大修館書店，1997年。

フランス外務省編『現代のフランス』宝利桃子訳，原書房，2005年。

サン＝テグジュペリ『星の王子さま』池澤夏樹訳，集英社文庫，2005年。

Gérard Mermet, *Francoscopie 2010,* Larousse, 2009.

37

菅野昭正他編『読む事典フランス』三省堂，1990年。

新倉俊一他編『事典　現代のフランス』（増補版）大修館書店，1997年。

フランス外務省編『現代のフランス』宝利桃子訳，原書房，2005年。

ラ・フォンテーヌ『寓話』（上・下）今野一雄訳，岩波文庫，1972年。

Gérard Mermet, *Francoscopie 2010,* Larousse, 2009.

コラム4

マグロンヌ・トゥーサン＝サマ『世界食物百科』玉村豊男監訳，橋口久子訳，原書房，1998年。

増井和子・山田友子・本間るみ子・丸山洋平『チーズ図鑑』文藝春秋，1994年（初版1993年）。

L'Encyclopédie de Diderot et de D'Alembert, Redon, «Les monuments historiques de la langue française sur CD-ROM», 1999.

フランス国立原産地・品質研究所（INAO）HP
http://www.inao.gouv.fr/

▒ 第5章

38

西永良成『変貌するフランス――個人・社会・国家』NHKブックス，1998年。

三浦信孝編『普遍性か差異か　共和主義の臨界，フランス』藤原書店，2001年。

小田中直樹『フランス７つの謎』文春新書，2005年。

国末憲人『サルコジ――マーケティングで政治を変えた大統領』新潮選書，2009年。

39

アントワーヌ・レオン『フランス教育史』池端次郎訳，《文庫クセジュ》，白水社，1969年。

原田種雄・手塚武彦・吉田正晴・桑原敏明編『現代フランスの教育』早稲田大学出版部，1988年。

柏倉康夫『エリートの作り方――グランド・ゼコールの社会学』ちくま新書，1996年。

コンドルセ他『フランス革命期の公教育論』阪上孝訳，岩波文庫，2002年。

40

Pierre-Louis Basse, Carole Bitoun, *Aux Armes citoyens,* Hugo doc, 2005.

Guy Groux et Jean-Marie Pernot, *La Grève,* Presses de Sciences Po, 2008.

エミール・ゾラ『ジェルミナール』小田光雄訳，論創社，2009年。

41

三浦信孝編『普遍性か差異か――共和主義の臨界，フランス』藤原書店，2001年。

宮島喬『ヨーロッパ市民の誕生――開かれたシティズンシップへ』岩波新書，2004年。

『現代思想　総特集フランス暴動』青土社，2006年２月臨時増刊号。

渡辺和行『エトランジェのフランス史――国民・移民・外国人』山川出版社，2007年。

42

ジョルジュ・デュビィ，ミシェル・ペロー『女の歴史Ⅰ-Ⅴ』藤原書店，1994-2001年。

シモーヌ・ド・ボーヴォワール『第二の性』井上たか子監訳，新潮社，1997年。

エリザベート・バダンテール『母性という神話』鈴木晶訳，ちくま学芸文庫，1998年。

ファドゥラ・アマラ『売女でもなく，忍従の女でもなく――混血のフランス共和国を求めて』堀田一陽訳，社会評論社，2006年。

Françoise Héritier, *La pensée de la différence* Ⅰ，Ⅱ，Jacob, 1996.

Jean-Claude Schmitt (dir.), *Eve et Pandora,* Gallimard, 2001.

43

浅野秦女『フランス家族事情』岩波新書，1995年。

ミュリエル・ジョリヴェ『フランス——新・男と女』平凡社新書，2001年。

中島さおり『パリの女は産んでいる——恋愛大国フランスに子供が増えた理由』ポプラ社，2008年。

Gérard Mermet, *Francoscopie 2010,* Larousse, 2009.

■ 第6章

44

小倉孝誠『パリとセーヌ川——橋と水辺の物語』中公新書，2008年。

渡辺淳『パリの橋——セーヌ河とその周辺』丸善ブックス，2004年。

尾田栄章『セーヌに浮かぶパリ』東京図書出版会，2004年。

熊沢傳三『景観デザインと色彩——ダム，橋，街路，水辺—セーヌ川と隅田川の水辺』日本図書センター，2001年。

『セーヌに架かる橋』（図録）橋本順一訳，東京ステーションギャラリー，1991年。

三輪晃久『セーヌ河物語——神と栄光と幻想の旅』グラフィック社，1998年。

島田紀夫『セーヌの印象派』小学館，1996年。

45

ギュンター・リアー，オリヴィエ・ファイ『パリ　地下都市の歴史』古川まり訳，東洋書林，2009年。

『カフカ全集』第七巻「日記」，谷口茂訳，新潮社，1981年。

ヴァルター・ベンヤミン『パサージュ論』第一巻，今村仁司・三島憲一他訳，岩波現代文庫，2003年。

Walter Bejamin, *Paris, capitale du XIXe siècle, le livre des Passages,* Cerf, 1989.

46

アルフレッド・フィエロ『パリ歴史事典』鹿島茂監修，白水社，2000年。

石井洋二郎『パリ——都市の記憶を探る』ちくま新書，1997年。

松井道昭『フランス第二帝政下のパリ都市改造』日本経済評論社，1997年。

福井憲彦・稲葉宏爾『パリ——建築と都市』山川出版社，2003年。

喜安朗『パリ——都市統治の近代』岩波新書，2009年。

鹿島茂『怪帝ナポレオン三世——第二帝政全史』講談社，2004年。

鹿島茂『パリ世紀末パノラマ館』中公文庫，2000年。

北河大次郎『近代都市パリの誕生』河出ブックス，2010年。

47

河盛好蔵『私のパリ』（私の随想選），新潮社，1991年。

ジュリアン・グリーン『パリ』田辺保訳・原田武解説，青山社，1986年。

河盛好蔵『藤村のパリ』新潮文庫，2000年。

今橋映子『異都憧憬』平凡社ライブラリー，2001年。

ベルナール・ステファヌ『パリの街路歴史物語』（上・下）蔵持不三也訳，原書房，2010年。

48

別冊太陽編集部『ルーヴル美術館』別冊太陽［ムック］，平凡社，2005年。

別冊太陽編集部『オルセー美術館』別冊太陽［ムック］，平凡社，2006年。

高階秀爾監修『印象派の殿堂　オルセー美術館　3　都市「パリ」の自画像』日本放送出版協会，1990年。

ジュヌヴィエーヴ・ブレスク『ルーヴル美術館の歴史』高階秀爾監修，遠藤ゆかり訳，創元社。

小島英熙『ルーヴル・美と権力の物語』丸善ライブラリー，1994年。

ダニエル・ジロディ，アンリ・ブイレ『美術館とは何か――ミュージアム＆ミュゼオロジー』松岡智子訳，鹿島出版会，1993年。

ジャン＝クロード・ル・ギユー『ルーヴル宮――パリを彩った800年の歴史』飯田喜四郎訳，西村書店，1992年。

49

ロラン・バルト『エッフェル塔』宗左近・諸田和治訳，ちくま学芸文庫，1997年。

松浦寿輝『エッフェル塔試論』ちくま学芸文庫，1995年。

『エッフェル塔100年のメッセージ――建築・ファッション・絵画』（エッフェル塔100周年記念展カタログ　麻布美術工芸館），エッフェル塔100周年記念展実行委員会，1989年。

岡部憲明『エッフェル塔のかけら――建築家の旅』紀伊國屋書店，1997年。

倉田保雄『エッフェル塔ものがたり』岩波新書，1983年。

アンリ・ロワレット『ギュスターヴ・エッフェル――パリに大記念塔を建てた男』飯田喜四郎訳，西村書店，1989年。

50

鹿島茂『モンマルトル風俗事典』白水社，2009年。

ルイ・シュヴァリエ『歓楽と犯罪のモンマルトル』鹿島茂訳，ちくま学芸文庫，1999年。

ルイ・シュヴァリエ『落日のモンマルトル』（上・下）大島利治・鹿島茂・武藤剛史・塩川浩子訳，ちくま学芸文庫，1999年。

アンドレ・フェルミジエ『ロートレック――その作品と生涯』幸田礼雅訳，美術公論社，1981年。

▒ 第7章

51

『フランスの彩り』フランス政府観光局，2009年。
Provence, Michelin, «Le Guide Vert», 2000.

52

アロイジウス・ベルトラン『夜のガスパール，レンブラント，カロー風の幻想曲』及川茂訳，岩波文庫，1991年。

饗庭孝男編『フランスの中心　ブルゴーニュ――歴史と文化』小沢書店，1998年。

中村好文・木俣元一『フランス――ロマネスクを巡る旅』新潮社，2004年。

永井荷風『ふらんす物語』岩波文庫，1952年。

53

中本真生子『アルザスと国民国家』晃洋書房，2008年。
Alsace Lorraine, Escapades en Forêt-Noisre, Michelin, «Le Guide Vert», 2010.

54

武部好伸『フランス「ケルト」紀行』彩流社，2003年。

Bretagne, Michelin, «Le Guide Vert», 2010.

Normandie, Cotentin, Iles Anglo-Normandes, Michelin, «Le Guide Vert», 2007.

Normandie, Vallée de la Seine, Michelin, «Le Guide Vert», 2006.

55

『現代思想　特集クレオール』青土社，1997年１月号。

ジャン・ベルナベ，パトリック・シャモワゾー，ラファエル・コンフィアン『クレオール礼賛』恒川邦夫訳，平凡社，1997年。

複数文化研究会編『〈複数文化〉のために——ポストコロニアリズムとクレオール性の現在』人文書院，1998年。

三浦信孝『現代フランスを読む——共和国・多文化主義・クレオール』大修館書店，2002年。

「世界遺産」一覧

【パリ，イル・ド・フランス地方】
ヴェルサイユの宮殿と庭園（1979，2007）
フォンテーヌブローの宮殿と庭園（1981）
パリのセーヌ河岸（1991）
中世市場都市プロヴァン（2001）

【北部】
アミアン大聖堂（1981）
ベルギーとフランスの鐘楼群（1999，2005）

【西部】
モン・サン＝ミシェルとその湾（1979，2007）
シャルトル大聖堂（1979）
サン＝サヴァン・シュル・ガルタンプ修道院教会（1983，2007）
シュリー＝シュル＝ロワールとシャロンヌ間のロワール渓谷（2000）
ル・アーヴル，オーギュスト・ペレによる再建都市（2005）

【南部】
ヴェゼール渓谷の先史時代史跡群と洞窟壁画群（1979）
オランジュのローマ劇場とその周辺および「凱旋門」（1981，2007）
アルルのローマ遺跡とロマネスク様式建造物群（1981）
ポン・デュ・ガール（ローマの水道橋）（1985，2007）
アヴィニョン歴史地区：法王庁宮殿，司教関連建造物群およびアヴィニョン橋（1995）
ミディ運河（1996）
ピレネー山脈のモン・ペルデュ（1997）
歴史的城塞都市カルカッソンヌ（1997）
サン＝テミリオン地域（1999）
ボルドー，月の港（2007）
アルビの司教都市（2010）

【東部】
サラン＝レ＝バン大製塩所からアルケ＝スナンの王立製塩所まで（1982，2009）
ナンシーのスタニスラス広場，カリエール広場，アリアンス広場（1983）
ストラスブールのグラン・ディル（1988）
ランスのノートル＝ダム大聖堂，サン＝レミ旧大修道院，トー宮殿（1991）

【中央部】
ヴェズレーの教会と丘（1979，2007）
フォントネーのシトー会修道院（1981，2007）
ブールジュ大聖堂（1992）
リヨン歴史地区（1998）

【広域・その他】
ピアナのカランケ，ジロラッタ湾，スカンドラ保護区を含むポルト湾（1983）
フランスのサンチアゴ・デ・コンポステーラの巡礼路（1998）
ヴォーバンの要塞群（2008）
ニューカレドニアの礁湖：サンゴ礁の多様性とその生態系（2008）
レユニオン島の尖峰群，圏谷群および絶壁群（2010）

（2011年４月現在）

略年表

年　代	政体	歴史の流れ	文　　化
前9世紀		この頃，ケルト人が移住	
前58－51		カエサルのガリア遠征	
430－450頃		フランク族，ガリアに侵入	
481	**メロヴィング朝**	**クローヴィス即位，メロヴィング朝を開く**	
496		**クローヴィスの改宗**　カトリックに改宗することでローマ系住民との関係が好転	
534		ブルグント王国を併合	
732		トゥール＝ポワチエ間の戦い　カール・マルテル，イスラム軍を撃退	
751	**カロリング朝**	**小ピピン即位，カロリング朝を開く**	
754－56		小ピピンの寄進：ラヴェンナ地方を教皇に寄進＝教皇庁のはじまり	
800		**カールの戴冠**　教皇レオ3世がシャルルマーニュ（カール大帝）に加冠　西ローマ帝国の復興を宣言	
843		ヴェルダン条約　フランク王国は三分割　西フランク王国がのちのフランスの起源となる	『ストラスブールの宣誓』
911		ノルマンディー公国成立　名目上は仏王に臣属しているが，事実上は独立国	
987	**カペー朝**	カロリング朝断絶　ユーグ・カペーがカペー朝を開く	
1096		第1回十字軍　トゥルーズ伯，フランドル伯，ブロワ伯などが参加	『ローランの歌』成立（1100頃）
1150頃			トルバドゥールとトルヴェールによる叙情詩が盛んになる
1163			ノートル＝ダム大聖堂建築開始（1245頃完成）
1170頃		パリ大学創立	
1194			シャルトル大聖堂建築開始
1209		アルビジョワ十字軍（～1229）　南仏アルビ地方に出現したカタリ派系異端を国王軍が制圧	
1302		初めての三部会招集（フィリップ4世）	

年　代	政体	歴史の流れ	文　　化
1309	**カペー朝**	教皇庁，アヴィニョンに遷都（～1377）	
1328	**ヴァロワ朝**	カペー朝断絶，**ヴァロワ朝創始**	
1339		**百年戦争始まる**（～1453）	
1348		黒死病（ペスト）の大流行	
1358		ジャックリーの乱　北仏の農民反乱　百年戦争初期の敗戦と重税賦課が原因	
1429		**ジャンヌ・ダルク，オルレアンを解放**（1431焚刑）	
1461			フランソワ・ヴィヨン『遺言詩集』
1494		イタリア戦争始まる　シャルル８世ナポリ王位を要求してイタリアに侵入（～1559）	
1515		フランソワ１世即位　文芸を篤く保護	
1530		王立教授団（後のコレージュ・ド・フランス）創設	
1532			ラブレー『パンタグリュエル物語』
1536			カルヴァン『キリスト教綱要』
1539		ヴィレル＝コトレの勅令	
1560		檄文事件　新教徒に対する弾圧始まる	
1562		**ユグノー戦争**（～98）	
1572		**サン＝バルテルミの虐殺**　旧教派が新教派を不意打ちで皆殺しにする	
1580			モンテーニュ『エセー』
1589	**ブルボン朝**	**アンリ４世即位　ブルボン朝創始**	
1598		**ナントの勅令発布**　新教徒に信仰・礼拝の自由を認める	
1624		リシュリューの執政（～1642）	
1635		アカデミー・フランセーズ創設	
1637			デカルト『方法序説』
1643		**ルイ14世即位**　マザラン，宰相に就任	
1648		フロンドの乱　王権に対する最後の貴族たちの反乱	
1664			モリエール『タルチュフ』
1670			パスカル『パンセ』
1677			ラシーヌ『フェードル』

年　代	政体	歴史の流れ	文　　化
1682	ブルボン朝		ヴェルサイユ宮殿完成
1685		**ナントの勅令廃止**　新教徒の亡命相次ぐ	
1701		スペイン継承戦争　ルイ14世が孫のスペイン王位を主張して開戦	
1718-19			ワットー「ジル」
1748			モンテスキュー『法の精神』
1751			ディドロ／ダランベール『百科全書』刊行始まる
1754			ルソー『人間不平等起源論』
1757		プラッシーの戦い　インドで英国軍に敗れる。以降，フランスはインドでの権益を失う	
1762			ルソー『社会契約論』
1774		ルイ16世即位　チュルゴー，財務総監に就任	
1784			ボーマルシェ『フィガロの結婚』
1789		7月14日　バスチーユ牢獄襲撃　**フランス革命の始まり** 8月26日　**人権宣言発布**	
1792	第一共和政	共和政宣言　第一共和政（～1804）	
1793		ルイ16世処刑	ルーヴル美術館開設
1795		総裁政府（～1799）	
1798		ナポレオン・ボナパルトのエジプト遠征	
1799		**ブリュメール18日のクーデタ**　ナポレオン，政権を掌握	
1799		統領政府（～1804）	
1800		フランス銀行設立	
1804	第一帝政	**ナポレオン1世即位　第一帝政**	
1805		アウステルリッツの三帝会戦　ナポレオン，フランツ2世（オーストリア）とアレクサンドル1世（ロシア）の連合軍を撃破	
1806-07			ダヴィッド「ナポレオンの戴冠式」
1812		ナポレオンのロシア遠征　9月モスクワ入城　10月撤退開始	

年　代	政体	歴史の流れ	文　　化
1814	**王政復古**	ナポレオン退位　エルバ島に流される **王政復古**　ルイ18世即位　1830年までブルボン朝が復活　**ウイーン会議**	アングル「オダリスク」
1815		ナポレオン，エルバ島を脱出　6月**ワーテルローの戦い**で完敗　百日天下に終わり，南大西洋上の孤島セント・ヘレナに流される	
1830	**七月王政**	アルジェ占領 **七月革命**　ルイ＝フィリップ即位 フランス，産業革命期に入る	ユゴー『エルナニ』初演　ロマン派の勝利　スタンダール『赤と黒』　ベルリオーズ『幻想交響曲』　ドラクロワ「民衆を導く自由の女神」
1848	**第二共和政**	**二月革命，第二共和政**（～1852）	
1851		ルイ＝ナポレオンのクーデタ	
1852	**第二帝政**	ナポレオン3世即位　**第二帝政**（～1870）	
1853		セーヌ県知事オスマン男爵，パリの都市改造に着手	クールベ「画家のアトリエ」
1855			第1回パリ万博
1857			ボードレール『悪の華』，フロベール『ボヴァリー夫人』（公序良俗を乱すとして起訴される）
1862		メキシコに軍事介入	ユゴー『レ・ミゼラブル』 マネ「草上の昼食」
1870	**第三共和政**	**普仏戦争**　ナポレオン3世スダンで降伏，第三共和政宣言	
1871		**パリ・コミューン**　普仏戦争後の対独条約を屈辱と感じた市民が蜂起。史上初の労働者による自治政府	
1873			ランボー『地獄の季節』
1874			第1回印象派展
1876			ルノワール「ムーラン・ド・ラ・ギャレット」
1877			ゾラ『居酒屋』
1879			「ラ・マルセイエーズ」国歌に制定

年　代	政体	歴史の流れ	文　　化
1881	**第三共和政**		パスツール，狂犬病菌を発見
1883		ヴェトナム（安南）を保護国に	
1884		清仏戦争　ヴェトナム支配をめぐって対立	
1887		仏領インドシナ（インドシナ連邦）成立	
1889		ブーランジェ事件　軍部独裁を目指すクーデタ（失敗）	
1889			第4回パリ万博，エッフェル塔完成
1890頃			モネ，〈睡蓮〉の連作を始める
1891		露仏同盟	
1894		**ドレフュス事件**（～1904）　ドレフュス大尉，スパイ容疑で逮捕。後に名誉回復される	
1895			デュルケーム『社会学的方法の規準』リュミエール兄弟〈シネマトグラフ・リュミエール〉公開
1898		ファショダ事件　スーダンのファショダを仏軍が占領，英国との間に戦争の危機。アフリカにおける帝国主義最初の衝突	キュリー夫妻，ラジウム発見
1900			第5回パリ万博。地下鉄開通，オルセー駅開業。
1904		英仏協商　イギリスのエジプトとフランスのモロッコにおける優先権を相互に承認。ドイツの進出政策に対抗	ロマン・ロラン『ジャン・クリストフ』（～1912）
1905		第一次モロッコ事件　ドイツ皇帝ヴィルヘルム2世が突如，タンジールを訪問。仏独開戦の危機。1912年には第二次モロッコ事件	
1912		モロッコを保護国に	
1913			プルースト『失われた時を求めて』（～1927）
1914		**第一次世界大戦**。フランスはイギリス，ロシアなどとともに連合国を形成，ドイツ，オーストリア，トルコなどの同盟国と戦う（～1918）	
1919		パリ講和会議　ヴェルサイユ条約により第一次世界大戦終了	

年 代	政体	歴史の流れ	文 化
1923	**第三共和政**	ルール出兵（～1925）	
1924			ブルトン『シュルレアリスム宣言』
1925		ロカルノ条約，西ヨーロッパの安全保障条約 相互不可侵，現状維持を原則とする	
1936		人民戦線内閣成立 首班ブルム 反ファシズム政策を進めるが失敗	
1938		ミュンヘン会談 英・仏の対独宥和政策	サルトル『嘔吐』
1939		ドイツ軍，ポーランドに侵入。イギリス・フランスはドイツに宣戦。**第二次世界大戦始まる**	
1940	**ヴィシー政権**	パリ陥落。**ペタンを首班とするヴィシー政府成立**	
1941		ド・ゴール，ロンドンに自由フランス国民委員会樹立	
1942		ドイツ軍，フランス全土を占領 ユダヤ人の強制収容所送り始まる	カミュ『異邦人』
1943			サン＝テグジュペリ『星の王子さま』
1944		連合軍によるノルマンディー上陸作戦 パリ解放	
1945		ドイツ無条件降伏	
1946	**第四共和政**	**第一次インドシナ戦争始まる**	
1949			ボーヴォワール『第二の性』
1953			バルト『零度のエクリチュール』
1954		ディエン・ビエン・フー陥落 **インドシナ戦争終結** **アルジェリア独立戦争始まる**（～1962）	
1956		モロッコ，チュニジアがフランス領から独立	
1958	**第五共和政**	第五共和国憲法制定	
1960			ゴダール『勝手にしやがれ』
1962			レヴィ＝ストロース『野生の思考』
1966			フーコー『言葉と物』

年　代	政体	歴史の流れ	文　　化
1967	**第五共和政**	**EC発足**	
1968		パリで学生・労働者のデモ（**五月革命**）	
1989			フランス革命二百年祭の記念行事開催 デファンス地区の新凱旋門，バスチーユ・新オペラ座落成
1993		**EU発足**	
1998			サッカー・ワールドカップ（フランス大会）でフランス代表チームが優勝
2002		**EU 統一通貨「ユーロ」流通開始**	